市域综合物流体系建设理论与实践

以新疆库尔勒市为例

阿布都伟力·买合普拉 著

企业管理出版社
ENTERPRISE MANAGEMENT PUBLISHING HOUSE

图书在版编目（CIP）数据

市域综合物流体系建设理论与实践：以新疆库尔勒市为例 / 阿布都伟力·买合普拉著. -- 北京：企业管理出版社，2024.8. -- ISBN 978-7-5164-1840-6

Ⅰ. F259.274.53

中国国家版本馆 CIP 数据核字第 2024NR8516 号

书　　名：	市域综合物流体系建设理论与实践——以新疆库尔勒市为例
书　　号：	ISBN 978-7-5164-1840-6
作　　者：	阿布都伟力·买合普拉
策划编辑：	侯春霞
责任编辑：	侯春霞
出版发行：	企业管理出版社
经　　销：	新华书店
地　　址：	北京市海淀区紫竹院南路 17 号　　邮编：100048
网　　址：	http://www.emph.cn　　电子信箱：pingyaohouchunxia@163.com
电　　话：	编辑部 18501123296　　发行部（010）68417763、（010）68414644
印　　刷：	北京厚诚则铭印刷科技有限公司
版　　次：	2024 年 9 月第 1 版
印　　次：	2024 年 9 月第 1 次印刷
开　　本：	710mm×1000mm　　1/16
印　　张：	15.75 印张
字　　数：	249 千字
定　　价：	89.00 元

版权所有　翻印必究·印装有误　负责调换

前言

　　市域物流是区域物流研究中比较热门的领域之一，也是区域物流的重要空间表现形式。从我国整体的区域物流研究进展看，市域物流研究可以说是最为丰富的一个板块。我国独特的社会主义市场经济体制以及政府主导型经济发展模式，为市域物流研究提供了十分广阔的背景和空间。在经济全球化和世界经济一体化背景下，我国的城市化、工业化和外向型经济发展步伐明显加快，为市域物流研究提供了十分丰富的研究素材和案例基础。城市作为一个人口、商贸、物流聚集能力很强的经济区域，其经济体系催生了庞大的社会物流运行需求。依托于要素聚集能力以及相对清晰的经济辐射边界，城市本身就很容易成为区域物流案例研究的理想对象。此外，在我国政府主导型经济发展模式下，城市的规划功能和经济增长功能得到全面强化，物流产业和物流基础设施也成为城市经济规划的重要领域和不可忽视的组成部分。在这个层面上，城市物流获得了更具现实意义的研究价值和政策前景。

　　随着市域物流产业地位的提升以及城市物流规划需求的增强，市域物流研究的理论需求也得到进一步强化。由于物流产业的复杂性以及对地区所有经济部门的广泛渗透性，开展市域物流研究或规划时，不得不从复杂系统的视角进行识别和思考。市域综合物流体系的研究需求，正是在这种背景下产生和凸显的。只有从综合视角进行分析，才能对市域物流产业有更加清晰的认识、客观的评价和宏观上的统筹把握。一些城市物流的专项规划往往在落实环节出现实践性缺乏或协调性不够等问题，主要原因之一是对市域物流研究的综合性认识不足。无论是从规划的视角，还是从政府协调管理的视角，市域物流都需要综合层面的研究、分析和推进。首先，物流产业已渗透到地区经济的所有行业部门；其次，对物流产业的管理分布在城市经济管理的众多行业管理部门；再次，为所有产业部门提供服务的不同物流业态都具有自身的一些运行特点；最后，从物流运输方式看，物流活动又涉及所有类型的交通运输方式等。这些复杂、系统的产业运行过程，需要从综合物流体系建设的视角进行规划或研究。

在经济全球化、世界经济一体化、社会系统信息化背景下，城市物流的运行规模、运行模式、运行效率、运行联系等都在发生着深刻的变化。在越来越多的全球化城市或者世界城市，物流产业都作为城市供应链体系建设的核心板块而出现或存在，对城市经济社会可持续运行以及城市间经济贸易的紧密联系产生着基础性支撑作用。在很多城市经济可持续发展的选项中，现代物流产业往往作为降低区域经济社会运行成本的最后方向或载体来呈现，并成为政策探索的重要手段或工具。信息化社会的转型升级，往往伴随着物联网技术的发展以及其在经济领域的不断扩散。随着全球经济结构的调整、城市经济体系的转型升级，现代物流业越来越被看作"最后的产业"而得到广泛的关注。在生产技术和人力成本发挥最佳效益的发达经济体系的背景下，物流产业成为决定社会经济运行成本的最重要领域之一。在上述背景下，市域物流的定义、概念、要素体系都在经历重要的提炼阶段，而"综合物流体系"这个概念也是在这种背景下出现的，是关于市域物流业态的一种新型表述方式。甚至在一些国家或地区、城市的物流产业分析、规划文件以及一些产业发展政策意见中开始出现"综合物流体系"的提法。这就是理论研究跟踪产业物流发展实践的一种结果。

市域综合物流体系的建设是一个复杂的系统工程，不仅涉及基于各种运输方式的综合交通基础设施，还涉及各类物流产业部门的体系建设、各类企业群体的体系建设、各类管理部门的协同运行以及各类政策体系的建设、信息化平台和物流产业装备体系的建设等方方面面。市域综合物流体系的建设，既要满足本城市的经济社会发展要求，还要满足更广泛区域层面的城市物流枢纽功能要求和区域支撑要求；既要满足当前的城市发展需求，又要满足物流产业未来有效转型升级的发展要求。总体上，市域综合物流体系的建设要全面满足以下四个方面的需求，对这些需求的满足还要做到及时、高效、门对门和更加低成本。首先，要高质量满足市域居民对生产、生活相关的各类物资的配送需求。其次，要高质量满足市域各类企业群体对生产和销售相关的各类原料和制成品的配送需求。再次，要高质量满足市域社会公共应急状态下对各类物资的配送需求。最后，还要高质量满足市域现代物流业自身的转型升级发展需求。现代物流更高层次的发展阶段是在物联网社会到来之后。物联网社会是继互联网社会之后，逐步实现的一个全新社会形态。在物联网社会发展阶段，物流产业将达到最为现代化的发展水平。

市域综合物流体系是指在一个特定的市域范围内，通过协调和整合城市内外的物流要素而构建起来的一个完整的物流系统。它包括市域内的货物流动、仓储、配送、供应链管理和信息流等方面，并通过各种物流服务提供商和物流设施来支持城市内外的货物运输需求。市域综合物流体系的建设要依托城市的总体规划以及物流产业的专项规划，通过构建协同化的管理体制机制，制定城市物流产业的政策措施，以促进城市物流可持续发展，最终保障城市经济社会高效运行。市域综合物流体系主要由以下几个部分构成。一是市域货运网络，包括道路、铁路、航空、水路等在市域范围内的货运交通网络，以保障货物的流动和运输效率。二是市域仓储设施，包括市域内的物流园区、集散中心、仓库等，用于货物的存储、分拣和配送，满足市域内的供应链需求。三是市域配送服务，包括"最后一公里"配送、快递、城市货运等形式的配送服务，以满足市民和企业的日常生活和经营需求。四是市域供应链管理，包括市域内的供应链合作伙伴、合作机制和信息共享平台等，通过协同合作和数据共享来优化市域供应链的运作效率和服务质量。五是市域物流信息系统，包括物流数据采集、处理和共享平台等，用于实时监控和管理市域内物流运作的状态和数据。六是市域物流宏观管理系统，包括物流管理体制机制、物流政策体系、物流业发展社会支持体系等。市域综合物流体系建设的目标是提高市域物流的效率和服务水平，促进市域经济的发展，降低物流成本和环境影响。通过构建优化的货运网络、提供高效的配送服务和改进供应链管理，可以实现市域物流的可持续发展，推动城市的繁荣和健康有序发展。

本书在市域综合物流体系的实践验证部分，选择了新疆库尔勒市作为案例城市，讨论市域综合物流体系的建设思路和路径。在国内的市域物流研究中，对东部沿海地区和中部地区市域物流的研究相对丰富一些，而对西部内陆地区市域物流的研究还处在起步阶段。尽管西部内陆地区的城市与国内中心城市相比存在"距离不经济"劣势，但是自共建"一带一路"倡议实施以来，西部内陆地区的一些城市逐渐成为向西开放的前沿地带。这些城市不再是边缘地带，而是在变为欧亚大陆更加广阔层次上的枢纽地带。库尔勒市位于新疆地理中心区域，是丝绸之路经济带南通道的重要枢纽城市、中巴经济走廊沿线的重要枢纽城市、中国—中亚—西亚经济走廊沿线的重要支点城市、新疆南疆塔里木盆地经济带上的重要枢纽城市。除了地理位置优势外，选择库尔勒市作为市域物流研究案例还有以下几个层面的原因。一是物流基础设施建设：库尔勒市近年来加大了对物流基础设施的建设力度，包括建设物流园区、仓储设施和配送中心等。这些设施的增加为市域物流的发展提供了坚实的基础。二是经济发展需求：库尔勒市是新疆地区的一个重要经济中心，拥有丰富的农产品和资源，以及相对发达的制造业，是全国百强县市之一。随着库尔勒市经济的发展，物流需求也日益增加，需要建立高效的市域物流体系来支持经济发展。三是区域合作机遇：库尔勒市作为丝绸之路经济带和中国—中亚—西亚陆路国际运输通道的重要节点城市，可以与周边地区开展物流合作，并参与到国际物流网络中。这为库尔勒市域物流的研究提供了机遇和挑战。由于库尔勒市域物流仍旧处在逐步完善的阶段，经历着市域综合物流体系建设的重要阶段，因而通过对库尔勒市的案例研究，可以深入了解市域物流发展的现状、问题和解决方案。同时，研究还可以为其他类似地区提供借鉴和指导，推动市域物流的发展和升级。

在区域物流的理论研究层面，市域综合物流体系建设研究通过对物流网络、运营模式和管理机制等方面的深入探讨，可以为物流理论的丰富和发展提供新的思路和观点。市域综合物流体系建设研究关注供应链中各个环节和组成部分的协同作用和优化效果，有助于推动供应链管理理论的发展。它强调整体性和系统性的观念，可以促进供应链各个参与者之间的协作和合作，从而提高供应链效率和降低成本。市域综合物流体系建设研究可以提供对物流在地方经济中的作用和影响的深入认识。它有助于指导地方政府和企业制定物流规划和战略，提高物流基础设施建设和服务水平，增强地方经济的竞争力和可持续发展能力。在区域物流的发展实践层面，通过建设健全的市域物流体系，可以提高产品的流通效率和市场竞争力，促进产业链和供应链的协同发展，优化资源配置，提高经济效益。通过建设先进的物流基础设施和信息系统，可以提供快速、准时、安全、可靠的物流服务，满足客户的需求。同时，通过加强物流企业的管理和技术创新，可以提升物流服务的质量和效果。通过建立和完善区域物流网络和合作机制，可以促进不同地区之间的资源共享和合作交流，实现区域物流的协同发展。这有利于构建良好的区域经济格局，促进区域一体化发展。

本书依托区域物流发展的相关理论，初步探讨了市域综合物流体系的基本概念、构成要素、运行机理等理论问题,并将新疆库尔勒市作为案例进行了实践验证性讨论。市域综合物流体系建设研究是城市物流产业发展实践所带来的一种理论需求或者规划研究需求,相关的理论研究将随着实践的演进而不断演变和完善,因此市域物流研究的理论和实践探讨尚处在动态发展阶段。本书在市域综合物流体系的概念和构成要素等层面的研究讨论可能还有不太完善的地方,恳请学者同仁或城市物流政策实践者批评指正,并共同探讨推进理论发展。

阿布都伟力·买合普拉

2023 年 11 月于乌鲁木齐

目 录

理 论 篇

第一章 绪论 ·········· 2
  第一节 研究背景与意义 ·········· 2
  第二节 研究内容与目标 ·········· 9
  第三节 研究方法 ·········· 13

第二章 市域物流的概念及理论基础 ·········· 21
  第一节 市域的范畴及物流产业的范畴 ·········· 22
  第二节 市域物流概念讨论 ·········· 27
  第三节 市域物流研究的理论基础 ·········· 29

第三章 市域物流系统及要素构成 ·········· 39
  第一节 市域物流系统的概念及特点 ·········· 40
  第二节 市域物流系统的要素构成 ·········· 42
  第三节 市域物流系统的运行机理及影响因素 ·········· 53

第四章 市域物流的空间组织及网络布局 ·········· 56
  第一节 市域物流的空间联系 ·········· 57
  第二节 市域物流的空间组织 ·········· 58
  第三节 市域物流网络布局 ·········· 65

第五章 综合物流体系建设概述 ·········· 69
  第一节 综合物流体系的概念描述 ·········· 70
  第二节 综合物流体系的要素框架 ·········· 72
  第三节 综合物流体系的建设要求和目标 ·········· 83

第六章　市域综合物流体系建设的路径 …… 86
第一节　系统调研和科学规划 …… 88
第二节　建立完善的综合物流基础设施 …… 106
第三节　优化城市供应链管理 …… 108
第四节　提升物流服务水平 …… 111
第五节　注重物流人才培养和技术创新 …… 118
第六节　强化政策支持与区域合作 …… 120

实　践　篇

第七章　库尔勒市经济地理概述 …… 124
第一节　库尔勒市经济地理演变 …… 125
第二节　库尔勒市资源环境条件 …… 128
第三节　库尔勒市产业发展概述 …… 131

第八章　库尔勒市综合物流体系建设现状 …… 142
第一节　综合物流发展要素基础 …… 142
第二节　物流市场运行特征分析 …… 147
第三节　库尔勒市域物流发展亮点 …… 151
第四节　存在的问题和瓶颈 …… 156

第九章　库尔勒市综合物流体系建设面临的形势 …… 160
第一节　面临的形势 …… 160
第二节　发展要求 …… 168
第三节　未来发展趋势 …… 172

第十章　建设愿景构想与建设目标 …… 175
第一节　战略定位与建设愿景 …… 175
第二节　发展思路 …… 178
第三节　建设目标 …… 180

第十一章　空间布局 …… 183
第一节　总体布局 …… 183

  第二节　产业聚集区布局 ·· 184

第十二章　重点建设任务 ··· 192
  第一节　着力构建综合物流大通道 ·· 192
  第二节　统筹建设物流节点网络体系 ····································· 195
  第三节　构建紧密连接的多式联运系统 ·································· 198
  第四节　积极推进重点行业物流发展 ····································· 200
  第五节　加快培育物流市场主体 ··· 207
  第六节　着力推进丝绸之路经济带核心区现代物流示范城市建设 ········ 210

第十三章　重点工程 ··· 214
  第一节　多式联运工程 ··· 214
  第二节　物流信息公共平台工程 ··· 216
  第三节　城市配送工程 ··· 217
  第四节　行业安全工程 ··· 219
  第五节　产业标准化工程 ·· 220
  第六节　回收物流工程 ··· 223
  第七节　中欧班列工程 ··· 224
  第八节　辅助产业培育工程 ··· 226
  第九节　管理体制工程 ··· 229

第十四章　保障措施 ··· 231
  第一节　加大政策支持力度 ··· 231
  第二节　加强组织领导与协调 ·· 233

后记 ·· 236

理论篇

第一章

绪 论

市域物流研究是区域物流研究的重要板块。所谓区域物流，也是以市域物流为核心枢纽或核心支撑而运行的。从空间层次上讲，市域物流本身是区域物流的一种表现形式，即以特定城市范围为载体的物流活动运行范畴。但是在区域物流研究中，市域物流的研究占据十分重要的地位。市域物流具有高度集约、需求多样化、高效率、绿色环保、高度信息化等众多特点。

城市经济发展是区域经济发展、国家经济发展和全球经济发展的重要支撑载体和引擎，随着城市化、工业化、信息化和经济全球化步伐的加快，城市经济的形态不断呈现多因素驱动下的动态变化和演变。城市的空间结构、城市的基础设施、城市的人口规模、城市的产业体系、城市的企业群体、城市的发展动力、城市的发展政策等都发生不同程度的演变和转型。所有这些过程都伴随着作为城市重要服务产业部门的物流产业的发展、转型和演变。研究市域物流有助于促进城市经济发展、提高物流效率、改善交通与环境状况，推动物流行业的创新和发展。

第一节 研究背景与意义

随着市场经济发展水平的提高，物流产业逐步成为第三产业中的重要产业部门，在国民经济运行中发挥越来越重要的基础支撑作用。在一般情况下，所有商品的生产、流通和消费等环节都处在物理流通的阶段，即物流流动或配送阶段。所以说，物流产业是渗透到所有行业领域的服务产业形式之一。

在物流地理学及物流经济学研究领域，市域物流的研究是重要研究板块之一，也是政府主导型经济发展模式下区域物流研究的热点主题之一。首先，城市化、工业化以及经济全球化进程进一步催生了市域物流的研究需求。其次，市域物流逐渐成为城市经济发展的重要支撑，渗透到城市经济社会的方方面面，在城乡融合发展中发挥重要的衔接载体作用。最后，随着电子商务、快递等行业的迅猛发展，市域物流逐渐形成自身的产业部门形态和关键行业地位，在城市规划中受到越来越广泛的关注和重视。

一、研究背景

（一）城市化和工业化发展背景

1. 城市化的加快以及人口和消费的聚集

随着城市化进程的不断推进，城市人口规模快速增加，城市内外的货物流动日益频繁。城市人口快速增长，城市规模不断扩大，对城市物流提出了更高的要求。城市消费需求的增加和产业结构的变化，推动了城市物流的发展。同时，一些国家和地区城市楼房化、高层化形态的出现，全面增加了城市社区人口的群居规模，扩大了城市片区和社区空间生活性商品物资的集约流通规模。

2. 工业经济和服务业经济的快速发展

随着城市化进程的加快、市场规模和劳动力规模的扩大，在城市功能区也出现了一大批产业园区和工业企业群体，进一步加快了轻工业和重工业的发展。基于城市经济增长的目标和需求，城市的产业结构逐渐出现工业或制造业主导型发展结构，工业实现了大量人员的就业、大量工业产品的生产和流通，以及一部分延伸性服务业的快速发展。除了依托城市人口聚集的生活性服务业迅速发展之外，伴随工业化水平的提高，生产性服务业也迅速发展，并且在国民经济中的比重逐步提高，许多城市变成制造业中心、工程城市或商贸城市。

3. 城市交通设施的不断改善

城市空间的扩大、城市服务业的发展和城乡货运量的增加，催生了完善城市交通设施的需求。交通设施的进一步改善，又为提高物流效率、物流配送通达性和扩大物流运行规模提供了重要的基础保障条件。而在城市基础设施保障条件不足、城市人口和车辆过度增加、物流配送规模迅猛扩大的情况下，城市环境又出现了交通拥堵等新情况、新问题。这又反过来影响了货物的运输速度和成本，也加剧了环境污染和能源消耗。城市物流活动产生的废气、噪声、固体废物等对城市环境造成负面影响，与此同时，城市环境的恶化也限制了物流活动的发展。因此，研究如何减少物流活动对环境的影响，实现可持续发展，成为当务之急。

(二) 城市现代物流业自身转型升级背景

1. 服务业的崛起以及物流行业的专业化

随着城市发展模式的转型和升级，服务业越来越成为现代城市经济发展的主导力量，其中商贸物流等新兴服务业领域得到长足的发展进步。伴随城市产业分工的细化，市域物流的专业化发展水平得到快速提高，物流产业成为市域经济发展的重要部门。依托居民生活和厂商生产活动的货物运输规模迅速扩大，加快了物流行业运行规模不断增加的进程。

2. 电子商务的崛起及智慧城市的发展

随着互联网技术和电子商务的迅猛发展，电子商务在城市中的普及率逐渐提高。电商平台的出现和快速增长对物流配送提出了新的挑战和需求，促进了市域物流行业的发展。而智慧城市建设成为全球各类城市发展的重要方向，其中物流系统作为城市运行的重要组成部分，通过应用信息技术和大数据分析等手段，提高物流效率和运营管理水平，推进了市域物流的发展。

3. 物流产业空间特征的出现和强化

随着城市经济社会对物流产业及时、高效配送需求的增强，城市经济空间中出现越来越多的专业化物流园区、物流配送中心、物流仓储基地、冷库冷链基地、末端配送站点等产业空间形态，而城市的交通线路将这些空间载体与公路、铁路和民航等大型货运场站，大型商贸批零贸易市场衔接起来，形成了相对完整的城市物流运行网络。在城市的空间规划、市政规划、产业规划、五年规划、片区规划、新区规划、产业园区规划等所有重大规划中，物流产业空间的布局越来越成为一个需要重点考虑的规划指标和先前要素之一。

(三) 城市物流发展的政策背景

1. 国家宏观政策背景

随着经济全球化和区域经济一体化的深入发展，不同城市之间的经济联系越来越紧密。城市之间商品、信息和资金的流动不断加快，对市域物流提出了更高要求。许多国家和地区将区域经济协调发展和一体化发展作为国家和地区的重大经济发展战略加以推进，其中大中小型城市群体成为区域经济协调发展的重要载体空间和增长极。在经济全球化背景下，许多国家将众多城市供应链和产业链体系的改善作为统筹发展和安全的重要政策工具之一，以规划和建设城市现代物流体系和网络布局。

2. 综合交通运输规划背景

综合交通运输体系是所有国家和地区经济社会可持续发展的重要基础设施建设项目，其通过提高国家和地区的内外部互联互通水平，确保有效参与经济全球化和区域经济一体化的市场分工，保障国民经济或区域经济稳定增长。许多国家和地区通过不断改善公路、铁路、民航等综合交通基础设施条件和国际运输网络，推进依托各类经济走廊、城市经济圈、经济技术开发区（或自由贸易区）等的特定区域的经济发展。例如，我国制定的"十四五"规划纲要、《交通强国建设纲要》、《国家物流枢纽布局和建设规划》、《"十四五"现代综合交通运输体系发展规划》等，提出了我国各地区综合物流枢纽城市建设的基本工作思路和建设方向。

3. 政府产业支持政策的出现

作为新兴产业，现代物流业越来越成为众多国家和地区着力培育的重要产业领域，各类产业发展政策纷纷出台，以支持现代物流业的快速发展。一些国家和地区通过给予物流补贴，对跨境物流或农产品物流予以资金支持，以保障和促进国际供应链或特色农业的可持续发展。随着各级政府对城市物流的重视程度不断提高，相关政策和规划相继出台。各级政府通过相应的政策、规划和资金支持，促进了市域物流的健康发展。在全球气候变化和低碳经济发展的背景下，越来越多的国家和地区提倡绿色、低碳、高效的物流模式，加强物流基础设施建设和标准化管理，为市域物流转型发展提供了有利条件。

（四）城市物流研究的学术背景

1. 政府主导型经济与市域物流研究

在政府主导型经济发展模式下，区域规划、产业规划、五年规划等都成为促进国家和地区发展的重要动力。基于物流产业较强的产业渗透性和区域经济联结能力，物流产业的理论、政策和规划研究成为实行政府主导型经济发展模式的国家和地区普遍的宏观调控选项之一。从中央国家机关到地方各级政府部门都将物流产业作为重要产业领域提上议事日程，加以重点研究。在市场过剩、生产力过剩和产业过剩的条件下，降低经济社会的总体物流成本成为各级政府重大的政策和改革主题之一。

2. 新发展阶段与特定研究方向

经济全球化和区域经济一体化发展背景下，国内外市域物流的研究已经取得了一定的进展。这些研究大多以信息化社会为背景，同时关注气候变化背景下的低碳发展等重大社会问题。一是基于大数据的物流路径优化研究。该方向通过利用城市交通数据、物流运输数据等多源数据，开展对物流路径的优化研究。例如，利用 GPS 数据和历史订单数据，结合区域交通拥堵情况，分析最佳配送路径，减少运输时间和成本。二是创新物流运输方式研究。该方向主要研究面向城市物流的创新运输方式，如无人机、自动驾驶车辆等。这些新型运输方式可以提高配送效率，减少交通拥堵和环境污染。三是物流网络优化研究。该方向主要通过建立完善的城市物流网络，提高物流配送的覆盖率和效率。研究内容包括仓储设施的布局优化、配送中心的选址问题等。四是智能化物流管理研究。该方向主要利用信息技术、物联网和人工智能等手段，实现物流过程的智能化管理。例如，通过监控货物状态、预测需求、实时调度等方式，提高物流过程的可视化和自动化水平。五是绿色物流研究。该方向主要研究如何减少物流过程对环境的影响，推动绿色物流发展。研究内容包括低碳配送、节能减排、包装回收等问题。六是基于共享经济的物流模式研究。该方向主要研究如何运用共享经济模式，提高城市物流资源的利用效率。例如，通过共享仓库、共享配送员等方式，提高物流资源的利用率，并降低成本。

3. 经济社会需求与对应的研究短板

尽管国内外市域物流研究取得了良好的进展，但是相对于国家和地区的经济社会发展需求而言，市域物流研究在多个方面存在短板，需要进一步加强理论研究和实践探索，促进城市物流的科学发展。一是研究视角存在局限性。市域物流研究往往以经济效益为主要衡量标准，忽视了社会、环境、文化等其他维度的影响。这导致在制定物流政策和规划时，很难充分考虑到全面的利益和可持续发展。二是仍旧缺乏对新技术的应用研究。在城市物流领域，新技术如物联网、大数据、人工智能等的应用潜力巨大，但市域物流研究对于这些新技术的研究和应用探索仍较为不足。这制约了城市物流系统的现代化和智能化进程。三是缺乏跨学科合作。市域物流研究需要交通、物流、城市规划、环境等多个学科领域的知识融合。然而，现实中跨学科合作的机制和平台不够健全，导致研究成果的综合性和应用性不高。四是存在不完善的评估方法和指标体系。市域物流的评估方法和指标体系还不够完善，缺乏全面、科学的评价标准。这导致物流规划和决策往往缺乏可靠的依据，难以实现良性循环和优化。五是缺乏综合性研究案例。市域物流研究中缺乏典型、综合性的研究案例。这限制了研究的实证性和推广性，使得实际应用时难以找到合适的参照。

二、研究意义

（一）促进城市经济高质量发展

1. 促进城市经济发展

市域物流是城市经济发展中不可或缺的一部分。通过市域物流研究，可以优化物流网络布局，提高运输效率，降低物流成本，从而促进城市的产业发展和经济增长。物流是城市经济发展的重要支撑，通过研究市域物流，可以深入了解城市物流系统的运作机制和影响因素，为优化供应链、提升生产效率、推动城市经济发展提供理论指导和实践经验。

2. 指导政府决策

市域物流研究可以为政府提供科学依据，指导物流规划和政策制定。通过深入了解市域物流系统的运行特点和问题，政府能够更好地进行决策，提出相应的政策措施来促进物流发展和解决相关问题。通过研究市域物流，可以深入了解城市物流发展的现状和问题，推动城市物流政策的制定和调整。不同城市拥有各自独特的经济结构、产业布局和规划发展战略，对物流服务和配送的需求也会有所不同。市域物流研究通过深入探讨城市的特殊需求，可以为制定有针对性的物流政策和规划提供理论支持。

3. 增强城市竞争力

市域物流研究可以帮助城市提升物流服务水平，提高物流效率，为企业提供更好的物流支持，增强城市的产业竞争力。合理规划物流设施和路网，有助于提升城市形象和品质，吸引更多的企业和投资，推动区域经济的高质量发展。市域物流研究关注城市的交通、经济和人口等特征对物流活动的影响，有助于深入分析供应链中的各个环节，从而提出更科学、有效的供应链管理策略。优化供应链管理，提升供应链整体竞争力，能够为区域经济发展打造良好的物流环境。

4. 推动城市可持续发展

市域物流研究可以推动物流系统的现代化和智能化，促进绿色物流的发展。城市物流活动产生的废气、噪声、固体废物等会对城市环境造成负面影响。研究市域物流可以探讨环保型物流系统设计和管理策略，减少物流活动对环境的影响，推动可持续发展。另外，通过研究如何减少物流活动对环境的影响，可以优化物流路径规划，推广低碳运输方式等，实现物流与环境的协调发展。通过减少物流活动对环境的影响，优化资源利用效率，可以实现可持续发展目标，推动城市的可持续发展。

（二）提高城乡居民生活的便利化水平

1. 提高城市物流配送效率

通过研究市域物流，可以针对城市特点和需求，优化物流节点设计、仓储设施布局、配送网络规划等，缩短货物运输时间，降低成本，提升城市物流整体运作效率。研究市域物流时不仅需要考虑道路运输，还要考虑铁路、航空和水路等多种运输方式。通过对综合运输系统的研究，可以优化各种运输方式之间的协同和衔接，提高物流效率。

2. 提升物流信息化管理水平

随着信息技术的快速发展，市域物流研究也关注信息技术在物流中的应用。例如，利用物联网、大数据分析等技术，可以方便城市居民对物流网络进行全程追踪和监控，提高物流的可视化和智能化水平。

3. 缓解城市交通拥堵

城市交通拥堵是制约城市物流发展的重要因素之一。市域物流研究有助于解决城市交通拥堵、污染等问题，改善城市居民的出行环境，提升城市居民的生活质量。通过合理规划物流配送路线等，可以减少货运车辆对城市环境的负面影响。通过研究市域物流，可以探索更合理的物流路径规划和交通组织方式，减少交通拥堵，提高物流运输的顺畅度和稳定性，为城市居民生活、生产提供便利。

（三）推动区域经济一体化发展

1. 促进区域一体化发展

市域物流研究有助于提高城市内外的互联互通水平，加快统一市场的形成，推进区域经济一体化发展。市域物流研究从区域一体化的角度出发，考虑各个城市之间的物流联系和协作。通过研究如何建立跨城市的物流合作机制，实现物流的互联互通，提高区域经济的整体竞争力。

2. 加快城乡融合发展

通过研究市域物流网络，可以有效补齐市域物流发展的短板，不断提高城乡物流节点和线路的覆盖率，保障城乡之间商品物资和农副产品的及时、有效交流，加快城乡融合发展。

3. 促进产业协同发展

市域物流研究可以揭示城市内不同产业之间的物流联系和相互依赖关系，有助于促进产业的协同发展。通过深入了解各产业的特点和需求，在物流规划和布局中加强产业的互补和配合，可以提升资源利用效率和产业整体竞争力，推动区域经济的高质量发展。

（四）丰富和完善区域物流发展理论

1. 细化区域尺度

市域物流研究对于发展和完善区域物流研究具有重要的理论意义。市域物流研究将焦点聚集在城市及其周边地区，与传统的区域物流研究相比，更加细致地定义了研究范围和边界。通过对市域物流的深入研究，可以更好地理解城市内部物流活动的特点和规律，为区域物流研究提供更精准的数据和分析基础。

2. 分析城市网络关系

市域物流研究将城市看作节点，通过分析城市间的物流网络和关系网络，揭示城市之间的联系和相互作用。这有助于理解区域物流的复杂性和动态性，以及城市对区域物流发展的驱动作用。

3. 强调城市因素

市域物流研究将城市因素纳入考虑，关注城市的交通、经济、人口等特征对物流发展的影响。这些因素在不同城市之间差异较大，在研究中需加以综合分析，从而更好地理解城市物流的运行规律和问题。

第二节　研究内容与目标

市域综合物流体系的研究主要基于产业经济学的研究范式来开展，将市域物流作为物流产业的一种空间形态，研究分析"城市"这种区划和空间条件下，物流产业的运行基础、运行特征、运行网络和发展模式等。在具体研究思路层面，包括市域空间下物流产业体系的基本概念、产业系统及其要素构成、产业的空间层次及空间组织模式、产业体系的建设要求、产业体系的建设路径等研究板块。

国内外市域物流的研究比较普遍，基于交通经济学视角的研究相对丰富一些。从国外的市域物流研究情况看，研究主题多是特定产业的供应链、配送体系的效率和路径优化等。从国内的市域物流研究情况看，更多涉及市域物流的规划、市域物流与市域经济的关系、城市配送网络的优化、城市物流系统的协同构建、城市的物流竞争力等内容。本书融合国内研究的一些前期成果，以政府主导型经济发展模式为背景，侧重于从市域物流系统的理论架构、市域综合物流体系的要素、市域综合物流体系的建设需求和案例实践等视角进行针对性研究。其中，市域物流体系的"综合性"是本书研究的一个重要特征。本书在系统论研究框架的基础上，充分讨论市域物流体系的"综合性"特征，梳理其理论表述要素和实体运行要素。在此基础上，结合一些规划研究的思路和范式，讨论实际城市的综合物流体系建设路径。

一、研究内容

（一）市域综合物流体系的概念

本书基于经济学视角对市域物流的基本概念进行讨论，并分析讨论市域物流相关的基本理论问题。这些理论问题主要涉及市域物流研究的基本学科基础等。在相关理论细分的前提下，还将讨论市域物流研究的一些分支学科内容。

市域物流是区域物流的一种空间表现形式，主要为城市经济社会发展服务。从作用空间特征和构成要素特征看，市域物流是一个十分复杂的运行系统。而市域综合物流体系是市域物流更加框架化、要素化和空间化的一种表现形式，是市域物流的一种综合性运行系统，基本上反映了市域物流运行的要素及其相互之间的作用集成。

（二）市域综合物流体系的构成要素

本书全面讨论市域综合物流体系建设的基本内容，包括综合物流体系的基本构成要素、综合物流体系的基本运行框架等。

市域综合物流体系的构成要素分析既有硬件层面的分析，又有软件层面的分析；既有综合物流需求视角的分析，又有综合物流供给视角的分析；既有市场配置的资源要素分析，又有宏观调控的保障要素分析；既有物流产业运行市场主体的分析，又有产业指导管理主体的分析。

（三）市域综合物流体系的空间层次

本书对市域物流的空间组织形式等进行针对性讨论。随着城市经济的持续发展，市域物流形成了一定的空间经济形态，进而市域物流是以一定的空间组织框架为基础而有序运行的。

从城市内外经济贸易关系和互联互通关系看，市域物流具有物流通道、物流聚集区、物流园区、配送中心、末端站点等具体空间分布。当物流产业渗透到城市经济社会的所有运行环节中时，根据经济社会需求，就形成了相对稳定的物流集散空间，以满足市域物流配送的时间要求和地点要求。

（四）市域综合物流体系的建设路径

关于市域综合物流体系的建设路径，主要依托于市域物流系统高效运行的基本要素来进行选择和设定。市域综合物流体系的建设主要涉及市域物流的发展定位和发展目标、综合物流基础设施体系建设、供应链体系建设、物流节点网络体系建设、综合物流服务体系建设、物流市场主体体系建设、外围要素保障体系建设、产业政策保障体系建设等众多方面，旨在提高市域物流运行效率，降低社会物流成本，推动城市可持续发展。

1. 市域物流的发展定位和发展目标

市域物流的发展定位主要反映物流产业在城市经济社会发展中的重要性地位、特定城市在多层次区域环境下的物流产业功能定位、特定城市在区域物流竞争环境中的分工定位等。市域物流的发展定位主要是一种战略性定位，表明市域物流的发展方向和建设要求等。

市域物流的发展目标主要反映一定时间周期中市域物流在数量和质量层面要达到的规模和能力。市域物流的发展目标分为总体目标和具体目标。总体目标反映整体物流体系层面的发展要求，具体目标则反映综合物流体系一些具体数量指标的完成，包括物流产值指标或服务规模指标、物流基础设施服务能力指标、物流企业发展规模或服务能力指标、物流产业竞争力指标、应急保障能力指标等。

2. 综合物流基础设施体系建设

综合物流基础设施体系建设主要是指物流产业得以有效运行的相关硬件支撑体系的建设，同时包括信息化管理软件体系的建设。

综合物流基础设施体系建设主要分为综合交通基础设施体系建设和物流装备工具体系建设两大方面。综合交通基础设施体系建设主要包括公路、铁路、民航、水路等通道基础设施体系的建设和园区、中心、场站等物流节点网络体系的建设；物流装备工具体系建设主要包括物流信息化装备、物流车辆（船只、飞机等）、搬运工具、仓储设施等装备体系的建设。

3. 供应链体系建设

市域物流环境下供应链体系的建设主要反映依托于地区经济产业部门的专业物流活动，包括一产、二产和三产物流体系的建设。供应链物流主要为国民经济产业部门的可持续运行提供物流运输和配送保障。

市域物流环境下的供应链体系建设涉及工业物流、商贸物流、农业物流、邮政与快递物流、应急物流、回收物流等。

4. 物流节点网络体系建设

市域物流节点网络体系的建设主要针对提供综合物流服务的集散空间载体，包括各类物流园区、大型货运场站、各类物流中心、城乡配送中心、社区（农村）物流站点等。

5. 综合物流服务体系建设

综合物流服务体系建设旨在提高各物流服务环节的衔接效率，包括多式联运系统的构建、物流信息化平台的建设、城乡配送管理的优化、物流行业安全管理体系的建设、产业标准化体系的建设等。

6. 物流市场主体体系建设

市域物流市场主体体系建设主要是指对提供社会物流服务的各类企业群体进行培育管理，包括从事物流行业的国有企业、各类上市公司、各类企业集团、各类A级物流企业、中小型物流企业、个体工商户等。

7. 外围要素保障体系建设

市域物流外围要素保障体系建设主要是指为社会物流可持续发展提供各类所需要素的辅助保障体系的建设，包括提供物流人才、产业资金、建设土地、行业评价等产业发展要素的社会辅助保障系统。

8. 产业政策保障体系建设

市域物流产业政策保障体系建设主要反映城市政府相关部门对物流产业提供宏观指导政策上的保障，包括产业规划的制定、产业导向目录的指引、产业政策和法规的研究、产业管理体制的设定、产业发展意见的发布、产业扶持具体政策的出台、产业评价考核工作机制的安排等。

（五）市域综合物流体系建设的案例分析

本书以新疆库尔勒市为例，讨论市域物流运行的基本实践，包括市域物流的发展基础、面临的发展形势、发展愿景与目标、重点建设任务和重点工程、市域物流有效运行的保障措施等。

二、研究目标

（一）理论目标

市域综合物流体系研究的主要目标为：梳理市域综合物流体系的学科基础背景，确定市域综合物流体系的要素构成，探索市域综合物流体系建设的实践路径。从理论视角讨论市域物流的基本构成要素以及市域物流理论分析的基本学科支撑，重点讨论影响市域物流有效运行的关键要素等。

（二）方法论目标

在方法论层面，主要从经济学研究的视角讨论物流产业在市域框架下的运行规律，包括市域物流的基本运行特征、运行的目标和高效运行的路径等。

（三）实践目标

对特定城市的综合物流体系进行验证性分析，讨论市域综合物流体系的建设路径等。在实践层面，依托库尔勒市物流产业的运行特征，讨论市域物流的实际运行形式，包括识别市域物流的实际决定要素、实际运行的框架和提高运行效率的举措等。

第三节　研究方法

本书在市域综合物流体系建设的理论研究层面，采用了理论分析法、文献分析法、规划分析法、要素分析法等综合性研究方法；在市域综合物流体系建设的实践（案例）研究层面，采用了政策研究法、调研座谈法、数据采集法、经验推理法等综合性研究方法。

一、理论研究方法

（一）理论分析法

理论分析法旨在通过运用特定理论、概念模型或学科框架来解读和分析研究对象的现象、关系和机制。它通过对不同学科领域中已有的理论和概念进行运用，帮助研究者深入思考和理解研究对象的本质、背后的原因和影响。

理论分析法可以应用于各个学科领域和研究对象，包括社会科学、自然科学、人文科学等。在社会科学研究中，理论分析法常常用于解释社会现象、政策制定、组织行为、经济活动等。它通过运用适当的理论和概念，对研究对象进行系统性的分析，从而揭示出其内在机制、关系和规律。

理论分析法的基本步骤包括：选择合适的理论或概念模型；将理论或模型应用于具体的研究对象；通过对相关数据和信息的收集和整理，验证和解释理论的适用性；从理论分析的结果中得出结论，并提出进一步研究或实践的建议。

总之，理论分析法是一种运用理论和概念模型进行思考、解释和分析的研究方法，它可以帮助研究者深入理解研究对象，并为进一步研究和实践提供有价值的指导。

（二）文献分析法

文献分析法旨在通过系统地搜集、整理和分析相关文献资料来获取研究对象的信息和知识。它通过对已有文献的阅读、解读和综合，帮助研究者了解并掌握研究领域的前沿进展、研究现状、理论观点和方法等。

在社会科学研究中，文献分析法常常用于梳理理论框架、查找相关研究结果、归纳和总结已有研究成果、寻找研究空白等方面。它通过对已有文献的分类、比较、综述和评价，为研究者提供全面而深入的研究背景和现有知识。

文献分析法的基本步骤包括：明确研究目的和问题；建立文献搜索和筛选的标准；收集、整理和对比相关文献；从文献中提取主要信息和观点；进行文献评价和综合分析；根据文献分析的结果，为研究提供理论支持、研究框架或解决问题的思路。

总之，文献分析法是一种通过搜集、整理和分析相关文献资料来获取研究对象信息和知识的研究方法，它可以帮助研究者了解研究领域现有的研究成果和理论观点，并为研究提供背景和参考。

（三）规划分析法

具体到本书，规划分析法就是将一些规划研究的方法引入到市域综合物流体系的分析当中，例如，按照区域规划或产业规划的研究思路，依托市域的各类要素基础，梳理特定市域物流的发展定位、发展目标、空间布局、重点建设任务、保障措施等。可借鉴的规划思路如下。

需求分析：通过调研和数据分析，了解市域物流的现状、发展趋势以及存在的问题和痛点，明确研究的具体目标和重点。

网络规划与优化：研究市域物流网络的布局、节点选择和路径规划等问题，找到最佳的物流网络配置方案，优化物流效率和服务水平。

设施建设与管理：研究市域物流的仓储设施、配送中心等的建设和管理问题，包括选址、设备投资和运营管理等方面，提出合理的设施建设和管理方案，提高物流效能和降低成本。

信息系统与技术应用：研究市域物流信息系统和技术应用，包括物流信息平台、智能调度系统和物联网技术等方面，提出有效的信息系统建设和技术应用策略，提升物流服务质量和效率。

绿色物流与可持续发展：研究市域物流的环境影响和可持续发展问题，包括绿色物流技术、碳排放减少和循环经济等方面，提出减少物流对环境的影响和推进可持续发展的方案。

政策制定与决策支持：根据研究结果，为政府、企业和组织提供政策建议和决策支持，促进市域物流的发展和解决实际问题。

（四）要素分析法

要素分析法强调在分析过程中综合考虑各种要素，以确保分析的全面性和协调性。要素分析法包括要素框架的分析、空间布局的分析、驱动因素的分析、运营主体的结构分析等。要素分析法主要涉及以下几个要素。

1. 经济要素

考虑经济发展的需求和潜力，包括产业结构、经济增长率、就业水平等。在研究过程中，需要对经济要素进行分析、评估和预测，以确定规划的经济目标和发展方向。

2. 社会要素

考虑人口、教育、卫生、文化、社会保障等社会发展的需求和问题。在研究过程中，需要综合考虑社会要素的影响因素和社会问题的解决途径，以保障社会的稳定和发展。

3. 环境要素

考虑自然生态环境的保护和资源利用问题。在研究过程中，需要评估和预测环境要素的变化和影响，制定相应的环境保护措施，并确保规划的可持续发展。

4. 技术要素

考虑科技创新和技术发展对规划的影响。在研究过程中，需要综合考虑现有的技术水平和未来的技术进步，制定相应的技术引进和创新策略。

5. 政策要素

考虑政府政策和法律法规对产业的指导和约束。在研究过程中，需要综合考虑相关政策的制定和实施，确保产业发展的规范性和可行性。

二、实践（案例）研究方法

（一）政策研究法

政策研究法旨在通过对政策文件的系统、深入和细致分析，以了解政策的内涵、目标、背景、实施过程和效果等方面的情况。以下是一些常用的政策研究方法。

1. 文本分析法

文本分析法是指对政策文件的文字内容进行系统的分析和解读，包括对政策文件的主题、目标、原则、措施、时间表等进行梳理和归纳。可以利用关键词提取、分类编码和内容分析等手段，对政策文件进行深入获取和理解。例如，系统梳理特定国家或地区关于区域物流体系建设的基本政策要求和原则要求，进一步整理中央机构和相关部委对区域物流体系建设的一些规划文件和政策文件，理清工作思路，增强研究工作的政策性。

2. 政策演化分析法

政策演化分析法是指通过对政策文件的时序性进行研究，分析政策制定过

程中的动态变化、演化轨迹和影响因素。可以对政策文件的前因后果、调整过程和背景条件进行比较和分析，以揭示政策制定和调整的规律和特点。例如，要了解我国区域物流发展政策的演化，需要全面关注国家重大发展倡议或政策性文件的动态变化。具体来讲，需要依托党中央、国务院和各部委关于"一带一路"建设、西部大开发、西部陆海新通道建设、边疆产业带建设、中欧班列建设、交通强国建设等的综合性文件政策和宏观发展规划资料，系统梳理我国区域物流体系建设的政策思路和规划布局要求，全面掌握所研究区域物流体系建设的政策演进背景。

3. 比较分析法

比较分析法是指通过对不同的政策文件进行比较研究，分析其相似之处和不同之处，以了解政策制定的变化和趋势。可以选取具有代表性的政策文件进行对比研究，寻找共性和差异，并分析其背后的原因和影响。在国家和地区层面，既存在一体化发展关系，又存在差别化竞争关系。因此，需要对区域物流体系建设相对完整和高效的国家或地区的综合物流体系相关规划、政策文件等进行比较研究，最终为确定所研究区域的发展思路、发展战略提供综合参考依据。

（二）调研座谈法

调研座谈法是一种常用的政策研究方法，是指通过组织座谈会来收集相关信息和意见，以了解各方的观点、经验和建议。座谈会通常由政策研究机构、学术机构或政府部门组织，并邀请利益相关方、专家学者、社会团体代表等参与讨论。调研座谈会的主要步骤如下。

确定调研方向和目标：明确要研究的政策问题，明确调研的目标，为后续的座谈会筹备工作提供指导。

确定参与座谈会的人员：确定参与座谈会的人员范围和数量，包括利益相关方、专家学者、社会团体代表等，以确保观点和意见的多元化。市域物流调研座谈涉及城市政策研究部门、城市发展改革部门、城市交通运输部门、城市商务部门等，应与相关部门进行座谈交流，全面了解所研究区域综合物流体系建设的区域政策背景；与交通规划研究部门、地方物流学会相关专家学者等进行座谈交流，讨论区域物流体系建设的各种方案和思路，论证建设目标的可行性；赴重点物流枢纽和节点城市、口岸、企业进行实地调研、座谈，了解区域市场层面的看法和市场响应的潜力等。

筹备座谈会：确定座谈会的时间和地点，邀请参与人员，安排座谈会的议程和准备材料等。

召开座谈会：按照预定的议程和时间安排，组织座谈会并启动讨论。座谈会可以采用小组讨论、圆桌会议、专题报告等形式，鼓励参与者发表意见和提出建议。通过市域物流调研座谈会，了解和梳理所研究区域综合物流体系建设的现实状况，包括物流基础设施的建设现状、重点行业物流的发展现状、物流市场主体的发展现状、物流新业态的发展特征、物流产业自身的演变趋势、对区域经济的贡献作用等，以便对所研究区域的综合物流体系建设给予客观、现实的定位和评价。

收集和整理信息：通过座谈会记录、访谈笔记等方式，收集和整理座谈会上涉及的观点、建议和意见。对收集到的信息进行分析和总结，梳理座谈会的主要观点和意见，并与其他研究方法的结果进行比较和验证。通过整理资料，进一步讨论所研究区域综合物流体系建设面临的形势，包括全球发展形势、国内发展形势、地区发展形势以及地区经济社会高质量发展对物流体系建设的要求等，以便厘清综合物流体系建设的任务、目标和方向等。

撰写报告和提出建议：根据座谈会的结果，撰写调研报告，并提出相应的政策建议或决策参考。市域物流调研座谈会结束后，围绕前期研究框架和座谈基础，提出所研究区域综合物流体系建设的基本思路、重点空间布局、重点工程和具体对策建议等。

调研座谈法的优点是可以快速收集到不同利益相关方的意见和建议，了解各方的需求和利益，为政策制定提供实质性的参考。然而，座谈会的结果可能受到参与人员的个人立场、偏见或集体惯性的影响，因此在分析和使用座谈会的数据时需要注意客观性和可靠性的问题。

（三）数据采集法

数据采集法是获取和收集研究所需数据的方法和技术。以下是常见的数据采集方法。

问卷调查：通过编制问卷并发放给受访者，收集他们的意见、态度、行为等信息。问卷调查可以采用面对面、电话、网络等形式进行。

访谈：通过与被访者进行面对面或电话沟通，提出问题并记录他们的回答，了解他们的观点、经验和意见。访谈可以是结构化、半结构化或非结构化的。

观察：通过直接观察被研究对象的行为、环境和互动过程，收集数据。观察可以是参与观察或非参与观察，可以通过录像、录音或记录笔记等方式进行。

实地调研：亲自前往研究对象所在的现场进行数据采集，例如实地考察农村发展、环境保护等。实地调研包括实地观察、访谈、采样等多种方法。

统计年鉴分析：通过查阅所研究区域的各类统计年鉴、统计公报、统计分析报告等，了解比较全面的数据。

新闻报道研究：通过查阅权威媒体或专业媒体的相关新闻、报道、报告、会议讲话等已有的资料和信息来获取数据。例如，政府新闻发布会资料，发展改革、交通运输、商务、海关等行业部门发布的资料，比较研究地区市政府网站资料，等等。

不同的研究问题和目标要求使用适当的数据采集方法。综合使用多种方法可以增加研究数据的丰富性和可信度，提高研究结果的准确性和可靠性。

（四）经验推理法

经验推理法指的是通过已有的经验和观察来推测或推断出相应的结论。它基于人们对过去经验的总结和归纳，通过观察和比较现象之间的关系，从而得出一定的结论和预测。经验推理法在日常生活中被广泛应用，也在科学研究中扮演重要的角色。它可以帮助我们解决问题、做出决策和预测未来的情况。在科学研究中，经验推理法可以用于以下几种情况。

案例研究：通过对一些具体案例的观察和分析，得出一般性的结论。例如，通过调查研究，对市域物流相对发达地区的综合物流体系建设中一些好的工作举措、成效亮点、经验做法进行总结，提炼所研究区域综合物流体系建设的工作思路和决策咨询依据。

归纳法：通过观察和总结大量的具体事实，归纳出一般性规律或原则。例如，充分归纳和运用专家或课题组长期研究积累形成的一些科研成果和研究资料，以及区内外相关科研机构、高校、学会等专家学者的一些相关基础研究成果等。

类比法：通过类比不同领域或情境中的现象和经验，用以解决新问题或预测未来情况。例如，通过对历史事件或其他类似情况的研究，预测未来可能发生的情况。又如，通过与相关行业领域的专家进行交流，可以做出一些对行业发展的经验性判断。一般情况下，一些资深专家的意见或建议具有一定的权威性和价值。

尽管经验推理法在科学研究中有一定的局限性，但它为我们提供了一种简单而直观的方法来理解和解决问题。在实际应用中，我们可以结合其他研究方法，如实验研究、统计分析等，以增加数据的可靠性和准确性。

第二章

市域物流的概念及理论基础

市域是基于一定城市层级的行政或经济区域的范围，与市域相对的是更高层次的区域（比如省域、省域片区、城市群等），或更低层次的区域（比如县域等）。总体上，市域是一个相对较小的行政区域，与国家、省份等更大的行政区域形成层级关系。一般情况下，各类城市是国家和地区的特定经济中心，具有一定的行政区划范围、经济辐射空间范围和人口聚集范围。

市域物流是特定城市行政或经济区划范围内物流活动的总称，是城市辖区范围内所有物流活动的系统集成。市域是空间或特定经济区域的概念，而物流是产业的概念。市域物流实际上是城市的一个服务业部门的概念。

市域物流研究兴起于实行政府主导型经济发展模式的国家。在政府主导型经济发展模式下，众多产业发展活动受到政府宏观调控的影响，尤其是受到政府产业规划的影响。宏观调控背景下的产业发展和自由市场体制背景下的产业发展存在一定的差异，这些差异主要体现在产业发展的驱动体制层面。在政府主导背景下，各类产业发展的主体很大程度上是政府，而在市场主导背景下，各类产业发展的主体是社会。即一个是"看得见的手"状态下的产业发展，一个是"看不见的手"状态下的产业发展。

在政府主导型经济发展模式下，市域物流的研究获得了良好的发展机遇。这种机遇一方面体现在城市产业规划体系的作用层面，另一方面体现在产业政策体系的指导层面。在产业规划和政策支撑背景下，城市物流产业的发展不仅是一个市场自发的过程，而且是一个部分受到宏观干预的"被动"发展的过程。总体上，随着宏观经济发展政策的完善，在政府主导型经济发展模式下，市域物流产业的研究越来越活跃和备受关注。

市域物流研究的兴起，也催生了关于其学科背景的讨论。市域物流首先是一个产业概念，是在特定城市行政区划和经济区域范围内的一个服务业发展部门的概念。所以，市域物流首先是区域经济学的一种产业发展概念。其次，市域又是一个空间地理概念，因而涉及经济地理学的研究范畴。再次，由于物流产业是一个复杂的运行系统，而城市空间中的物流服务节点也具有网状分布特征，因而市域物流又是一个复杂系统的概念。最后，市域物流的可持续发展需要统筹规划和管理，进而又涉及规划学和管理学的相关研究范围。所以，市域物流在学科基础层面主要涉及以上学科的研究范畴。

第一节　市域的范畴及物流产业的范畴

市域物流的范畴是指城市或城市群内的物流活动范围，包括城市内部的货物配送、仓储、运输以及相关服务等。市域物流主要解决城市内的货物流动和配送问题，满足城市居民和企业的物流需求。

物流产业的范畴是指物流服务提供商和相关企业所涉及的各个环节和领域。物流产业涉及第三方物流服务提供商（如物流公司、快递公司）、货运代理公司、仓储和配送中心、货物运输企业（如航空公司、海运公司、铁路运输公司、公路运输公司）以及相关的信息技术、设备和设施等。

市域物流与物流产业密切相关，市域物流活动的需求推动了物流产业的发展，而物流产业的提供能力又支持了市域物流的顺利运行。

一、市域的范畴

（一）城市的概念

城市是一个人口集中、经济发达、社会功能完善、交通方便、文化繁荣的地区。它通常由大量居民居住，拥有多样化的产业、教育、医疗、娱乐等设施和服务。城市具有较高的建筑密度，包括高楼大厦、商业区、居民区、公园等。城市还有丰富的历史文化遗产，吸引着游客。城市的规模和特征因国家、地区及历史背景而不同，但总体上城市是现代文明与发展的象征。

关于城市的定义，并没有一个统一的标准，不同的国家和地区对城市的定义往往有所不同。一般来说，可以根据以下几个方面对城市进行定义。

人口密度：通常，城市相对于农村地区具有更高的人口密度。例如，中国以城区常住人口为统计口径，将城市划分为五类七档。城区常住人口50万以下的城市为小城市，其中20万以上50万以下的城市为Ⅰ型小城市，20万以下的城市为Ⅱ型小城市；城区常住人口 50 万以上 100 万以下的城市为中等城市；城区常住人口 100 万以上 500 万以下的城市为大城市，其中 300 万以上 500 万以下的城市为Ⅰ型大城市，100 万以上 300 万以下的城市为Ⅱ型大城市；城区常住人口 500 万以上 1000 万以下的城市为特大城市；城区常住人口 1000 万以上的城市为超大城市。①

经济发展水平：城市通常是经济中心，拥有较为发达的经济体系，包括各种行业和企业。

社会基础设施：城市通常拥有完善的基础设施，包括交通网络、供水与排水系统、电力供应、教育、医疗等公共服务设施。

政治与行政管理：城市通常具有较为完善的政府组织和行政管理体系，能够有效地提供公共管理和服务。

需要指出的是，不同国家和地区对城市的定义存在差异，并且随着社会、经济和技术的变化，城市的定义也在不断演变。因此，城市是一个相对灵活和动态的概念。

（二）市域的概念

市域是指一个城市的行政区划范围，是以城市为中心的地理区域范围。在这个范围内，包括了市中心及其周边的郊区、城市行政管理范围内的各种设施和建筑物，以及居住在该区域内的人口。市域的范围大小和具体划分因国家或地区而异。

市域的概念涉及行政管理、城市规划、经济发展、社会服务等方面。在行政管理方面，市域是市政府的管辖范围，市政府负责该区域内的公共事务、城市管理等工作。在城市规划方面，市域是规划师和城市规划部门考虑的基本单位，用于确定城市内不同区域的用途、交通发展、建筑布局等。在经济发展方面，市域是划定市场范围的重要依据，对于制定城市发展战略、招商引资、产业布局等有着重要意义。在社会服务方面，市域是提供公共服务的范围，包括教育、卫生、安全等服务。

总之，市域是一个相对较小的行政区域，以城市为中心，涉及行政管理、

---

① 《国务院关于调整城市规模划分标准的通知》（国发〔2014〕51 号），中华人民共和国中央人民政府网，2014 年 10 月 29 日。

城市规划、经济发展和社会服务等方面的问题。它是城市发展和管理的基本单位。

(三) 市域的构成要素

市域的构成要素包括以下几个方面。

市中心：是指市域的核心区域，通常是城市的商业、政治和文化中心。这里集聚了大量的商业机构、政府机关、文化设施、交通枢纽等。

郊区：是指位于市中心周边的区域，通常是城市的居住区和工业区。郊区往往拥有相对较低的人口密度和相对较高的土地利用率。

市政府辖区：是指市政府直接管理的区域范围。市政府在市域范围内负责行政管理、公共服务、城市规划和发展等各项事务。

建筑设施：是指市域内的各种建筑物和设施，包括商业设施、办公楼、住宅区、学校、医院、工厂等。这些建筑设施为市域居民提供生活和工作所需的各种设施和服务。

人口：是指居住在市域内的人口，包括市中心和郊区的居民。人口数量和分布状况是评估市域规模和需求的重要指标。

自然环境：是指市域所处的自然环境条件，包括地理位置、气候、地形等因素。这些自然环境因素会对城市的发展和管理产生影响。

这些构成要素共同决定了市域的规模、功能和特点，对城市的经济、社会和文化发展具有重要影响。市域的规划和管理需要综合考虑这些要素的相互关系，以实现城市的可持续发展和提高居民生活质量。

二、物流产业的范畴

(一) 物流的概念

物流是指在供应链管理中，从原材料采购到生产制造、仓储管理、配送和售后服务等环节中的物流运输、信息流动、资金流动等过程。它涉及各种物品、货物、产品的流动以及依托于这个过程的信息和资金的流动，以确保物品按时、安全、高效地从生产地点到达消费者手中。

物流包括以下几个方面的内容。

采购物流：涉及原材料采购、供应商选择、订单管理、库存控制等，目的是确保原材料的及时供应，以满足生产和制造的需求。

生产物流：包括物料供应、生产计划、生产过程管理等，以确保生产线的顺畅运转，使产品在规定时间内制造完成。

仓储物流：包括仓库的选址、布局、库存管理、货物装卸、包装等，目的是确保货物的安全储存、准确计数和方便取用。

销售物流：涉及订单处理、配送安排、运输方式选择、运费核算等，目的是将产品准确、及时地送达客户手中。

售后物流：包括退换货处理、客户服务、维修等，以满足客户的售后需求，并确保产品质量和关系的维护。

物流的目标是通过最优化运输、仓储和信息流动等环节，提高物流效率，降低物流成本，同时满足顾客需求，提供高质量的服务。物流管理涉及供应链的协调和合作，以确保物流过程的顺畅和可持续发展。

（二）物流产业的概念

物流产业是指涉及物流活动的各种企业和组织，包括物流服务提供商、物流设施提供商、物流技术提供商等。物流产业的主要目标是通过有效地管理物流活动，提高物流效率，降低物流成本，并为客户提供优质的物流服务。

物流产业包括以下几个方面的内容。

物流服务提供商：这些企业提供各种物流服务，如货物运输、仓储管理、配送服务、订货和供应链管理等。它们为客户提供定制的物流解决方案，以满足客户的需求。

物流设施提供商：这些企业提供物流设施，如仓库和物流园区。它们为物流服务提供商和其他企业提供存储、装卸、分拣等设施，以支持物流活动的进行。

物流技术提供商：这些企业提供物流信息系统、车辆追踪技术、仓储管理系统等物流技术工具和解决方案。它们利用信息技术和通信技术，提高物流过程中的信息管理和流程控制效率。

第三方物流（3PL）和第四方物流（4PL）提供商：这些企业为客户提供全方位的物流解决方案和综合管理服务。它们承担客户的物流外包，负责管理整个供应链中的物流环节。

物流产业在现代经济中起着重要的作用，它不仅支撑和促进了商品的流动与分配,也对经济增长和竞争力的提升起到关键性的作用。随着电子商务和跨境贸易的迅速发展,物流产业也逐渐提升了其在全球经济中的地位和影响力。

(三)物流产业的构成要素

物流产业的构成要素包括以下几个方面。

1. 物流设施

物流设施是物流产业的基础,包括仓库、运输设备(如货车、火车、船舶和飞机等)、物流园区等。这些设施为物流活动提供了存储、装卸、运输和分拣等基本条件。

2. 物流服务提供商

物流服务提供商是物流产业中的核心参与者,包括货运代理公司、快递公司、仓储管理公司等。它们提供各种物流服务,如运输、仓储、配送和供应链管理等。这些服务提供商通过整合资源和优化物流流程,提高物流效率,满足客户需求。

3. 物流技术

物流技术在物流产业中起到关键作用,包括物流信息系统、车辆追踪技术、物流管理软件等。这些技术工具可以帮助企业实现对物流过程的信息化和智能化管理,提高物流效率和准确性。

4. 物流人才

物流产业需要一支专业化、高素质的人才队伍。物流人才包括物流管理人员、运输司机、仓库管理员、物流规划师等。他们具备专业的物流知识和技能,能够有效地组织和管理物流活动。

5. 物流市场

物流市场是物流产业的交易平台,包括物流服务市场和物流设施市场。物流服务市场是物流服务提供商和客户之间进行交易和合作的地方,而物流设施市场是物流设施提供商和用户之间进行租赁和销售的地方。

这些要素相互关联,共同构成了一个完整的物流产业生态系统,推动着物流产业的发展和创新。同时,不同环节的优化和协同也能够带来整体效率的提升和成本的降低。

第二节 市域物流概念讨论

关于市域物流，需要从理论层面和实践层面加以讨论和认识。在理论层面，主要讨论市域物流的基本概念问题，涉及不同视角的概念解析；在实践层面，主要讨论对市域物流的基本认识或直观识别问题，涉及市域物流的空间层次特征、系统特征和宏观管理特征等方面。

一、市域物流的定义

（一）市域物流的基本概念

市域物流是指在一个城市或城市群范围内，涉及货物的运输、仓储、配送和信息流动等一系列活动。它包括了从原料供应和生产到最终消费者之间的物流环节，涵盖了货物的收集、运输、分拣、存储、配送以及相关信息的传递和管理等方面。

市域物流的目标是提高物流效率，降低成本，满足居民和企业的需求，促进城市经济发展和居民生活质量的提升。市域物流通常与城市规划、交通运输、供应链管理等相关领域相互关联，需要综合考虑物流设施的布局、运输网络的优化、信息技术的应用等因素，以形成高效、可持续的城市物流系统。

（二）不同视角下市域物流的定义

市域物流是指在城市范围内进行的包括货物运输、仓储、配送和物流服务等在内的一系列物流活动的集合。以下是市域物流的不同定义。

空间范围定义：市域物流是指在一个城市及其周边地区进行的物流活动。这种定义主要关注物流活动发生的地理范围，包含了城市及其周边地区内的货物运输、仓储和配送等活动。

经济活动定义：市域物流是指在一个城市的经济活动中与物流相关的各种活动。这种定义将市域物流视为城市经济系统中的一个重要组成部分，涵盖了与物流相关的供应链管理、配送中心运营、电子商务物流等方面。

城市规划定义：市域物流是指在城市规划过程中考虑的与交通、道路、仓储设施等相关的物流问题。这种定义强调市域物流与城市规划的关系，将物流活动作为城市规划的重要考虑因素之一。

不同的定义侧重点不同，但都关注了在城市范围内进行的物流活动，并强调了不同方面的重要性。综合考虑各种定义可以更全面地理解和研究市域物流的概念和实践。

二、市域物流的实践讨论

（一）市域物流是区域物流的一种空间表现形式

市域物流是指在城市范围内进行的物流活动，是区域物流的一种特定表现形式。它涵盖了城市内部的货物配送、仓储、运输等环节，以及城市与周边地区之间的物流运输活动。市域物流具有需求量大、密度高、时效性要求高的特点，同时也面临着交通拥堵、资源有限等挑战。因此，对市域物流进行合理规划和管理，提高物流效率和服务质量，对于城市发展和经济运行至关重要。

（二）市域物流是一个复杂的运行系统

市域物流具有特定的系统运行框架和要素支撑。市域物流是一个复杂的运行系统。它涉及多个环节，包括货物收集、仓储、配送、运输等，同时还涉及相关的信息流和资金流。市域物流还受到众多因素的影响，如城市规划、交通设施、供应链管理、环境保护等。市域物流系统还面临许多挑战和问题。首先，由于城市内的人口密度大、交通压力大，市域物流往往面临着交通拥堵、配送时效性要求高等问题。其次，市域物流与城市规划和土地利用紧密相关，需要与城市规划部门紧密合作，合理规划物流设施和交通网络。此外，市域物流还需要通过信息技术和智能化手段来提高运作效率和服务质量。因此，研究市域物流的运行机制，优化物流节点与路径布局，提高物流资源利用效率，构建智能化的物流管理系统，都是为了提升市域物流系统的运行效率和满足日益增长的物流需求。

（三）市域物流属于一种宏观物流活动

市域物流需要市域政府进行规划和引导发展。市域物流在整个物流体系中属于宏观物流活动的一部分。宏观物流涉及更大范围、更高级别的物流规划和管理，以满足区域或国家的物流需求。而市域物流作为宏观物流的一部分，是指在城市或城市群范围内进行的物流活动。市域物流与其他层次的物流活动相互关联，共同构成了一个完整的物流体系。例如，市域物流与区域物流相互关联，通过货物配送和运输连接城市与周边地区。同时，市域物流也与细分领域的物流活动密切相关，如供应链物流、电子商务物流等。市域物流的高效运行对于城市经济发展、社会运行和居民生活都具有重要意义。因此，对于宏观物流系统的规划和管理来说，市域物流的研究和优化是非常关键的，可以促进整体物流效率的提升，推动区域经济的发展。

（四）市域物流活动具有一定的可塑性

市域物流可以通过一定的战略或路径来提高运行效率，以实现市域物流的发展目标。市域物流活动具有一定的可塑性。可塑性是指市域物流系统在面对不同的需求和环境变化时，可以通过适应和调整来满足新的要求。一是市域物流可以根据需求变化进行灵活调整。随着城市发展和经济增长，物流需求也会不断变化。市域物流系统可以通过优化路网、增加配送节点、调整仓储布局等方式来适应不同的需求，提高物流效率。二是市域物流可以根据环境变化进行适应性调整。例如，随着城市交通拥堵问题的加剧和人们环境保护意识的增强，市域物流可以采取多种措施来减少交通拥堵和环境污染，如引入智能配送系统、使用低排放车辆、推广绿色配送等。三是市域物流也可以通过引入新的技术和创新手段来提升自身的可塑性。例如，物流信息技术的发展可以提供实时监控和调度功能，帮助市域物流系统更加灵活地响应需求和变化。综上所述，市域物流活动具有一定的可塑性，可以根据需求和环境变化进行灵活调整和优化，以适应不断变化的市场需求和发展要求。

第三节 市域物流研究的理论基础

市域物流的研究涉及多个学科，包括经济学、地理学、物流管理学、城市规划与城市管理学、交通运输学、环境科学与可持续发展学、信息技术与电子商务学等，需要综合运用不同学科的理论和方法，以了解和解决市域物流的复杂问题。

一、经济学理论

市域物流研究涉及产业经济学和空间经济学。

（一）产业经济学的研究对象和范围

产业经济学是经济学的一个分支学科，主要研究各种产业之间的关系以及它们对经济增长和发展的影响。其研究对象包括各个产业及其内部结构、产业之间的竞争与合作关系、产业的组织与管理方式等。

产业经济学的研究范围包括以下几个方面。

产业结构：研究不同产业的比重、规模和发展趋势，包括制造业、服务业、农业等各个领域。

产业组织：研究不同产业内部的市场结构、企业行为和组织形式，包括垄断、竞争、垄断竞争等市场模式。

产业创新：研究产业的技术进步、创新活动和知识产权问题，以及这些因素对产业结构和经济增长的影响。

产业竞争：研究不同产业之间的竞争关系，包括竞争战略、市场竞争、价格竞争等。

产业政策：研究政府对产业发展的干预和管理措施，包括工业政策、市场监管、产业园区建设等。

产业发展：研究产业的增长和发展趋势，以及这些趋势对经济运行和社会发展的影响。

综上所述，产业经济学主要关注各个产业的组织、关系、发展和政策等方面，旨在揭示产业对经济增长和发展的重要作用，并为制定和实施相关政策提供理论和实证支持。

（二）空间经济学的研究对象和范围

空间经济学是经济学的一个分支学科，主要研究经济活动在空间上的分布和组织，以及空间因素对经济增长和发展的影响。其研究对象涵盖了以下几个方面。

区域经济：研究不同地区的经济差异、发展趋势和经济格局，包括城市与乡村发展、城市化进程、区域产业结构等。

都市经济：研究城市内部的经济活动和空间组织，包括城市规模、城市功能、城市发展策略等。

区域增长：研究不同地区的经济增长和发展过程，考察地方特色产业、创新能力、人力资源等对经济增长的影响。

区域政策：研究政府对不同地区经济发展的干预和管理措施，包括区域规划、区域产业政策、基础设施建设等。

区域交通与物流：研究交通和物流在区域经济中的作用和影响，包括交通网络、物流组织与效率、区域一体化等。

综上所述，空间经济学主要关注经济活动在空间上的分布和组织、地区经济差异、城市发展、区域增长、区域政策等方面，旨在揭示经济活动和空间之间的相互关系，并为地方政府和企业提供空间经济决策的理论和实证支持。

二、地理学理论

市域物流研究涉及经济地理学和交通地理学。

（一）经济地理学的研究对象和范围

经济地理学是研究经济活动在地理空间上的分布和组织的学科，其研究对象和范围包括以下几个方面。

地理特征与经济发展：研究地理环境对经济活动的影响，包括自然资源分布、气候条件、地形地貌等，探讨地理因素对产业结构、区域发展和经济增长的影响。

产业地理：研究不同产业在地理空间上的分布和集聚，包括产业集群、产业链、产业区域划分等，探究产业集聚背后的经济、社会和制度因素。

区域经济发展：研究地区经济发展的差异和趋势，包括城市化进程、区域不平衡、区域收入差距等，探究地域内部经济结构、区域政策和区域间关系对经济发展的影响。

区域规划与城市发展：研究城市和区域规划的原理和实践，包括城市扩张、土地利用规划、交通规划、基础设施建设等，探讨城市发展与空间组织之间的关系。

跨国公司与全球化：研究跨国公司在地理空间上的分布和活动，包括区域经济一体化、全球生产网络、外商直接投资等，探讨跨国公司对经济地理格局和全球化趋势的影响。

地理信息系统（GIS）应用：研究利用地理信息系统分析经济数据和地理数据的相互关系，以及地理空间对经济决策的影响，包括地理数据可视化、空间分析等。

经济地理学旨在揭示经济活动和地理空间之间的相互关系，为政府和企业提供地理空间决策的理论和实证支持，推动可持续发展和区域经济的繁荣。

（二）交通地理学的研究对象和范围

交通地理学是研究交通运输系统和地理空间之间的相互关系的学科。其研究对象和范围主要包括以下几个方面。

交通网络： 研究各种交通方式（如道路、铁路、航空、水上运输等）的网络结构和布局，包括交通线路、节点（如港口、机场、火车站等）分布情况，探讨交通网络对地区联系、区域发展和物流运输的影响。

交通流动： 研究交通运输中货物、人员和信息的流动特征和模式，包括交通需求预测、交通运力规划、交通流量分析等，进而分析交通流动对地区经济、社会和环境的影响。

城市交通： 研究城市内部的交通组织、交通拥堵、交通流动性等问题，包括城市交通规划、交通设施配置、公共交通系统等，探讨城市交通对城市结构、居民出行和环境质量的影响。

区域交通发展： 研究不同地区之间的交通联系和效率，包括跨越城市和乡村的交通连接、城市群内部的交通通勤等，探讨区域交通发展对区域一体化和经济增长的影响。

交通与环境： 研究交通运输对环境的影响和可持续发展问题，包括碳排放、噪声污染、土地利用等，探讨交通与环境之间的协调和平衡。

交通地理学旨在揭示交通运输与地理空间的相互作用，为交通规划、交通管理和决策提供理论和实证支持，促进交通系统的优化和可持续发展。

三、系统学理论

市域物流研究涉及系统论和复杂系统论。

（一）系统论的研究对象和范围

系统论是一种综合性的学科理论，以研究和描述系统的结构、功能、行为和相互关系为主要内容。其研究对象和范围主要包括以下几个方面。

1. 系统的定义与分类

系统论首先关注系统的定义和分类。系统被定义为相互关联的组成部分构成的整体，其中各个部分之间存在着相互作用和相互影响。根据系统的性质和特征，可以将系统分为自然系统（如生态系统、气候系统）、人工系统（如工程系统、信息系统）和社会系统（如经济系统、政治系统）等。

2. 系统的结构与功能

系统论研究系统的结构和功能，包括系统的组成部分、部分之间的连接和关系，以及系统的功能和目标。系统的结构是指系统内部各个元素之间的关系和排列方式，而系统的功能是指系统实现其目标和任务的能力。

3. 系统的行为与动力

系统论探讨系统的行为和动力。系统的行为是指系统在不同条件下的发展和运行过程，包括系统的稳定性、变化和适应性等。系统的动力是指系统内部和外部的力量和影响，驱动系统的变化和发展。

4. 系统的控制与管理

系统论研究系统的控制和管理方法。系统的控制是指通过调整和操纵系统的各个部分和参数，使系统实现预期的目标和要求。系统的管理是指对系统进行规划、组织、指导和监督，以实现系统的高效运行和优化发展。

5. 系统的评价与优化

系统论研究系统的评价和优化方法。系统评价是指对系统进行定量或定性评估，了解系统的性能和效果。系统优化是指通过调整系统的结构、参数和策略，使系统达到最佳状态和效果。

系统论广泛应用于各个领域，如管理学、工程学、经济学、生态学等，为问题的分析、决策和解决方案的设计提供了理论基础和方法支持。

（二）复杂系统论及主要研究对象

复杂系统论是系统学的一个分支，研究那些由多个相互作用的组成部分构成的系统，这些系统具有结构复杂、行为复杂和动态演化的特征。复杂系统论的主要研究对象包括以下几个方面。

1. 复杂系统的结构

复杂系统的结构是指系统中各个组成部分之间的连接和关系，以及它们的排列方式和层次结构。研究复杂系统的结构有助于理解系统内部的相互作用和信息传递机制。

2. 复杂系统的动力学

复杂系统的动力学是指系统随时间变化的行为和演化过程。研究复杂系统的动力学可以揭示系统的非线性行为、相变现象以及各种模式和规律。

3. 复杂系统的自组织

复杂系统具有自组织的能力，即在相互作用和适应的过程中，系统能够产生新的结构和功能，形成自我调节和自适应的状态。研究复杂系统的自组织有助于理解系统的演化过程和自适应能力。

4. 复杂系统的鲁棒性和脆弱性

复杂系统在面对外部干扰和内部失效时表现出不同的鲁棒性和脆弱性。研究复杂系统的鲁棒性和脆弱性有助于预测和应对系统的风险和危机。

5. 复杂系统的异质性和多样性

复杂系统中的组成部分往往具有异质性和多样性，不同的元素之间存在差异和变化。研究复杂系统的异质性和多样性有助于理解系统的适应性和创新能力。

复杂系统论已经广泛应用于各个领域，如物理学、生物学、社会科学和经济学等，为研究和解决实际问题提供了新的视角和方法。

四、管理学理论

市域物流研究涉及管理学基本理论和产业管理学。

（一）管理学的研究对象和范围

管理学有着广泛的研究对象和范围，主要关注组织、管理和决策等方面的问题。以下是管理学的研究对象和范围的一些主要方面。

组织行为：研究个体和群体在组织中的行为，包括领导力、团队协作、个体动机、组织文化等问题。

组织设计与结构：研究如何构建和优化组织的结构、层级，对职责进行分配，以实现组织目标。

战略管理：研究组织长远发展的方向和策略，并提出如何制定和实施战略的方法。

运营管理：研究如何对组织的生产过程、供应链和资源分配等方面进行高效的管理和运营。

人力资源管理：研究如何招聘、培训、激励和管理组织的人力资源，以满足组织的需求。

营销管理：研究如何识别和满足市场需求，以及如何设计和执行有效的市场营销策略。

财务管理：研究如何管理组织的财务资源，进行预算规划、财务分析和投资决策等。

创新与创业管理：研究如何培育组织的创新能力和创业精神，以在竞争中保持优势。

管理学主要研究各个层面和方面的组织管理问题，旨在提供理论和方法来指导组织的决策和行动，以实现组织的效益和可持续发展。

（二）产业管理学的研究对象和范围

产业管理学是一门研究产业组织与管理的学科，其研究对象和范围主要包括以下几个方面。

产业组织：产业管理学关注的首要对象是产业组织，即不同行业中企业之间的结构、关系和行为。它研究企业在特定产业中的竞争策略、市场结构、垄断与竞争等问题。

产业发展：产业管理学关注产业的演变和发展过程，研究产业发展模式、产业生命周期、技术创新、产业政策等因素对产业发展的影响。

产业创新：产业管理学关注企业在产业中的创新活动，研究企业如何通过技术创新、管理创新等方式来提升竞争力和实现持续发展。

产业价值链：产业管理学研究企业在产业价值链中的位置和作用，分析企业之间的协作与合作，寻找提升整个价值链效率和降低成本的方法。

产业政策：产业管理学研究政府对产业发展的引导和调控政策，分析政府政策对产业结构、竞争格局和企业行为的影响。

总体来说，产业管理学的研究对象是企业与产业组织之间的关系和互动，其范围涵盖了产业组织、产业发展、产业创新、产业价值链和产业政策等方面。通过对这些问题的研究，产业管理学旨在提高企业和产业的竞争力，促进经济发展和社会进步。

五、规划学理论

市域物流研究涉及城市规划学和产业规划学。

（一）城市规划学的研究对象和范围

城市规划学的研究对象和范围涉及了城市的发展、设计和管理等方面的问题。以下是城市规划学的研究对象和范围的一些主要方面。

城市发展：研究城市的发展和演变过程，包括城市扩张、人口迁移、土地利用等方面的问题。

城市设计：研究城市的空间布局、建筑设计等方面，以创造美观、功能完善且可持续发展的城市环境。

城市基础设施规划：研究城市的交通、水、能源等基础设施的规划，以确保城市的运转和发展。

社区规划：研究社区的布局、设施和服务等方面，以提高居民的生活质量。

环境规划与资源管理：研究如何保护和管理城市的自然环境，包括绿化、水资源、垃圾处理等方面的问题。

土地利用规划：研究城市内不同地区的土地用途，包括住宅区、商业区、工业区等的规划和管理。

城市可持续发展：研究如何实现城市的经济、社会和环境的可持续发展，以满足现在和未来世代的需求。

城市管理：研究城市的治理和管理机制，包括城市政府、市民参与、城市规划相关政策的制定和执行等。

城市规划学主要关注城市的发展与管理问题，旨在提供理论和方法来指导城市的规划和发展，以创造宜居、可持续的城市环境。

（二）产业规划学的研究对象和范围

产业规划学是一门研究产业结构及其调整与优化的学科。其研究对象和范围主要包括以下几个方面。

产业结构：产业规划学关注的首要对象是产业结构，即一个国家或地区各个产业之间的组合、相互关系及其发展趋势。它研究不同产业在经济中的比重、发展状况以及产业间的协同作用和关联度。

产业集群：产业规划学关注产业集聚现象，即在某个地理区域内，相关产业在数量上密集、功能上相互配合、共享资源的发展模式。它研究产业集群的形成、特征、竞争力以及如何通过优化集群来提高整体经济效益。

产业政策：产业规划学研究政府对产业发展进行宏观管理和引导的政策。它研究政府在产业规划、投资促进、科技支持、贸易政策等方面的作用和影响，旨在推动产业结构的优化和升级。

产业发展战略：产业规划学研究企业在产业中的发展策略和路径选择。它探讨如何通过产业升级、技术创新、市场开拓等方式来增强企业竞争力和提高绩效。

产业经济政策：产业规划学关注产业经济政策对产业结构调整和优化的影响。它研究国家或地区在宏观层面制定的经济政策，如产业振兴政策、区域发展政策等，以促进产业的良性发展和可持续增长。

总体来说，产业规划学的研究对象是产业结构及其调整与优化，其范围包括了产业结构、产业集群、产业政策、产业发展战略和产业经济政策等方面。通过对这些问题的研究，产业规划学旨在提供战略性的指导和政策建议，推动产业结构的合理布局和优化升级，促进经济可持续发展。

六、信息技术与电子商务学理论

市域物流研究涉及信息技术学和电子商务学。

（一）信息技术学的研究对象和范围

信息技术学（Information Technology）是研究如何利用信息技术来解决问题和满足人们需求的学科。它主要关注信息的采集、传输、存储、管理和处理等方面，涵盖了计算机科学、电子工程、通信技术、数据管理和信息系统等多个领域。信息技术学的研究对象和范围包括但不限于以下几个方面。

信息系统：研究如何设计、开发和管理信息系统，包括软件、硬件和网络等组成部分。它关注如何有效地利用信息技术来处理和管理各种类型的信息。

数据管理：研究如何有效地组织、存储和处理数据，包括数据的采集、存储、查询和分析等方面。它关注数据库技术、数据挖掘、数据仓库等数据管理技术和方法。

信息安全：研究如何保护信息系统和数据的安全性和完整性，包括网络安全、身份认证、数据加密和风险评估等方面。它关注如何防范信息泄露、黑客攻击和数据损坏等安全威胁。

人机交互：研究如何设计和改进人与计算机之间的交互方式，包括用户界面设计、可用性和用户体验提升等方面。它关注如何使计算机系统更加人性化和易于使用。

人工智能和数据科学：研究如何利用机器学习、人工智能和大数据技术来处理和分析大规模的数据,并从中获取有价值的信息。它关注如何开发智能系统和算法来解决复杂的问题。

信息技术应用:研究信息技术在各个领域中的应用,包括商业、医疗、教育、交通等。它关注如何利用信息技术来提高效率、降低成本和创造新的商业模式。

总体来说,信息技术学研究的范围非常广泛,涉及信息系统、数据管理、信息安全、人机交互、人工智能和数据科学以及信息技术的应用等方面。通过对这些问题的研究,信息技术学旨在推动信息技术的发展和应用,为社会和经济的进步提供支持。

(二)电子商务学的研究对象和范围

电子商务学是关于电子商务的学科领域,其研究对象和范围主要涉及以下几个方面。

电子商务模式:研究不同类型的电子商务模式,如 B2C(企业对消费者)、B2B(企业对企业)、C2C(消费者对消费者)等,探讨它们的特点、优势和限制。

电子商务平台:研究各种电子商务平台的设计、开发和运营,包括在线购物网站、电子支付平台、电子拍卖平台等。

电子商务安全:研究如何保护电子商务中的交易和数据安全,包括身份验证、交易加密、网络防御等方面。

电子商务市场和消费者行为:研究电子商务市场的结构和特点,以及消费者在电子商务环境中的行为和决策。

电子商务法律和政策:研究电子商务相关的法律法规和政策,包括电子合同、电子支付、在线交易纠纷解决等方面。

电子商务创新和趋势:研究电子商务领域的新兴技术和趋势,包括移动电子商务、社交电商、大数据分析等方面。

电子商务学主要关注如何利用电子商务模式来推动商业活动的发展,以提供理论和方法来指导电子商务的设计和实施,以及解决相关的法律、安全和管理问题。

第三章

市域物流系统及要素构成

物流产业是一个十分复杂的经济运行系统，其复杂性首先表现在对经济社会的全覆盖渗透力方面。理论上讲，所有农业产品、工业制造业产品、商贸产品、旅游纪念品等除了生产和消费环节之外，均处在物流运行状态，因此，可以说物流产业是渗透到所有实体经济部门的全能覆盖性产业部门之一。

其次，物流产业的行业部门体系比较复杂。从国民经济产业分类来看，物流产业属于第三产业中的服务业部门。但从生产服务功能层面看，物流产业又分为农业物流、工业物流、商业物流等；从物流运输方式层面看，又分为公路物流、铁路物流、水路物流、民航物流、管道物流等；从生态环保功能层面看，又分为绿色物流、逆向物流、回收物流等；从服务对象层面看，又分为商业物流（主要为商业企业提供物流服务，包括原材料采购、仓储、配送等）、应急物流（提供物资运输、仓储等物流服务）、公共物流（为社会公众提供物流服务，如邮政、快递等）。

再次，从行业管理层面看，物流产业管理几乎涉及所有主要的经济管理部门的业务职能。例如在我国，综合物流交通设施建设和管理涉及交通运输部门的职能，物流产业规划和物流园区规划涉及发展和改革部门的职能，商贸物流发展涉及商务部门的职能，交通车辆管理涉及公安部门的职能，冷链物流、农村物流等涉及农业农村部门的职能，快递物流涉及邮政管理部门的职能，航空和铁路物流等分别涉及民航、铁路等部门的职能，等等。

最后，从物流产业运行的环节看，又包括货物的仓储、运输、分拣、配送等环节，物流产业体系需要各个环节的协同和配合才能顺利运行，确保物品在不同环节之间的顺利流转。

总之，物流产业运行是一个十分复杂的系统运行过程，而市域物流正是这种复杂系统在特定城市区划之内或辐射区域之内的一个范围表现。产业的复杂系统和市域的空间系统相互融合，形成市域物流系统的运行框架和过程。

第一节 市域物流系统的概念及特点

对市域物流系统的理论认识和实际结构认识对于有效推进市域综合物流体系建设具有重要意义。首先，市域物流系统是一个宏观性概念，需要站在整体城市经济社会运行的视角观察和分析。其次，市域物流系统是一个产业系统概念，需要从物流产业运行的基本要素层面加以认识和分析。最后，关于市域物流系统的有效运行，需要从物流市场的自发运行和政府的产业调控等双向视角全面了解和思考。

一、市域物流系统的概念

市域物流系统是指在特定城市或城市群内，以城市为中心，以满足城市内外货物流动需求为目标，由物流基础设施、物流服务提供者、物流企业和相关政府部门等组成的一个综合性物流系统。它涵盖了城市内的物流运输网络、仓储设施、配送中心等基础设施，以及承担城市物流服务的物流公司和相关行业的从业人员。市域物流系统旨在优化城市货物流动，提高物流效率，减少城市交通拥堵、污染和能源消耗，促进城市经济的繁荣和可持续发展。

二、市域物流系统的特点

市域物流系统是市域内的物流活动组成的整体，包括货物的采购、仓储、运输、配送以及相关的信息处理和服务等环节。它在支撑城市经济正常运行和满足城市居民生活需求方面具有重要作用。市域物流系统的主要特点如下。

范围广泛：市域物流系统涉及城市内部和城市与周边地区之间的货物流动和配送，覆盖各个行业、领域和层面。

复杂多样：市域物流系统涉及多个环节和参与主体，涵盖货物采购、仓储管理、运输配送、信息管理等多个方面。

高度关联：市域物流系统的各个环节相互关联，一个环节的问题或延误可能会影响整个物流过程的效率和流动性。

市场驱动：市域物流系统的发展受到市场需求和供求关系的影响，市场竞争对物流企业运营和服务质量的提升有着重要的推动作用。

涉及多个领域：市域物流系统与城市规划、交通运输、供应链管理等多个领域紧密相关，需要不同部门和行业的合作与协同。

市域物流系统的良好运行对于城市的经济发展、资源利用效率和生活品质有着重要影响。因此，优化市域物流系统是提升城市竞争力和促进可持续发展的重要课题。

三、市域物流系统的运行特点

市域物流系统的运行特点基本体现在以下几个方面。

区域性：市域物流系统主要服务于一个特定的城市或地区。由于城市内部的物流需求较大且复杂，市域物流系统需要根据当地的地理、交通等因素进行规划和管理，以满足市场的需求。

高效性：市域物流系统注重运输效率和物流流程的优化。通过合理规划路线、货物集中配送等方式，提高货物的运输速度和效率，减少货物滞留时间和损耗，提高整体物流效率。

多模式运输：市域物流系统通常会采用多种运输方式，如公路运输、铁路运输、水路运输等。根据不同的货物特性和运输距离，选择最合适的运输方式，以提供更灵活、高效的物流服务。

配送网络密集：市域物流系统在城市内建立了密集的配送网络，以确保货物能够快速、准确地送达目的地。这包括建立物流枢纽、设置配送中心、优化配送路线等措施，以便更好地满足市场需求。

信息化管理：市域物流系统强调信息的流动和管理。通过建立物流信息系统，实现货物跟踪、订单管理、车辆调度等功能，提高物流运作的可视性和透明度，减少信息不对称和延误。

环境友好：市域物流系统注重环保和可持续发展。通过采用清洁能源车辆、优化车辆路线和运输计划等措施，减少对环境的污染，提高物流行业的可持续性。

综上所述，市域物流系统的运行特点主要包括区域性、高效性、多模式运输、配送网络密集、信息化管理和环境友好等方面，以满足城市内部的物流需求，提供高质量、可持续的物流服务。

第二节 市域物流系统的要素构成

市域物流系统的构成要素既包括物流产业系统的基本要素，又包括城市社会经济的基本构成要素，需要从城市社会经济与物流产业相互融合、相互推进的角度来加以认识和讨论。市域物流系统的要素构成中既有一般区域物流的要素内容，也有城市社会经济特定的要素内容。总体上，市域物流系统的构成要素与更大区域层面的物流要素和更小的农村层面的物流要素存在一些差异，这些差异是由城市的人口聚集、建筑聚集、交通密集、商贸聚集、人才和技术富集、配送时效性极强等特点决定的。

市域物流系统是指在城市范围内进行的物流活动所构成的一个整体系统。它包括了物流基础设施、物流服务提供商、物流需求方、物流人才、物流技术以及政府政策和规划等要素（见图 3-1）。

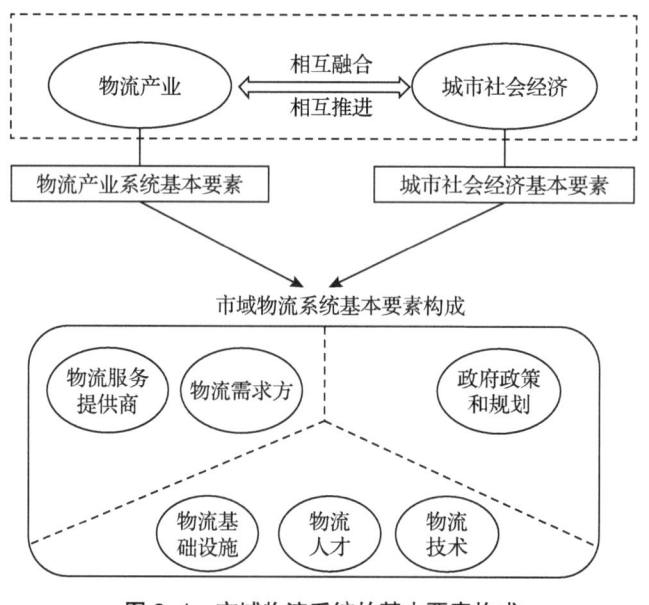

图 3-1 市域物流系统的基本要素构成

一、物流基础设施

市域物流基础设施系统是指为实现高效、持续的市域物流运作和服务而建立的一系列物流基础设施。这些基础设施包括交通运输设施、物流节点设施、信息技术设施和配套设施等（见图 3-2）。市域物流基础设施系统的建设和完善对于促进物流活动的顺利进行和提高物流效率具有重要意义。

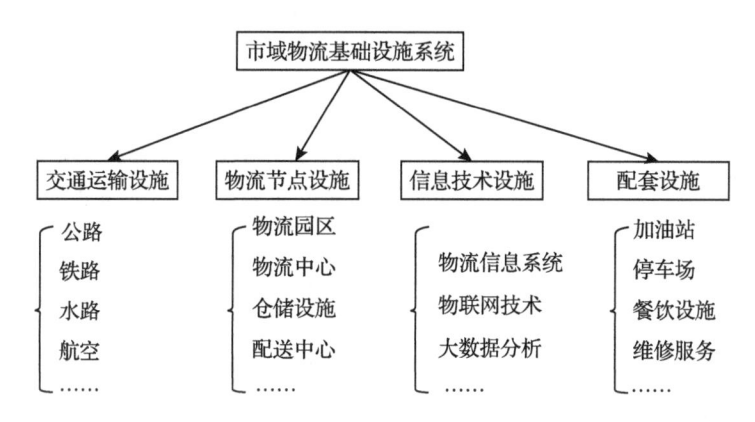

```
                    市域物流基础设施系统
        ┌──────────┬──────────┬──────────┐
   交通运输设施   物流节点设施   信息技术设施    配套设施
     公路          物流园区      物流信息系统    加油站
     铁路          物流中心      物联网技术      停车场
     水路          仓储设施      大数据分析      餐饮设施
     航空          配送中心                     维修服务
     ……            ……
```

图 3-2　市域物流基础设施系统

　　交通运输设施：市域物流基础设施系统中的交通运输设施是物流运作的基础，包括公路、铁路、水路、航空等不同类型。通过建设和完善交通运输设施，可以提高货物的运输效率和运输能力，缩短货物的运输距离和时间。

　　物流节点设施：物流节点设施是市域物流基础设施系统中的关键部分，包括物流园区、物流中心、仓储设施、配送中心等。通过合理规划和布局物流节点设施，可以实现物流活动的集聚和流转，提高物流效率和服务质量。

　　信息技术设施：信息技术设施是市域物流基础设施系统中的重要支撑，包括物流信息系统、物联网技术、大数据分析等。通过应用信息技术设施，可以实现物流信息的实时监控和分析，提高物流活动的可视化和智能化水平。

　　配套设施：配套设施是市域物流基础设施系统中的辅助设施，包括加油站、停车场、餐饮设施、维修服务等。这些配套设施可以为物流运作提供便利和支持，满足物流从业人员和交通工具的需求。

二、物流服务提供商

　　物流服务提供商是专门从事物流运输、仓储、配送、信息管理等的企业或组织。他们通过提供物流服务，为客户提供物流解决方案，满足客户的物流需求。图 3-3 是常见的物流服务提供商类型。

物流服务提供商类型	所提供的物流服务
第三方物流公司	承担货物的运输、仓储、配送、包装等物流环节
运输公司	提供各类运输车辆和运输设备
仓储服务商	货物入库、出库、库存管理等仓储服务
配送服务商	货物的配送和派送工作
物流信息服务商	物流信息的管理、分析和共享
物流咨询公司	提供物流策划、流程优化、成本控制、供应链管理等方面的咨询建议
物流技术服务商	开发和提供物流管理软件、运输管理系统、仓储管理系统等
物流平台运营商	提供在线货物运输、仓储、配送等服务

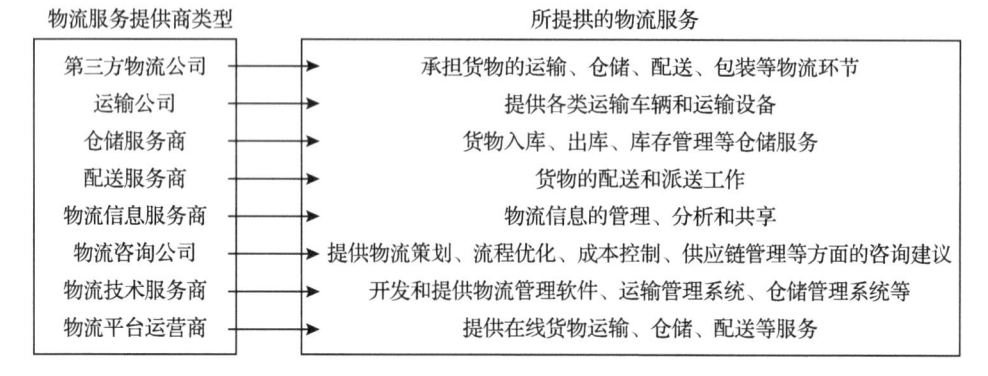

图 3-3 物流服务提供商基本类型

第三方物流（Third-Party Logistics，3PL）公司：第三方物流公司是专门为客户提供物流服务的企业。他们通过与客户合作，承担货物的运输、仓储、配送、包装等物流环节，以提供全方位的物流解决方案。

运输公司：运输公司主要从事货物的运输服务，包括陆运、海运、空运等。他们提供各种类型的运输车辆和运输设备，以满足客户的货物运输需求。

仓储服务商：仓储服务商提供货物的仓储和管理服务。他们拥有仓库设施和管理系统，可以为客户提供安全、高效的仓储服务，包括货物入库、出库、库存管理等。

配送服务商：配送服务商主要负责货物的配送和派送工作。他们拥有配送网络和配送车辆，可以将货物送达指定地点，并提供签收和追踪等服务。

物流信息服务商：物流信息服务商提供物流信息管理和技术支持。他们开发和提供物流信息系统和平台，用于物流信息的管理、分析和共享，并为客户提供相关的技术支持和咨询服务。

物流咨询公司：物流咨询公司提供物流咨询和管理服务。他们通过分析客户的物流需求和问题，为客户提供物流策划、流程优化、成本控制、供应链管理等方面的咨询建议，帮助客户提升物流效率和降低物流成本。

物流技术服务商：物流技术服务商专注于提供物流技术解决方案和软件系统。他们开发和提供物流管理软件、运输管理系统、仓储管理系统等，帮助客户实现物流过程的自动化和智能化。

物流平台运营商：物流平台运营商建立和运营物流服务平台，连接货主、运输公司、仓储服务商等各方，提供在线货物运输、仓储、配送等服务。他们通过平台的信息共享和协同，提高物流服务的效率和可靠性。

以上是常见的物流服务提供商类型，每种类型的提供商都在不同的领域和环节为客户提供物流服务。客户可以根据自身的需求选择合适的物流服务提供商，以满足其物流需求并优化物流运作。

三、物流需求方

市域物流需求方包括企业、商户、居民等。市域物流的需求包括零售、批发、生产等不同领域的物流需求。不同行业和企业的物流需求各不相同，市域物流系统需要提供多样化的物流服务，满足不同行业和企业的需求。市域物流系统的主要目标是满足城市经济运行和居民生活的物流需求，因此需求方的需求规模、特点及变化趋势都会对市域物流系统产生重要影响。市域物流系统的发展需要与市场需求和消费者需求相匹配。不同行业和消费者对物流服务的要求不同，市域物流系统需要根据市场需求和消费者需求来提供定制化的物流服务。

物流需求方是指有物流需求的各类客户或组织，他们需要物流服务来满足其货物运输、仓储、配送等方面的需求。图3-4是常见的物流需求方。

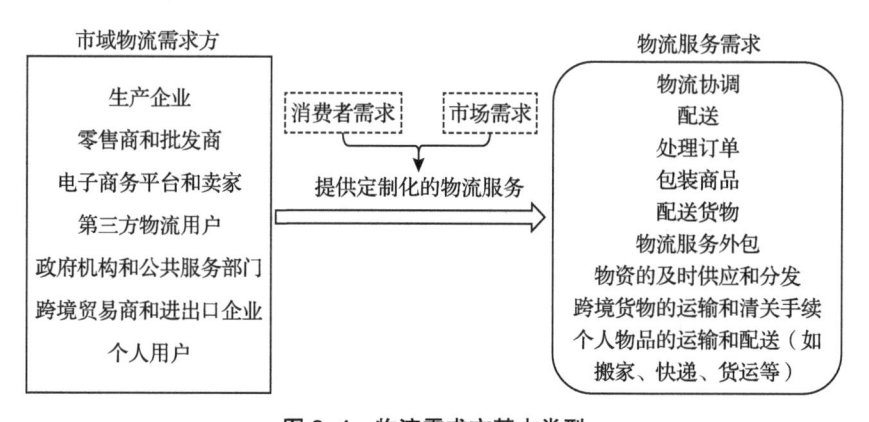

图3-4 物流需求方基本类型

生产企业：生产企业是物流需求方的主要类别之一。他们需要物流服务来运输原材料和半成品，以及将成品送达市场或客户。生产企业与供应商和分销商之间通常需要进行物流协调和配送，确保原材料的及时供应和成品的准时交付。

零售商和批发商：零售商和批发商是物流需求方的重要类别。他们需要物流服务来配送商品到零售店或批发市场，以满足消费者或其他商家的需求。零售商和批发商通常需要定期补充货物，并确保货物按时到达销售点。

电子商务平台和卖家：随着电子商务的兴起，电子商务平台和卖家成为重要的物流需求方。他们需要物流服务来处理订单、包装商品、配送货物等。电子商务平台和卖家通常需要与物流服务提供商合作，以确保商品的快速、准确配送。

第三方物流用户：部分企业或个人选择将物流环节外包给第三方物流公司，以减少自身的物流管理和运营成本。这些第三方物流用户可以是各类企业或个人，如快递公司、跨境电商代购商、个人货运等。他们通过与第三方物流公司合作，将物流服务外包给专业的物流服务提供商。

政府机构和公共服务部门：政府机构和公共服务部门也是物流需求方的一类。他们需要物流服务来满足公共服务的需求，如运输医疗用品、食品和药品到医院和社区，以及运输救灾物资到灾区等。政府机构和公共服务部门通常需要与物流服务提供商合作，确保物资的及时供应和分发。

跨境贸易商和进出口企业：跨境贸易商和进出口企业需要物流服务来处理跨境货物的运输和清关手续。他们需要与物流服务提供商合作，确保货物在国际贸易中的顺利流通和交付。

个人用户：个人用户也是物流需求方的一类。他们需要物流服务来处理个人物品的运输和配送，如搬家、快递、货运等。个人用户通常通过与快递公司、搬家公司或货运公司等合作，满足其个人物流需求。

这些都是常见的物流需求方，他们在不同的领域和环节需要物流服务来满足其货物运输、仓储、配送等方面的需求。物流服务提供商可以根据不同需求方的要求提供定制化的物流解决方案，以满足客户的物流需求。

四、物流人才

市域物流系统需要具备专业知识和技能的人才来进行管理和操作。物流人才包括物流规划师、物流经理、运输调度员、仓储管理员等。他们需要具备物流管理、运输规划、仓储操作等方面的知识和技能，能够有效地组织和协调物流活动。

物流行业需要各类专业人才来支持和推动其发展。图 3-5 是一些常见的物流人才类型。

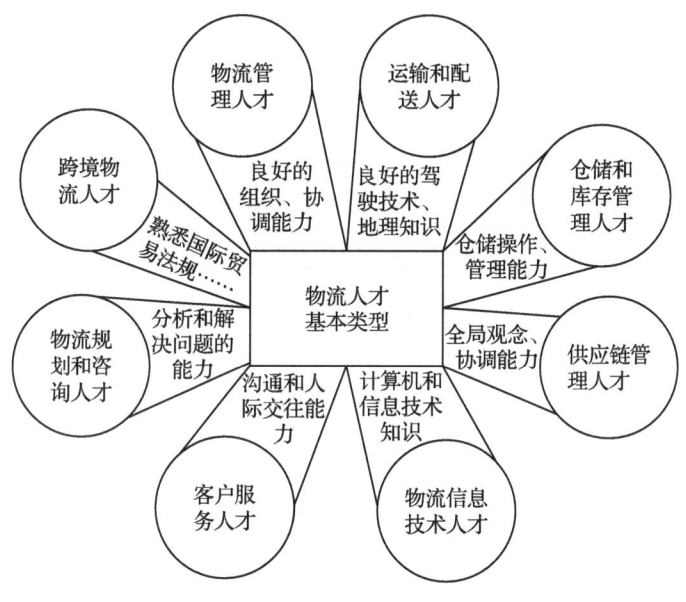

图 3-5 物流人才基本类型

物流管理人才：物流管理人才负责物流运作的规划、组织和控制。他们需要具备良好的组织和协调能力，能够对物流流程进行优化和改进，以提高物流效率和降低成本。

运输和配送人才：运输和配送人才负责货物的运输和配送工作。他们需要具备良好的驾驶技术和地理知识，能够按时、安全地将货物送达目的地。

仓储和库存管理人才：仓储和库存管理人才负责货物的仓储和库存管理工作。他们需要具备良好的仓储操作和管理能力，能够合理安排货物的储存和调配，以确保库存的准确和可靠。

供应链管理人才：供应链管理人才负责协调和管理供应链中的各个环节。他们需要具备全局观念和协调能力，能够优化供应链流程，提高供应链的效率和响应能力。

物流信息技术人才：物流信息技术人才负责开发和管理物流信息系统和平台。他们需要具备良好的计算机和信息技术知识，能够设计和实施物流信息系统，以实现物流信息的实时监控和分析。

客户服务人才：客户服务人才负责与客户进行沟通和协调，解决客户的物流问题和需求。他们需要具备良好的沟通和人际交往能力，能够与客户建立良好的关系，理解客户需求并及时回应客户的问题和反馈。

物流规划和咨询人才：物流规划和咨询人才负责为客户提供物流规划和咨询服务。他们需要具备良好的分析和解决问题的能力，能够根据客户需求和市场情况，提供合理的物流规划和优化方案。

跨境物流人才：跨境物流人才负责处理跨境货物的运输和清关手续。他们需要熟悉国际贸易法规和跨境运输流程，能够协调和处理国际物流事务。

除了以上人才类型外，物流行业也需要具备领导和创新能力的人才，能够引领行业发展和推动物流创新。

五、物流技术

市域物流系统需要借助先进的技术手段来提高运作效率和服务质量。例如，物流信息系统可以实现物流信息的实时跟踪和管理，提供更准确、及时的物流服务。物流信息系统包括物流信息平台、物流跟踪系统等。借助信息技术，通过对物流信息的采集、加工和传递，可以提高物流运作的效率和可控性，提供更好的物流服务。自动化设备和机器人可以提高仓储和配送的效率，减少人力成本。无人机、无人车等新兴技术也可以应用于"最后一公里"配送，提高配送的速度和灵活性。

物流技术是指应用于物流行业的各种信息技术和相关工具，以提高物流效率、降低成本、增加可视性和实现智能化管理。图3-6是一些常见的物流技术。

物流信息系统：物流信息系统通过计算机和网络技术，实现物流信息的采集、处理、传输和分析。物流信息系统包括供应链管理系统、仓储管理系统、运输管理系统等，用于实时监控和管理物流流程，提高物流效率和可视性。

自动化和机器人技术：自动化和机器人技术在物流行业中得到广泛应用，以提高生产和物流操作的效率和准确性。例如，自动化仓储系统可以通过自动化设备和机器人来完成货物的储存、拣选和装载，减少人工操作的需求。

物联网技术：物联网技术通过将传感器和网络连接到物体上，实现物体间的信息传输和互联互通。在物流领域，物联网技术可以用于实时监测和追踪货

```
                物流信息系统
                自动化和机器人技术
                物联网技术
   ┌──┐      无人机和无人车技术                     ┌─────────┐
   │物│      大数据和人工智能技术      作用          │提升物流效率│
   │流│                              ═══►          │降低成本   │
   │技│      云计算和软件即服务                      │降低维护复杂性│
   │术│      路线优化和智能调度                      │增加可视性  │
   │基│      区块链技术                             │实现智能化管理│
   │本│      虚拟现实和增强现实技术                   │提高满意度  │
   │类│      无线通信和移动技术                      └─────────┘
   │型│
   └──┘
```

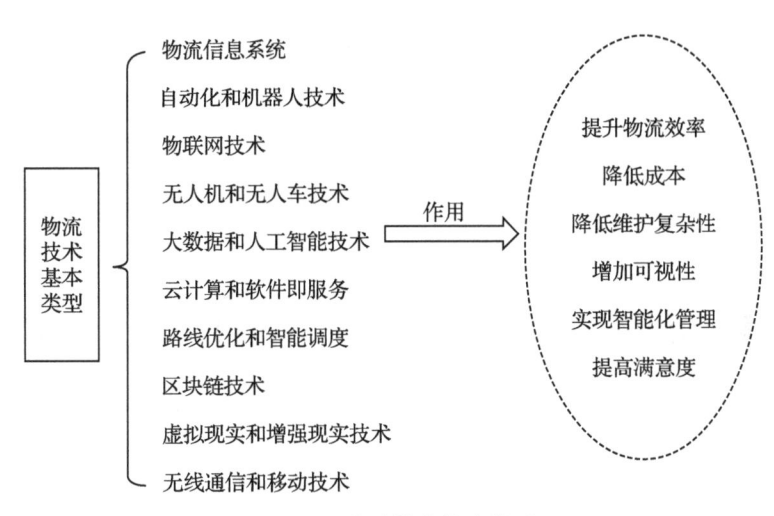

图 3-6　物流技术基本类型

物的位置和状态，提供更准确的物流信息和增强可视性。

无人机和无人车技术：无人机和无人车技术在物流行业中用于无人运输和配送。无人机可以在短距离内快速送达货物，无人车可以通过自动驾驶进行货物的运输，减少人力成本和提高送货效率。

大数据和人工智能技术：大数据和人工智能技术可以用于对物流数据进行分析和预测，优化物流网络和流程。

云计算和软件即服务（SaaS）：云计算和软件即服务（SaaS）技术可以提供基于云端的物流解决方案，包括仓储管理、运输管理、供应链管理等。这些解决方案可以通过互联网进行访问和使用，无须在本地安装软件，降低了成本和维护的复杂性。

路线优化和智能调度：路线优化和智能调度技术可以通过算法和模型，根据货物的数量、类型、目的地等因素，自动计算最佳的配送路线和制订调度计划。这可以减少里程和时间，提高配送效率和满意度。

区块链技术：区块链技术可以用于提高物流的可信度和透明度。通过在分布式账本中记录和跟踪物流信息，可以确保货物的真实性和来源可追溯，同时减少欺诈和纠纷。

虚拟现实和增强现实技术：虚拟现实和增强现实技术可以用于物流培训和操作。通过模拟和虚拟场景，可以提供更真实的物流体验和培训，减少事故和错误。

无线通信和移动技术：无线通信和移动技术可以用于实时的物流信息传输和交流。例如，物流工作人员可以通过移动设备接收和处理物流任务，实时更新货物的状态和位置。

以上是一些常见的物流技术。随着科技的不断进步和应用，物流技术也在不断发展和创新。

六、政府政策和规划

市域物流系统的发展需要政府的支持和引导。政府可以通过出台相关政策、规划物流基础设施建设、推动物流企业合作等方式，促进市域物流系统的发展。政府政策和规划在物流行业中起着重要的作用，可以对物流行业的发展和运营进行指导和规范。以下是一些物流政策和规划基本类型（见图3-7）。

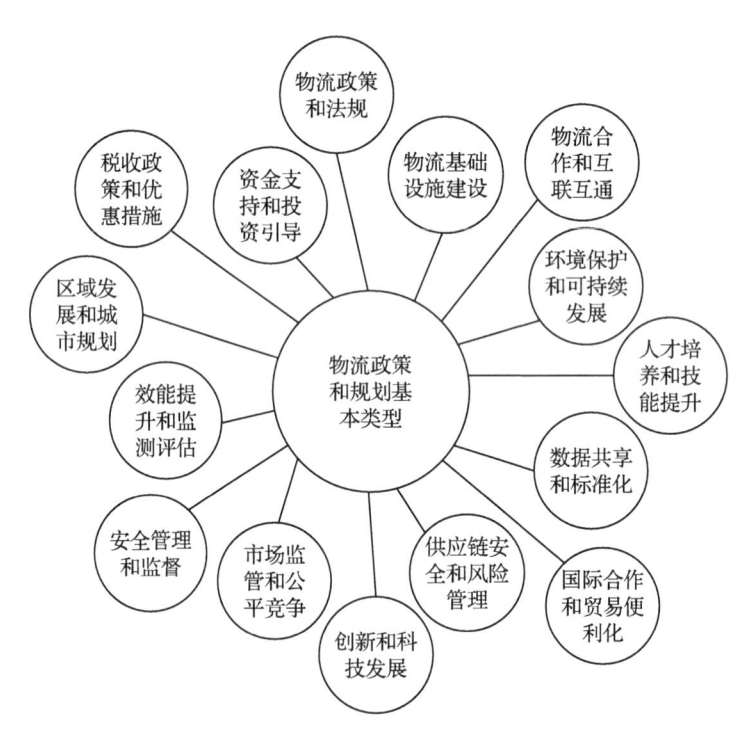

图 3-7 物流政策和规划基本类型

物流基础设施建设：政府可以通过投资和规划，促进物流基础设施的建设和完善，包括港口、机场、公路、铁路、仓储设施等。这些基础设施的建设和发展将为物流行业提供更好的运输和配送条件。

物流合作和互联互通：政府可以推动物流企业之间的合作和协调，促进物流信息和资源的共享，提高物流效率和降低成本。此外，政府还可以加强国际物流合作，推动跨境物流和贸易的便利化。

物流政策和法规：政府可以制定和实施物流相关的政策和法规，包括货物运输、仓储管理、供应链安全等方面的规定。这些政策和法规可以保障物流行业的正常运营，提高物流服务的质量和安全性。政府可以加强对物流行业相关法律法规和政策的宣传和普及。可以通过举办培训和讲座、发布宣传材料等方式，提高物流从业人员和企业对相关法律法规和政策的认知，促进行业的规范化和合规化发展。

环境保护和可持续发展：政府可以制定环保政策和促进可持续发展的措施，以减少物流活动对环境的影响。例如，鼓励物流企业使用清洁能源和绿色交通工具，推动物流网络的优化和路线的节能减排。

人才培养和技能提升：政府可以加大对物流人才培养和技能提升的支持力度，推动物流从业人员的培训和职业发展。政府可以设立相关的培训机构和项目，提供物流专业知识和技能培训，帮助从业人员提升工作能力和竞争力。

税收政策和优惠措施：政府可以通过制定税收政策和优惠措施，鼓励物流企业的发展和投资。例如，降低税率、减免税收等可以为物流企业提供经济激励，促进行业的发展。

资金支持和投资引导：政府可以通过提供资金支持和投资引导，促进物流行业的发展和创新。例如，设立专项基金、提供贷款和补贴等可以帮助物流企业获得资金支持和投资机会，推动行业的发展和升级。

数据共享和标准化：政府可以推动物流数据的共享和标准化，建立统一的数据平台和标准，提高物流信息的可靠性和准确性。政府可以与物流企业和相关机构合作，共同制定数据标准和共享机制，促进物流信息的流动。

国际合作和贸易便利化：政府可以积极倡议国际物流合作和贸易便利化，推动物流行业的国际化和全球化发展。政府可以与其他国家和地区签订物流合作协议，简化跨境贸易手续，加速通关流程，降低物流成本和提高效率。政府可以制定和调整国际贸易和关税政策，促进物流和贸易的便利化。政府可以降低关税和贸易壁垒，简化报关手续，提高物流通关的效率和便利度。

供应链安全和风险管理：政府可以制定供应链安全政策和措施，加强对物流运输和货物流通的监管。政府可以与物流企业合作，建立风险管理机制，提高供应链的安全性和抗风险能力。

创新和科技发展：政府可以支持物流行业的创新和科技发展，鼓励物流企业采用新技术、新模式和新业务。政府可以设立创新基金，提供科技支持和政策引导，推动物流行业向智能化、数字化和可持续发展方向转型。政府可以与物流企业建立合作关系，共同推动物流行业的发展和创新。政府可以与物流企业合作开展研发项目、推动技术创新、共享资源等，促进行业的可持续发展。政府可以制定创新和科技政策，支持物流行业的技术创新和应用。政府可以提供资金支持、税收优惠、知识产权保护等，推动物流技术的研发和应用，提高行业的竞争力和创新能力。

市场监管和公平竞争：政府可以加强对物流市场的监管和对公平竞争的维护，防止市场垄断和不正当竞争行为。政府可以建立监管机构，加强对物流企业的监督和评估，维护市场秩序和消费者利益。

安全管理和监督：政府可以通过制定安全管理和监督政策，确保物流行业的安全和可靠运营。政府可以加强对物流企业的监管，加大执法力度，提高物流安全管理水平，减少事故和风险。政府可以加强对物流行业的安全管理和监督，确保物流活动符合相关法律法规和标准。政府可以设立物流安全机构，加强对物流企业和从业人员的监督和检查，提升物流安全水平和防范风险的能力。

区域发展和城市规划：政府可以制定区域发展和城市规划，优化物流网络和资源布局。政府可以合理规划物流节点和交通设施，提高物流的效率和可达性，促进区域经济的发展。

效能提升和监测评估：政府可以加强对物流行业效能的监测和评估，推动行业的持续改进和优化。政府可以设立监测机构和评估指标，定期对物流行业的运行情况进行监测和评估，发现问题和瓶颈，并及时采取措施进行改进和优化。

总之，政府在物流行业的发展中扮演着重要的角色，通过制定政策和提供支持，可以促进物流行业的发展和创新，提高物流服务的质量和效率，推动行业向可持续发展的方向转型。政府和物流企业之间的合作和协调是实现物流行业健康发展的关键所在。

第三节 市域物流系统的运行机理及影响因素

市域物流系统依托市域内的综合物流基础设施，按照城市经济社会的物流需求，通过物流供应商的服务载体，力求高效完成商品物资的配送任务。一般情况下，物流产业营商环境较好的城市，都是经济社会比较发达的城市，反之则是经济社会发展相对滞后的城市。对市域物流系统的发展影响最大的因素是城市政府部门对物流发展重要性的认识和特定的政策支持。首先，物流产业的综合基础设施要超前规划和布置，要为物流设施建设、物流企业、交通工具运行、社区末端配送服务站等留足充分的发展空间。要合理规划物流网络节点之间的运行线路，提高多式联运系统的畅通性。其次，要积极改善各类物流园区、物流中心、配送中心的基础设施建设，为城市的各类制造业发展和商业贸易发展提供更加便利的仓储、运输等基础条件。再次，要全面加强物流信息化平台和电商平台等的建设，规范各类物流企业的行为，提高各类物流企业的综合服务能力，用先进的信息化手段满足城市企业和居民越来越个性化的物流配送需求，做到及时、高效链接和全覆盖运行。最后，要下大力气完善城市居民社区的物流末端配送站点设施建设，大力发展和普及自助快递柜等取件设施，为城市居民的生活物资采购提供更加便利化的社区服务和门对门服务。

一、市域物流系统的运行机理

市域物流系统的运行机理主要涉及以下几个方面（见图 3-8）。

需求驱动： 市域物流系统的运行是由市场需求驱动的。城市内企业和居民的物流需求决定了物流运输、仓储和配送等环节的规模和形式。市域物流系统会根据需求的变化来调整运作方式和规模。

协调与协同： 市域物流系统涉及多个参与方，如物流企业、仓储提供商、供应商、消费者等。为了实现流程的顺畅和效率的提升，各个参与方需要进行协调和协同操作。例如，物流企业需要与仓储提供商合作，确保货物在仓库内及时存储和配送。

基础设施建设： 市域物流系统需要一定的基础设施来支持，包括道路、铁路、港口、机场等。这些基础设施的良好状态和合理布局对于物流运作的顺利

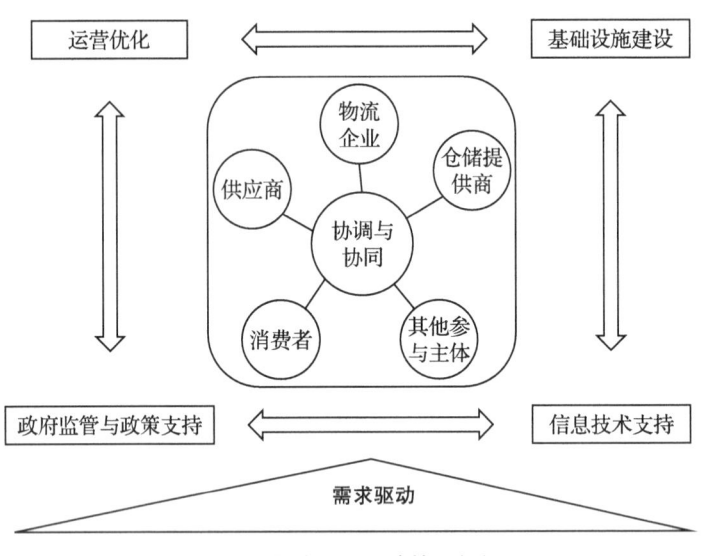

图 3-8 市域物流系统的运行机理

进行至关重要。

信息技术支持：市域物流系统运行的高效性和便捷性离不开信息技术的支持。信息技术可以实现物流环节之间的信息共享和管理，提高物流运作的可视性和决策效率。

政府监管与政策支持：政府在市域物流系统中扮演着监管和支持的角色。政府需要出台相关政策和法规，引导市场行为，保障物流运营的公平性和安全性。

运营优化：市域物流系统的运营需要不断优化，包括通过路线规划和运输调度等手段来提高物流效率，减少时间和成本开支。

综上所述，市域物流系统是多个环节相互关联、相互依存的复杂系统，需要各个参与方之间的合作和协调，以满足市场需求并提高物流效率。

二、市域物流系统运行的影响因素

市域物流系统的运行受多种因素影响，主要包括以下几个方面（见图 3-9）。

交通网络：市域物流系统的运行离不开良好的交通网络。交通网络的畅通程度和覆盖范围直接影响物流运输的效率和成本。道路、铁路、水路等交通网络的建设和改善对市域物流系统的运行至关重要。

设施和设备：市域物流系统需要配备各种物流设施和设备，例如货物仓储

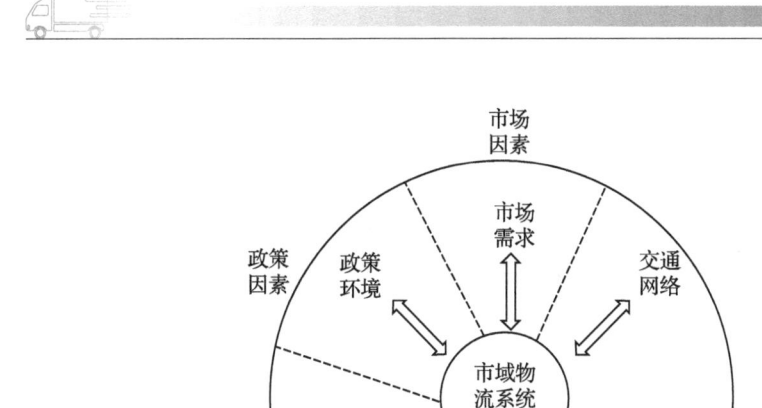

图 3-9 市域物流系统运行的影响因素

设施、运输车辆、起重装卸设备等。这些设施和设备的数量、质量和规模将直接影响物流运作的流程和效率。

人力资源：市域物流系统需要具备专业能力的人力资源来进行运营和管理。物流从业人员的素质、技能和数量对市域物流系统的运行能力和质量有重要影响。

信息技术支持：市域物流系统离不开信息技术的支持，包括物流信息管理系统、电子商务平台、智能物流设备等。信息技术的应用可以提高物流的可追溯性、运作效率和准确性。

政策环境：政府的政策支持和法规环境对市域物流系统的运行有重要影响。政府部门的管制政策、扶持政策、税收政策等都会直接或间接地影响物流企业的经营成本、发展方向和竞争力。

市场需求：市场对物流服务的需求也是市域物流系统运行的重要影响因素。市场规模、产品特点、消费习惯等因素将决定物流配送的方式和要求，进而影响市域物流系统的运作模式和效率。

综上所述，市域物流系统的运行受到多方面的影响，需要综合考虑交通网络、设施和设备、人力资源、信息技术支持、政策环境和市场需求等因素，以实现高效、可持续的物流运作。

第四章

市域物流的空间组织及网络布局

从空间经济学和交通地理学的视角看，市域物流系统的循环运行形成了具有一定空间分布特征的发展格局。其中，相对固定的空间组织形式有各类物流节点和多元化物流线路，而各类物流节点和多元化物流线路的错综复杂连接，又形成市域物流的网络布局。除了空间组织特征和网络布局特征外，市域物流系统还具有一定的物流空间联系特征，包括城市中心区物流与郊区物流的联系、城市与城市之间物流活动的空间联系等。这些市域片区或市域整体之间的物流联系反映了市域物流的空间联系层次。

市域物流空间布局的形成和演变，既是物流市场自身发展的结果，也是城市政府部门规划发展的结果。在城市物流的自然发展过程中，会受到交通条件、场地条件、商贸市场条件和居民生活聚集区条件等因素的影响，因此在城市环境下会自发形成市域物流的空间布局。这是市域物流空间布局形成的主要影响因素或决定因素。随着城市的持续发展，出于城市经济社会发展的规划需求，城市相关部门会对市域物流空间布局进行一定程度的规划和重新调整，从而导致市域物流空间布局的改变。这是市域物流空间布局形成和演变的重要影响因素。

一般情况下，在市域物流的空间布局研究中，首先要考虑城市物流市场环境下，物流产业要素的空间聚集特征。要根据物流聚集特点设置物流节点，进而根据配送效率和通达性设置物流线路等。市域物流综合要素的聚集会形成物流活动的空间组团。根据这种空间组团，大体上可以识别市域物流的空间布局特征或者规划分析方向。其次，要充分考虑重大交通基础设施项目的变化、重大商贸地产设施的变化、重大产业园区设施的变化等综合经济因素。一些重大物流地产项目的落地，往往会对市域物流的空间布局产生重要影响。

第一节　市域物流的空间联系

市域物流的空间联系主要体现为市域内部的物流联系和特定城市与不同层次外围空间的物流联系。一般情况下，市域物流的空间联系分析只具有理论研究层面的价值，而在一些特定情况下，也具有政策研究层面的价值。例如，特定城市与不同城市之间的物流联系深度或规模等可能对城市之间的物流合作政策产生一定影响。

一、市域物流的空间层次范围

市域物流的空间层次指的是物流活动在城市范围内的不同层次和空间分布。市域物流的空间层次包括以下几个方面。

市中心物流层：位于城市中心地区，主要为市场集散、配送中心，承担着货物集散、分拨和配送的功能。

城市边缘物流层：位于城市边缘地区，一般为城市的工业园区、物流园区等，主要为工业生产和物流配送提供支持。

城市周边物流层：位于城市周边地区，主要为城市提供原材料供应和产品输出的支持，是城市物流的后勤保障区域。

城市间物流层：指城市之间的物流连接，包括城市间货运、线路运输等，主要为城市间物流运输提供支持。

市域物流的空间层次反映了不同区域在物流功能上的差异和相互联系，也是物流网络优化和城市经济发展要关注的重要内容。

二、市域物流的空间联系层次

市域物流的空间联系分为城市内物流、城市与郊区的物流、城市与港口的物流、城市与城市之间的物流、城市与周边地区的物流、城市与全球的物流等不同层次。

（一）城市内部层次

这是市域物流空间联系最基本的层次，涵盖了城市内不同区域之间的物流活动。城市内部的物流活动主要包括货物的集散、仓储、中转和配送等，以满足城市内的需求。

（二）城市与郊区的层次

这是指城市和郊区之间的物流活动，涉及城市与其周边郊区之间的货物交换和配送。城市和郊区的物流主要包括从城市向郊区供应商的原材料和货物的配送，以及从郊区向城市的成品和消费品的配送。

（三）城市与港口的层次

这是指城市和港口之间的物流活动，涉及港口进出口货物的运输和配送。城市与港口的物流主要包括从港口向城市供应链的原材料和货物的运输，以及从城市向港口的成品和消费品的配送。

（四）城市与城市之间的层次

这是市域物流空间联系的跨城市层次，主要包括城市之间的物流运输和配送活动。通常涉及公路、铁路、水路和航空等不同的运输方式，以满足城市之间的货物流动和供应链需求。

（五）城市与周边地区的层次

这是市域物流空间联系的城市周边层次，主要包括城市与周边地区之间的物流活动。这些地区通常是城市的交通和经济腹地，物流活动主要涉及城市周边的供应链和物流配送。

（六）城市与全球的层次

这是市域物流空间联系的全球层次，主要涉及城市与全球之间的物流活动和供应链。城市作为经济中心，需要与全球的供应商、制造商和消费者进行物流联系，以满足城市的进出口需求和发展国际贸易。

这些不同的空间层次相互关联和交织在一起，构成了市域物流的空间联系网络。在实际的物流运作中，对不同层次的物流活动需要进行有效的协调和管理，以确保物流的高效运作和服务质量。

第二节　市域物流的空间组织

物流产业的空间组织是指在特定的地理环境下，物流企业和机构在空间上的布局和组织方式。物流产业的空间组织涉及物流企业、物流设施、物流网络等要素的布局与关系，旨在优化物流资源配置，提高物流效率，促进物流发展。

市域物流的空间组织由物流节点、物流线路、物流网络等要素构成。这些要素相互关联、相互作用，为物流活动提供了基础和支持。通过科学规划和合理布局这些要素，可以实现物流活动的高效和协同，推动城市经济的发展。

一、物流节点

物流节点是指物流活动中的重要集散地点或设施，是物流网络中的关键环节。物流节点承担着货物的集散、分拨和转运等功能，是物流流程中不可或缺的环节。

（一）物流节点的类型

常见的物流节点如下。

货运站：货运站是货物交接和转运的基础设施，提供货物装卸、集散、仓储等服务。货运站通常位于城市周边或交通枢纽附近，方便与其他物流节点连接，包括港口码头、铁路货运站、公路货运站、机场货运站等。

物流园区：物流园区是专门规划建设的地区，集中了多种物流设施和服务，为企业提供物流配送和仓储服务。物流园区通常包括仓库、物流中心、分拨中心、加工区等，便于物流运作和货物管理。

仓储设施：仓储设施是物流活动中用于存储货物的场所，包括仓库、配送中心等。仓储设施通常位于交通枢纽附近，方便货物的集散和分拨。

集货中心：集货中心是物流集散的重要节点，承担着货物的收集、整合和集散的功能。集货中心通常位于物流网络的关键位置，方便实现货物的快速集散。

配送中心：配送中心是物流配送的核心节点，承担着货物配送和调度的功能。配送中心通常位于城市内部或市区周边，方便实现货物的快速配送。

物流节点在物流系统中起着关键的作用，通过合理规划和布局物流节点，可以提高物流效率，降低物流成本，并实现货物的快速、准确、可靠流动。

（二）物流节点的基本功能

物流节点具有以下几个基本功能。

货物集散功能：物流节点作为货物的集散地，承担着货物的集中和整合功能。它接收来自上游供应商的货物，并将其进行分类、组织和分配，以满足下

游需求。

货物转运功能：物流节点作为物流活动中的转运站点，承担着货物的转运和转载功能。它实施货物的装卸、分拨和转运等操作，以确保货物能够顺利地从一个节点转移到另一个节点。

仓储管理功能：物流节点作为仓储设施的一部分，承担着货物的存储和管理功能。它提供仓储空间，对货物进行质检、标记、包装等操作，并根据需求进行库存管理。

信息处理功能：物流节点作为物流信息流动的重要环节，承担着信息的收集、加工和传递功能。它收集货物和运输信息，进行信息处理和跟踪，确保物流信息的准确和及时传递。

协调和调度功能：物流节点作为物流活动的协调和调度中心，承担着货物流动和交付的协调和调度功能。它通过规划和组织物流流程，确保货物能够按时、安全地到达目的地。

通过合理规划和布局物流节点，可以实现物流活动的高效和协同，提高物流效率，降低物流成本，并满足消费者对货物快速、准确、可靠交付的需求。

（三）物流节点的分布特征

物流节点的分布特征包括以下几个方面。

集中性：物流节点通常在经济发达、交通便利的地区集中。这些地区通常是工商业活动较为集中的地方，人口密度较高，市场需求大。物流节点选择在这些区域内，可以满足市场需求和提供高效的物流服务。

距离市场近：在选择物流节点的位置时通常考虑距离市场的远近程度。距离市场较近的物流节点可以缩短货物运输距离和时间，降低物流成本，提高物流效率。

快速通达性：物流节点通常选择在交通枢纽附近，如主要交通路线的交叉点、港口、机场等。这样可以方便货物的进出口，快速实现多式联运。

多层次布局：物流节点的分布往往存在多个层次。在一个城市内，可能会有一个或多个大型的物流园区，承担大量货物的集散和分拨功能；同时还会有零星的小型物流中心或仓储场所，用于满足区域内的小批量货物配送需求。

配套设施支持：物流节点的分布还受到周边配套设施的影响。例如，物流节点周围是否有铁路、公路、水路等交通线路的接入，是否有仓储、装卸、分

拣等物流设施的配套支持。

综上所述，物流节点的分布特征主要包括集中性、距离市场近、快速通达性、多层次布局和配套设施支持等方面，这些特征旨在提高物流效率，降低物流成本，并满足市场需求。

二、物流线路

物流线路是指物流活动中货物从起点到终点的运输路径。物流线路可以是各种交通工具在特定地区或距离内的行驶路径，例如公路、铁路、水路或航空线路。它们为物流运输和人员出行提供了基础设施和便利性。通过合理规划和选择物流线路，可以实现货物的快速、准确、经济运输，提高物流效率和服务质量，满足消费者对于物流服务的需求，促进经济发展。

（一）物流线路的类型

物流线路可以分为以下几种类型。

公路线路：公路线路是指由道路和公路网络组成的交通线路，主要用于陆地货物运输和人员出行。公路线路包括高速公路、城市道路、乡村道路等，是最常见和广泛使用的交通线路形式。

铁路线路：铁路线路是指由铁轨组成的交通线路，主要用于长距离货物运输和长途旅客交通。铁路线路具有载重量大、运输能力强的特点，适用于大批量货物运输和大范围区域的货运需求。

水路线路：水路线路是指由河流、湖泊、海洋等水体构成的交通线路，主要用于水上货物运输和人员出行。水路线路包括内河航道、海洋航线等，是连接不同港口和开展国际贸易的重要交通通道。

航空线路：航空线路是指由航空公司规划和运营的空中交通线路，主要用于远距离快速货物运输和航空旅客交通。航空线路通常连接不同的城市和国家，提供高速、高效的物流运输服务。

管道线路：管道线路是指由管道系统构成的专用交通线路，主要用于液体或气体的输送。管道线路适用于石油、天然气等能源资源的长距离运输，具有大容量、低能耗的特点。

综上所述，物流线路的类型多种多样，不同的线路形式适用于不同的货物运输需求和交通方式选择。

（二）物流线路的基本功能

物流线路具有以下几个基本功能。

运输功能：物流线路提供了货物从供应链的起点到终点的运输通道。它们连接了供应商、制造商、仓库和销售商等各个环节，将货物从生产地点运送到销售地点，满足市场需求。

优化功能：物流线路的规划和管理可以优化货物运输过程，减少运输时间和成本。通过选择最佳的线路和运输方式，可以提高货物运输的效率和效益。

库存管理功能：物流线路能够影响货物的库存管理。合理的物流线路设计可以减少库存滞留时间，缩短供应链周期，降低库存成本，并实现及时交付和高效管理。

可追溯性功能：物流线路可以提供可追溯的货物运输路径。通过物流线路的记录和跟踪，可以了解货物在整个运输过程中的位置和状态，提高物流的安全性和可靠性。

客户服务功能：物流线路的设计和管理有助于提供更好的客户服务。通过优化物流线路，可以及时交付货物，满足客户对产品的需求和时效要求，提高客户满意度和忠诚度。

市场开拓功能：物流线路的建设和改善有助于拓展市场。通过建立良好的物流线路，企业可以更便捷地进入新的市场，扩大销售范围，增加市场份额。

总的来说，物流线路的功能主要包括运输货物、优化物流效率、实现库存管理、提供可追溯性、提供客户服务和拓展市场等。物流线路的设计和管理对于物流运营的成功非常重要，能够提高供应链的效率和竞争力。

（三）物流线路的形成特征

物流线路的形成特征主要体现在以下几个方面。

商品流向：物流线路的形成是基于商品流向的需求。物流线路通常会根据不同类型的货物从生产地到消费地的流向来确定，以保证货物能够顺利地运输到目的地。

交通网络：物流线路的形成还受到交通网络的影响。物流线路通常会选择交通便利、覆盖范围广泛的交通线路，如铁路、公路、水路和航空等，以实现货物的快速、高效运输。

物流设施：物流线路的形成还需要考虑与物流设施相匹配。物流设施包括

仓库、物流中心、分拨中心等，它们在物流线路的选择和布局中起着重要的作用。物流线路通常会选择经过物流设施密集的地区，以便进行货物的集散和转运。

成本效益：物流线路的形成还需要考虑成本效益。物流线路通常会选择成本较低的路径和方式，以最大限度地降低物流成本。这包括选择较短的运输距离、采用多式联运等。

区域需求：物流线路的形成还会考虑不同区域的需求。不同地区的市场需求、经济发展水平等因素都会影响物流线路的形成。物流线路通常会优先满足高需求的地区，以确保货物能够及时到达。

综上所述，物流线路的形成特征主要体现在商品流向、交通网络、物流设施、成本效益和区域需求等方面，以确保物流线路能够实现货物的快速、高效运输，并满足市场需求。

三、物流网络

物流网络是指由多个物流节点（例如工厂、仓库、配送中心和销售点等）以及连接这些节点的交通线路（例如公路、铁路、水路、航空等）组成的一个综合体系。物流网络的目的是通过合理的布局和优化的运输路径，实现货物从生产地到消费地的高效、快速和可靠流动。

（一）物流网络的基本要素

物流网络的基本要素包括以下几个方面。

物流节点：物流网络中的节点通常包括生产工厂、仓库、分销中心、零售点等，它们是货物在供应链中的流动点。物流节点的布局和规模决定了物流网络的覆盖范围和服务能力。

交通线路：物流网络依赖于各种交通线路来连接物流节点，包括公路、铁路、水路和航空等。这些交通线路构成了货物在物流网络中的运输通道，保证了货物能够快速和可靠地到达目的地。

信息系统：物流网络需要借助先进的信息技术和管理系统来支持运营和决策。通过实时监控和信息交流，可以实现对物流网络中货物位置、状态和运输情况的追踪和控制。

物流网络的设计和优化需要考虑一系列因素，包括货物的供需关系、市场

分布、运输成本、时效要求、环境影响等。一个有效的物流网络能够提高物流效率、降低成本、提供可靠的交付服务，并满足不同市场的需求。

（二）物流网络的基本功能

物流网络具有以下几个基本功能。

供应链管理：物流网络可以管理和协调供应链中的各个环节，包括从原材料采购到产品销售的全过程。它确保各个环节间的顺畅衔接，实现原材料的及时供应、生产计划的执行、产品的准时配送等。

货物运输：物流网络提供货物的运输服务，包括完成货物的收集、仓储、装载、运输和分配等工作。它通过合理的运输路径和方式，确保货物能够按时、安全地到达目的地。

仓储管理：物流网络中的仓储节点负责货物的存储和管理。它们提供仓储空间、设备和技术，确保货物在存放期间的安全性、完整性和可追溯性。仓储节点还负责货物的分拣、打包、标记和装运等操作。

库存管理：物流网络通过对货物的库存进行管理，确保库存水平与需求之间的平衡。它通过有效的库存控制和配送策略，降低库存成本，并满足变化的市场需求。

信息管理：物流网络借助先进的信息技术，收集、处理和传递与物流活动相关的信息。通过实时监控和信息共享，它提供了货物追踪、订单跟踪、库存管理和运输计划等功能，提高了物流效率和可视性。

服务支持：物流网络为客户提供各种增值服务，如定制包装、售后服务、退货处理等。它确保客户能够得到满意的物流服务，提升客户满意度和忠诚度。

总而言之，物流网络通过协调和整合各个物流环节，实现货物的流动和交付。它提供了供应链管理、货物运输、仓储管理、库存管理、信息管理和服务支持等基本功能，以满足市场需求并实现物流的高效、安全和可靠。

（三）物流网络的构建特征

物流网络的构建特征主要包括以下几个方面。

仓储设施布局：物流网络的布局需要考虑仓储设施的位置和数量。合理的仓储设施布局可以确保货物在不同地区之间的快速调度和储存，并且能够满足客户的需求。通常会根据货物的特性、市场需求等因素来选择仓储设施的位置及其数量。

运输节点布局：物流网络的布局还需要考虑运输节点的位置和数量。运输节点通常包括港口、机场、货运站等，它们在物流链条中扮演着重要的转运角色。合理的运输节点布局可以确保货物在运输过程中的顺畅流动，减少中转环节和运输时间。

路线规划：物流网络的布局还需要考虑路线规划。合理的路线规划可以使货物在运输过程中得到最优的运输路径，以减小运输成本和提高运输效率。路线规划通常会综合考虑交通状况、运输距离、货量需求等因素。

信息系统支持：物流网络的布局还需要借助信息系统的支持。信息系统可以提供实时的物流数据和信息共享，帮助优化物流网络的布局和运作。例如，通过 GPS 定位、无线通信等技术手段，可以实现对货物的跟踪和监控。

灵活性和可扩展性：物流网络的布局还需要具备一定的灵活性和可扩展性。市场需求和物流环境常常会发生变化，因此物流网络需要能够快速调整和扩展，以应对变化的需求。

综上所述，物流网络的构建特征包括仓储设施布局、运输节点布局、路线规划、信息系统支持以及灵活性和可扩展性等方面。这些特征有助于构建高效的物流网络，提供快速、可靠的物流服务。

第三节　市域物流网络布局

市域物流网络布局是指将城市物流网络中的各个节点（如配送中心、仓库、运输换装站点等）进行合理安排和组织，以实现物流运输的高效性和优化成本效益。市域物流网络布局考虑了城市的地理位置、人口分布、交通状况等因素，通过合理的规划和设计，使得货物能够快速、准确地到达目的地，并提供及时、可靠的服务。市域物流网络布局的核心目标是提高物流运输的效率和经济性，以满足市场需求和客户要求，促进区域经济可持续发展。

一、市域物流网络布局的考虑因素

市域物流网络布局可以考虑以下几个方面的因素。

市场需求和商业布局：根据市场需求和商业布局，确定物流设施的分布位置。例如，在商业中心区域或人口密集区域设立配送中心或电商物流服务点，

以满足快速配送的需求。

交通便利性：考虑交通便利性，选择物流园区和物流大道的位置。物流园区应尽量靠近主要交通干线或交通枢纽，方便货物的进出和转运。

区位因素：考虑区位因素，选择多式联运枢纽的位置。多式联运枢纽宜位于不同运输方式的连接点或交会处，以便实现货物的顺畅转运和转换。

资源配置和运输效率：根据城市的资源配置和运输效率，合理规划配送中心、物流园区和多式联运枢纽的数量和分布。需要考虑货物的流动路径、运输距离和成本等因素。

环境保护与绿色物流：在布局过程中也应考虑环境保护和绿色物流的要求。例如，尽量避免在生态脆弱区域设立物流园区或多式联运枢纽，采用低碳、节能的物流模式等。

布局市域物流网络时需要综合考虑上述因素，并根据城市的实际情况进行灵活调整和优化。同时，要与相关部门和企业进行合作，共同推动市域物流网络的建设和发展。

二、市域物流网络布局的思路

市域物流网络布局的思路主要包括以下几个方面。

联动发展：将市域物流网络与城市规划、交通规划等紧密结合起来，实现物流和城市的协同发展。通过合理规划、布局物流设施和交通基础设施，提高城市物流效率，减少物流成本。

多层次布局：根据不同的物流需求和特点，对市域物流空间进行多层次布局。例如，将大型物流园区布局在市域的外围，以满足大规模物流集散和配送的需求；同时，在市域内部布局小型的配送中心，以满足快速消费和即时配送的需求。

区域协同：市域物流网络布局要考虑区域协同发展的需要。通过建立物流互联互通的机制，促进不同地区间的物流协同配合，实现资源共享和优势互补，提高整体的物流效率。

环保可持续：在市域物流网络布局中要注重环保可持续性。选择合适的地点和建筑材料，合理利用土地资源，推广清洁能源和低碳运输方式，以减少对环境的影响，实现可持续发展。

创新科技应用：在市域物流网络布局中要充分利用创新科技，提高物流的智能化水平。借助物联网、大数据分析、人工智能等技术，实现物流信息的实时监控和管理，提高物流过程的效率和可视化程度。

总的来说，市域物流网络布局应该考虑联动发展、多层次布局、区域协同、环保可持续和创新科技应用等因素，以提高物流效率和实现可持续发展的目标。

三、市域物流网络的演变趋势

市域物流网络的演变趋势包括以下几个方面。

多式联运发展：随着交通和信息技术的不断进步，多式联运将逐渐成为市域物流网络的主要模式之一。多式联运将不同的运输方式（如公路、铁路、水路、航空等）进行无缝衔接，实现物流运输的高效和便捷。

绿色可持续发展：环保意识的提高使得在市域物流网络的布局和运作中更加注重环境保护和资源节约。例如，推广电动车、使用清洁能源、优化运输路径等将成为市域物流网络发展的重要方向。

供应链集成与共享：市域物流网络的发展趋势是实现供应链的全面集成和共享。通过信息技术的支持，市域物流网络中的各个环节可以实现实时信息共享和协同配合，从而提高整体物流效率，并降低成本。

应对快速消费的需求：随着消费者需求的快速变化和快速消费模式的兴起，市域物流网络需要更加灵活和快速地响应市场需求。因此，市域物流网络的发展趋势是提高响应速度、提升服务质量和增加配送频次。

创新技术的运用：市域物流网络将越来越多地应用创新技术，如物联网、大数据分析、人工智能等，从而提升物流过程的可视化、智能化和自动化水平。这将使得市域物流网络更加高效和精确。

总的来说，市域物流网络的演变趋势是多式联运发展、绿色可持续发展、供应链集成与共享、应对快速消费的需求以及创新技术的运用。这些趋势将促进市域物流网络的发展，提升物流效率，为企业和消费者提供更优质的物流服务。

四、市域物流网络的优化思路

市域物流网络的优化思路包括以下几个方面。

进行物流需求调研：了解市域内各个行业的物流需求特点，明确物流的主

要流向和频次，了解物流节点的分布情况等。通过数据分析和实地考察，获取准确的物流需求信息。

优化物流网络结构：根据物流需求调研结果，重新规划和布局物流网络，合理设置物流节点和线路。采用数学模型或运筹优化算法，考虑成本、效率等因素，确定最优的物流网络结构，以减少物流距离和时间等。

提升物流设施效能：对现有的物流设施进行评估和改造，提高物流设施的利用率和效能。可以引入现代物流设备和技术，提升仓库的自动化水平，提高装卸效率等。

优化配送路线：针对市域内的配送需求，优化配送路线，减少配送距离和时间。采用路径规划算法，考虑交通拥堵情况和配送优先级等因素，确定最优的配送路线。

推广物流信息化管理系统：建立完善的物流信息化管理系统，实现物流信息的实时监控和管理。通过物联网、大数据分析等技术手段，提高物流过程的可视化程度，减少信息传递和处理的时间和成本。

制定支持政策：政府部门可以出台相关政策，鼓励物流企业进行优化和创新。例如，提供物流设施改造和技术升级的财政补贴，推动物流网络的优化和升级。

总的来说，市域物流网络优化要综合考虑物流需求、物流网络结构、物流设施效能、配送路线、信息化管理和政策支持等因素，以提高物流效率和降低物流成本。

第五章

综合物流体系建设概述

　　物流体系本身是一个复杂的系统和运行过程。首先，物流体系涉及众多的参与主体，包括供应商、生产企业、物流服务提供商、批发商、零售商、运输公司等。综合物流体系的建立和运作需要企业、政府和供应链各方的共同努力和合作。这些主体之间的关系错综复杂，需要协调和合作才能实现物流运作的顺畅。其次，物流体系需要同时运用多种运输方式，包括道路运输、铁路运输、水路运输和航空运输等。不同的运输方式在成本、速度、可靠性和适用性等方面存在差异，需要根据具体情况进行组合运输。再次，物流体系的网络结构非常复杂，涉及多个节点和路径的连接和组合。物流节点包括生产基地、仓库、配送中心等，而路径则包括供应链、运输线路等。这些节点和路径之间的关系需要进行合理规划和协调，以保证物流运作的高效性和灵活性。最后，物流体系需要处理多样化的货物，包括不同类型、不同规格和不同特性的货物。这些货物在存储、包装、运输等方面存在差异，需要提供相应的物流服务和处理方式。

　　此外，物流体系需要处理大量的信息流，包括订单、库存、运输状态等。这些信息需要实时收集、传递和处理，以保证物流活动的协调和顺利进行。物流体系中的物流活动通常具有较高的时间敏感性，特别是对于快速消费品和时效性较强的货物。物流过程中的时间延误或中断可能会导致供应链中断、订单延迟或客户满意度下降等问题。因此，物流体系需要具备快速反应和灵活调整的能力，以应对时间上的挑战。物流体系会受到各种不确定性因素的影响，如天气、交通拥堵、政策变化等。这些因素可能导致物流运作延误、成本增加或供应链中断等问题。物流体系需要具备应对不确定性的能力，包括风险管理、备份计划和应急响应等。

　　总之，物流体系的综合性表现在物流基础设施和运输方式的多元性、物流产业服务领域的广泛性和物流体系网络结构的层次性等诸多方面。相应地，政

府对于物流行业的管理也是分布在多个行业部门之中。一般情况下，对于物流体系的统筹建设和发展，需要政府和市场层面的综合管理、综合协调和综合优化。要建设一个高效的物流体系，需要对特定区域的物流需求进行分析、建立物流网络、优化物流节点布局、强化物流信息化建设、提升物流服务能力、加强物流安全管理和不断优化物流流程，最终全面发挥区域物流体系的综合服务功能。

第一节 综合物流体系的概念描述

综合物流体系是指将各种物流活动和资源进行整合与协调所形成的一个完整、高效的物流运作系统。它是多个环节和要素相互关联并相互影响的综合性体系，涉及物流的规划、执行、控制和优化等方面。

一、综合物流体系是一个宏观概念和框架

一般情况下，综合物流体系反映一定规模经济区域的整体社会物流活动，至少是县级以上区域的社会物流活动，比如，县域物流、市域物流、省域物流、境内物流、国际物流、全球物流等都是宏观区域物流范畴。综合物流体系反映了上述经济区域的物流系统运行框架和过程。物流系统本身是一个复杂的行业系统，而这个行业系统涉及区域层面的统筹规划和管理时，就具有宏观综合性特征。当一般性物流系统获得区域层次的统筹管理和优化时，就需要从宏观综合的层面考虑物流活动的管理体制、产业政策、规范化发展和竞争力培育等多种要素，且将这些要素置于一定的区域框架加以整合和协调。

二、综合物流体系的四个重大要素

综合物流体系包括宏观物流系统的基础设施体系、运营组织体系、供求载体体系和宏观环境体系四个重大要素。基础设施体系包括公路、铁路、港口、机场、物流园区、物流中心、配送中心、仓库、堆场、货运场站等基础平台。运营组织体系包括直接参与或专门为物流市场提供物流服务（运输、仓储、转运、装卸搬运、配送、流通加工、组织管理等）的物流组织，包括第三方物流企业、运输企业、仓储企业等。供求载体体系包括区域物流客体（物流对

象——商品)、区域资源条件、产业部门供求条件、社会生产循环系统或市场系统等。宏观环境体系包括物流产业相关的政府管理主体、中介服务主体、知识支持主体等。

三、综合物流体系具有宏观规划和产业指导意义

之所以研究综合物流体系的构建问题,是由于政府对物流产业的宏观规划和协调、可持续发展需求。作为一个涉及国民经济所有行业部门的复杂系统,物流产业的有效发展,对区域经济社会发展和政府部门经济社会发展职能的发挥具有重大意义。尤其是在政府主导型的国家或地区经济体系下,物流产业需要优先规划和建设,以满足国民经济的长远、可持续发展需求。综合物流体系具有整体性、高效性、稳定性、可持续发展性等特点。整体性是指物流运作系统将各个环节和要素作为一个整体来考虑和管理,注重协调和优化整个物流过程。高效性是指物流运作系统通过优化运输路线、仓储布局和库存管理等手段,提高物流活动的效率,实现最佳的资源利用和成本控制。稳定性是指物流运作系统通过建立健全的规章制度和标准操作流程,保证物流活动的稳定性和可靠性,避免因人为疏忽或操作失误引起的问题。可持续发展性是指物流运作系统注重环境保护和资源节约,推行绿色物流和可持续发展理念,寻求经济效益和社会效益的平衡。

四、综合物流体系的系统集成与同步建设

综合物流体系反映所有社会物流重大要素的系统集成和同步建设。可将与物流活动相关的所有重大要素置于综合物流体系框架中加以整合和配置。这些重大要素包括物流活动运行的各类硬件(多元化基础设施)和软件(制度、标准和产业政策等)环境、各类国民经济产业部门物流系统、各类区域物流网络要素、各类社会支持系统(各类物流企业和辅助行业企业群体等)等。这些重大要素在"综合"之逻辑框架下实现统一集中和整体动员运行。所以,综合物流体系是一种宏观系统运行框架。可将特定区域社会物流活动的规划、引导、规范和优化等功能集合到综合物流体系框架中。要统筹建设社会物流运行体系,需要从宏观综合层面构建相应的工作体系、政策体系和制度体系,以推进所有物流产业要素的同步建设和前瞻性完善。总之,物流体系的综合性特征也是由

物流产业自身的复杂系统特征和统筹建设特征决定的。

第二节 综合物流体系的要素框架

从物流运输组织方式层面看，综合物流体系包括公路物流、铁路物流、水路物流、航空物流、管道物流等；从行业体系层面看，综合物流体系包括工业物流、农业物流、商贸物流、快递物流、回收物流、跨国物流和应急物流等；从空间结构层面看，综合物流体系包括特定区域的城乡物流活动以及主要片区组团的物流活动等；从物流网络层面看，综合物流体系包括物流通道、物流聚集区、物流园区、物流配送中心等（见图5-1）。

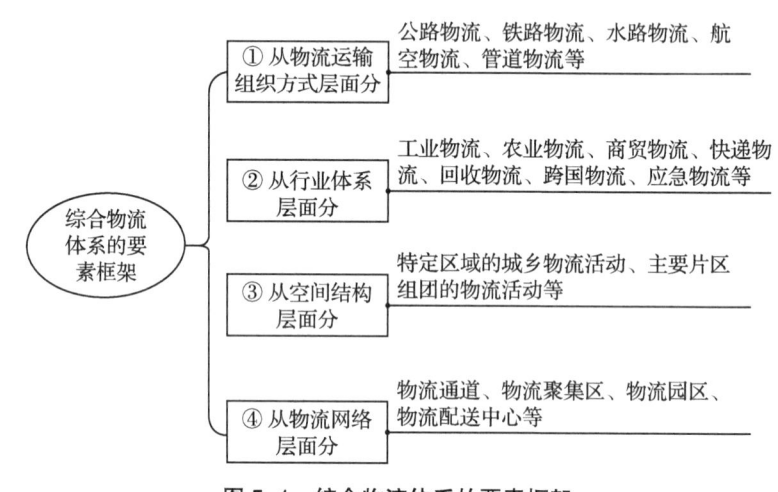

图 5-1 综合物流体系的要素框架

一、运输方式

运输方式是物流产业中货物和信息流动的手段和方式。常见的运输方式包括以下几种。

（一）公路运输

公路运输是运输货物最常用的方式之一，即通过公路交通系统进行货物运送。它具有灵活性和便捷性，适合短距离、小批量或时间紧的货物运输。

（二）铁路运输

铁路运输是利用铁路线网进行货物运输。它具有大运量、低成本、时间较

稳定等优点，适合大批量、长距离的货物运输。

（三）水路运输

水路运输是通过河流、湖泊、海洋等水域进行货物运输。它可以分为内河运输和海洋运输两种形式，适合大批量、长距离的货物运输，但速度较慢。

（四）航空运输

航空运输是通过飞机进行货物运输，具有速度快、国际化和全天候运营的特点。它适合运输对时间有高要求、货值较高的货物。

（五）管道运输

管道运输是通过管道网络输送液体和气体等货物。它适合输送石油、天然气等大量液体和气体产品，具有连续、稳定的运输特点。

（六）多式联运

多式联运是指在货物运输过程中，组合利用不同的运输方式。例如，将公路运输与铁路运输、水路运输或航空运输结合起来，以实现更高效的货物运输。

选择运输方式时应根据货物性质、运输距离、货值、时间要求、成本等因素综合评估，并充分考虑经济、环境和安全等方面的因素。在实际物流运作中，常常会采用多种运输方式的组合，以满足不同的运输需求。

二、产业物流

（一）工业物流

工业物流是指为满足工业生产和流通的需求，采取一系列物流活动和管理措施，对工业产品和原材料进行运输、仓储、配送等操作的过程。工业物流是工业生产的重要组成部分，对于提高生产效率、降低成本、保证产品质量和满足客户需求具有重要作用。

以下是一些常见的工业物流。

1. 汽车工业物流

汽车工业物流为汽车制造商和汽车零部件供应商提供物流服务，包括原材料的采购、运输和仓储，汽车生产线上的物料供应和物料搬运，以及汽车的销售配送和售后服务等。

2. 电子工业物流

电子工业物流为电子产品制造商和电子零部件供应商提供物流服务，包括

电子元器件的采购、运输和仓储，电子产品的组装和包装，以及电子产品的销售配送和售后服务等。

3. 快消品工业物流

快消品工业物流为快速消费品制造商和供应商提供物流服务，包括食品、饮料、日化用品等快消品的采购、运输和仓储，快消品的包装和分拣，以及快消品的销售配送和库存管理等。

4. 服装物流

服装物流为服装生产加工企业和供应商提供物流服务，包括从服装生产到销售的整个供应链过程中的物流运作，涵盖原材料采购、生产加工、仓储管理、配送销售等环节。

5. 化工物流

化工物流为化工企业和化工产品供应商提供物流服务，包括化工原材料的采购、运输和仓储，化工产品的包装和运输，以及化工产品的销售配送和质量管理等。

6. 钢铁工业物流

钢铁工业物流为钢铁企业和钢铁产品供应商提供物流服务，包括铁矿石的采购、运输和仓储，钢铁产品的加工和配送，以及钢铁产品的销售和售后服务等。

7. 机械工业物流

机械工业物流为机械制造商和机械零部件供应商提供物流服务，包括机械设备的采购、运输和仓储，机械产品的组装和包装，以及机械产品的销售配送和安装调试等。

8. 医药工业物流

医药工业物流为医药企业和医药产品供应商提供物流服务，包括医药原材料的采购、运输和仓储，医药产品的包装和运输，以及医药产品的销售配送和冷链物流等。

9. 建材工业物流

建材工业物流为建材企业和建材产品供应商提供物流服务，包括建筑原材料的采购、运输和仓储，建材产品的加工和配送，以及建材产品的销售和施工配送等。

（二）农业物流

农业物流是指为农业生产和农产品流通提供物流服务的行业。农业物流主要包括以下几个方面：农产品采摘和收集、农产品包装和标识、农产品储存和保鲜、农产品运输、农产品供应链管理和配送、农产品质量检验和认证、农业物资供应和农机设备配送、农产品质量追溯和安全管理、农业废弃物处理和环境保护、农产品国际贸易和跨境物流等。

1. 种植业物流

包括粮食作物（如水稻、小麦、玉米等）、经济作物（如棉花、油料作物、糖料作物等）、蔬菜、水果等农产品种植业相关的生产、加工、流通、销售、仓储、进出口等物流。

2. 养殖业物流

包括家禽（如鸡、鸭、鹅等）、家畜（如猪、牛、羊等）和水产品（如鱼、虾、蟹等）等农产品养殖业相关的生产、加工、流通、销售、仓储、进出口等物流。

3. 林业物流

包括天然林、人工林、林下经济等林业有关的生产、加工、流通、销售、仓储、进出口等物流。

4. 渔业物流

包括捕捞、养殖水产品等渔业有关的生产、加工、流通、销售、仓储、进出口等物流。

（三）商贸物流

商贸物流是指在商业活动中，为了完成商品交易而进行的物流操作。它涵盖了商品的采购、储存、运输和配送等环节，旨在实现商品从商业平台到消费者的无缝连接。商贸物流主要表现在国内贸易中，是以保障民生和拉动内需为重点的各类商品消费类物流活动，包括采购物流、仓储物流、运输物流、配送物流、售后服务物流等。

1. 商品交易市场物流

商贸市场物流活动主要指城乡环境下大大小小的各类商品交易市场中伴随各类商品交易发生和实施的物流活动。

2. 商场、超市、门店物流

此类物流活动主要是指在各类商场、超市、门店环境下伴随各类商品交易

发生的物流活动。

3. 电子商务物流

电子商务是指利用互联网、移动设备和电子通信技术进行商务活动的过程。它包括在线购物、在线支付、电子市场、电子商务平台等。电子商务的发展使得商业交易更加便捷、高效，改变了传统商业模式。随着电子商务的快速发展，电子商务物流成为商贸物流中的一个重要方面。它包括在线购物平台的物流管理、订单处理、商品配送、售后服务等环节，满足消费者对商品及时送达和服务的需求。

4. 供应链物流

供应链物流涉及整个供应链中的物流环节，包括原材料采购、生产、仓储、运输、配送等各个环节的协调和管理，也包括供应商选择与管理、库存管理、订单管理、信息流和资金流管理等，以实现供应链的高效运作和优化。

（四）快递物流

快递物流是指通过专业的快递公司或物流企业，以特定的快递服务方式，将货物从寄件方快速、安全地送达收件方的物流活动。

快递物流的主要内容和特点如下。

1. 快速性

快递物流的最大特点是速度快，通常能在较短的时间内将货物送达目的地。快递公司通常会提供不同的快递时效选择，以满足不同客户的时间要求。

2. 安全性

快递物流强调货物的安全性。快递公司通常会采取一系列的安全措施，如包装、保护、追踪等，以确保货物在运输过程中不被损坏或遗失。

3. 可追溯性

快递物流通常提供货物跟踪服务，客户可以通过快递单号查询货物的实时位置和运输状态，提高货物的可追溯性。

4. 专业化

快递物流是由专业的快递公司或物流企业提供的服务，他们拥有专业的设备、人员和网络，能够提供专业的物流服务，满足客户的需求。

5. 门到门服务

快递物流提供的是门到门的服务，即从寄件方取件，经过中转，最终送达

收件方。客户只需提供寄件和收件地址，快递公司会负责整个运输过程。

（五）回收物流

回收物流是指将废弃物或可再利用物资从回收点回收，经过处理后再利用的过程。它涉及废弃物的回收、分类、运输和再利用等环节。

回收物流的主要内容和特点如下。

1. 回收点建设

回收物流需要建设回收点，包括设立回收箱、回收站或回收中心等，方便人们将废弃物进行分类回收。

2. 废弃物分类

回收物流涉及废弃物的分类，需要将不同类型的废弃物进行分类回收，例如纸张、塑料、玻璃、金属等。

3. 回收运输

回收物流需要将回收的废弃物进行运输，将其从回收点运送到再利用的地点或处理厂。这可能涉及不同的运输方式，例如公路运输、水路运输、铁路运输等。

4. 处理与再利用

回收物流需要对回收的废弃物进行处理和再利用。不同类型的废弃物可能需要不同的处理方式，例如再生利用、资源回收、焚烧发电等。

5. 环保和可持续发展

回收物流的目标是促进环保和可持续发展。通过回收和再利用废弃物，可以减少资源消耗和环境污染，实现资源的循环利用。

（六）跨国物流

跨国物流是指在国际范围内进行的物流活动，包括跨国采购、跨国运输、跨国仓储和跨国配送等环节。它涉及不同国家之间的贸易和物流流程，旨在实现国际贸易的顺利进行和货物的安全、高效交付。

跨国物流的主要内容和特点如下。

1. 跨国采购

跨国物流涉及在国际市场上进行采购，即从海外供应商处采购原材料、零部件或成品。采购过程中会涉及供应商选择、质量控制、支付和合规等方面。

2. 跨国运输

跨国物流需要进行跨国运输，即将货物从出口国运送到进口国。运输方式

可以包括航空运输、海洋运输、铁路运输和公路运输等，应根据货物的性质、数量和时效要求选择合适的运输方式。

3. 跨国仓储

跨国物流可能需要在进口国设立仓储设施，用于存储和管理进口的货物。跨国仓储需要考虑仓库的位置、设备、库存管理和安全等因素。

4. 跨国配送

跨国物流需要进行货物配送，即将其从入境口岸运送到目的地。配送过程中可能涉及清关手续、派送路线规划和"最后一公里"配送等环节。

5. 跨国合规

跨国物流需要遵守跨国贸易的相关法规和合规要求。这包括海关申报、税收、许可证等方面的合规，以确保货物的合法进出口。

（七）应急物流

应急物流是指在自然灾害、突发事件、紧急救援等紧急情况下，为保障人民生命安全和社会稳定而进行的物流活动。其主要目标是在紧急情况下迅速投入物资和人力资源，满足人们的基本生活需求和救援需求。

应急物流的特点如下。

1. 快速响应

应急物流需要迅速启动，及时响应紧急情况并进行调度和安排，以确保物资的快速运输和分发。

2. 灵活性

由于紧急情况的不可预测性和多变性，应急物流需要具备灵活的组织机制和调度能力，能够根据实际情况进行快速调整。

3. 多方合作

应急物流通常需要多方的协同合作，包括政府、物流公司、救援队伍等，通过统一指挥和协同行动，提高物资的调度和分配效率。

4. 物资准备

应急物流需要提前做好物资准备工作，包括储备物资、设备和工具等，以便在紧急情况下能够迅速投入使用。

5. 安全保障

应急物流需要重视安全风险，确保物资运输过程中的安全性和稳定性，避

免二次灾害的发生。

三、网络节点物流

物流网络是指物流活动在地理空间中的分布和组织形式。这种结构受到地理位置、交通网络、经济发展水平等因素的影响。物流网络是不同节点之间的联系和流通方式，可通过铁路、公路、水路、航空等不同的运输方式进行连接和协调。物流网络通常由物流节点组成，包括港口、货运枢纽、仓储和配送中心等。这些节点通常位于国家或地区的交通枢纽和经济发达地区，便于货物进出口、中转和分销。

（一）物流通道

物流通道是指以物流为核心，以一定地理范围内的物流服务为主导产业，形成集聚效应和经济带动作用的骨干交通线路。物流通道的形成和发展与当地的地理条件、交通设施、产业结构以及政策环境等有密切的关系。物流通道是特定区域或城市主要的骨干交通通道，对沿线区域经济的发展形成一定的辐射带动作用，因此，较宏观的物流通道常常被称为物流经济带。

物流通道的特点如下。

1. 交通便利

物流通道通常位于交通枢纽和交通网络密集的地区，具备采用多种运输方式的便利条件，如公路运输、铁路运输、航空运输、水路运输等，使得货物能够顺畅地进出该地区。

2. 物流设施完善

物流通道沿线通常具有完善的物流设施，包括仓储设施、集散中心、货运站、物流园区等，这些设施能够提供高效的货物集散、存储和转运服务。

3. 产业集聚效应

物流通道能够吸引相关产业的聚集，形成产业链条和价值链条的延伸。例如，物流通道沿线可以吸引制造业企业、物流服务企业、商贸企业等，形成产业集群和合作共赢的局面。

（二）物流聚集区

物流聚集区是指在特定地区或城市内，集中了大量物流企业、物流设施和相关服务机构的区域。一般情况下，特定城市依托自身的交通设施条件和商贸

集散条件形成若干个物流聚集区。

物流聚集区通常具有以下特点。

1. 交通便利

物流聚集区通常位于交通网络密集的地区，靠近港口、机场、铁路等交通枢纽，方便货物的进出和运输。同时，这些区域内也会有完善的道路网络，便于货物的快速流动。

2. 配套设施齐全

物流聚集区通常配备完善的物流设施，例如仓储设施、货运站、物流园区等，能够提供全面的物流服务。此外，还会有相关的金融、保险、信息技术、商务等服务机构，为物流企业提供支持和配套服务。

3. 产业链完整

物流聚集区往往吸引了大量的物流企业和相关产业的集聚，形成了完整的产业链条。这些企业之间可以进行合作与协同，优化物流流程，提高效率。同时，物流聚集区也能够吸引其他产业的进驻，形成多元化的产业结构。

4. 经济效益突出

物流聚集区的形成可以提高物流效率，降低物流成本，增强经济竞争力。大量的物流企业和服务机构的集聚，促进了就业增长和经济发展，为当地带来了经济效益和税收贡献。

5. 政策支持

政府通常会给予物流聚集区一定的政策支持，以吸引企业进驻和加大投资。这些政策可能包括税收减免、土地优惠、财政支持等，从而为物流企业提供良好的发展环境。

（三）物流园区

物流园区是一种特殊的空间结构形式，指专门为物流企业和物流活动提供服务和支持的经济区域。物流园区将不同的物流企业和服务机构聚集在一个区域内，形成物流专业化集聚。这种园区通常拥有完善的物流设施和服务体系，提供物流企业所需的土地、仓储设施、配送设施、服务设施等，以促进物流活动的发展和提高物流效率。

物流园区的主要特点和功能如下。

1. 集中聚集

物流园区聚集了大量的物流企业和相关服务机构，在一个相对集中的区域内形成物流产业集群。这有利于物流企业之间的合作与互补，形成规模经济效应和集群效应。

2. 专业化服务

物流园区提供专业化的物流设施和服务，包括仓储设施、配送设施、运输设施等。物流园区提供各种类型的仓储设施，包括普通仓库、冷链仓库、保税仓库等，用于存储和管理货物。物流园区提供配送设施和服务，包括配送中心、配送车辆等，用于对货物进行集中配送和分拨。这有助于提高物流效率和降低物流成本，提供更优质的物流服务。

3. 便捷交通

物流园区通常位于交通便利的地区，靠近主要交通枢纽和物流节点。这有利于物流企业的货物运输和配送，提高物流的时效性和可靠性。

4. 综合配套

物流园区提供各种配套服务，包括物流金融、保险、检验检疫等，满足物流企业的多元化需求。这有助于提高物流服务的质量和水平，增加附加值。物流园区提供各种综合配套设施，包括办公楼、餐饮设施、住宿设施等，以满足物流企业的日常运营需求。这有助于提高工作环境和员工生活的质量。

5. 信息管理

物流园区提供物流信息系统和平台，用于实现货物的跟踪、监控和信息共享。通过物流信息管理，可以提高物流的可视化水平和透明度，优化物流运作。

（四）物流配送中心

物流配送中心是物流园区或物流网络中的一个重要组成部分，主要进行货物的集中配送和分拨。它是物流供应链中的一个关键环节，承担着货物集中、分拨和配送的功能。

物流配送中心的主要功能如下。

1. 货物集中分拨

物流配送中心作为物流网络的重要节点，接收来自不同供应商或生产企业的货物。物流配送中心将来自不同供应链环节的货物集中到一起，进行分拨和

集中处理，按照目的地和需求进行分类和组合。这有助于减少货物的运输距离和运输成本，提高配送的效率和灵活性。

2. 货物装载和配送

物流配送中心对已分拨好的货物进行装载，按照客户订单和要求进行配送。这有助于提高货物的准时交付能力，满足客户的需求。物流配送中心负责将货物按指定路线进行配送，包括城市配送、跨城配送甚至跨省配送等。通过合理的车辆调度和路线规划，确保货物能够按时准确地送达目的地。

3. 仓储库存管理

物流配送中心通常会设置一定规模的仓库，用于暂时存放货物。通过入库、出库、货物分类和标识等仓储操作，确保货物的安全性、完整性和准确性。物流配送中心对货物进行库存管理，包括货物的入库、出库和库存监控。这有助于掌握货物的库存情况，提高库存周转率和资金利用效率。

4. 信息管理和跟踪

物流配送中心通常会配备先进的物流信息系统，实时跟踪物流信息，更新订单状态和库存记录，并及时将物流信息反馈给利益相关方。通过物流信息系统和技术对货物进行管理和跟踪，有助于实时监控货物的位置和状态，提高物流的可视化程度和协调性。

5. 售后服务和退货处理

物流配送中心可以提供售后服务，如退货处理、安装调试、维修等。当客户需要退货时，物流配送中心负责接收退货，并进行退货处理和库存调整，确保客户的售后需求得到满足。通过合理的服务流程和专业的服务团队，保证售后服务的及时性和质量。

6. 跨境物流和国际配送

在跨境物流和国际配送中，物流配送中心也扮演着重要角色。它可以协调不同国家和地区的物流环节，确保货物的顺利出入境和跨境配送。

7. 乡村物流配送

乡村配送中心是针对农村地区的物流配送需求而设立的物流中心，主要开展农产品收集与集中、分类与整理、仓储与保鲜、订单管理与配送等物流活动。它的目标是解决农村地区物流配送的问题，提高农产品的流通效率，满足农民和农产品生产企业的需求。

第三节　综合物流体系的建设要求和目标

一、综合物流体系的建设要求

以下是综合物流体系建设的一些重要要求。

（一）整体性和协同性

综合物流体系建设要注重整体规划和协同发展，各个环节和参与方之间需要紧密配合，形成有机的物流网络和合理的物流流程。建设综合物流体系需要建立起完善的物流网络，包括运输网络、仓储网络和信息网络等。要建设覆盖全地区、全国乃至全球的物流网络，包括高效的运输系统、连续覆盖的仓储和配送中心等，以实现货物的顺畅流动和快速交付。

（二）高效性和灵活性

综合物流体系建设要追求高效性和灵活性，保证货物能够快速、准确地到达目的地。要通过优化物流流程、提高物流设施和技术水平，实现物流活动的快速、准确和灵活处理。要建立供应链协同管理机制，通过有效的供应商选择和管理、库存控制和协同计划等，实现供应链各环节的高效协同和优化。综合物流体系建设需要具备一定的灵活性，能够适应市场需求的变化，根据不同的货物、不同的运输方式提供定制化的服务。

（三）信息化和智能化

综合物流体系建设要充分应用信息技术和智能化技术，建立完善的物流信息系统，实现物流信息的实时共享和准确传递，实现物流过程的实时监控和自动化处理，提高物流管理和决策的科学性和智能化水平。

（四）可持续发展

综合物流体系建设要注重可持续发展，包括节能减排、资源循环利用、环境保护等方面，推动绿色物流和低碳物流的发展，实现经济、社会和环境的协调发展。

（五）安全和可靠性

综合物流体系建设要注重物流安全和可靠性，建立完善的物流风险管理体系，加强物流设施和运输工具的安全管理，提高物流服务的可信度和可靠性。

要建立完善的物流监管体系，加强对物流环节的监管，同时加强与相关部门和企业的合作与协调，形成推进综合物流体系建设的合力。综合物流体系的建设要能够提供稳定可靠的运输服务，确保货物能够按时送达，并能够有效地跟踪和解决运输过程中的问题。

（六）协同发展和共赢

综合物流体系建设要促进各个参与方之间的合作和协同发展，包括物流企业、供应商、客户和政府等。要通过建立良好的合作机制和共享资源，实现物流链条上各环节的协同运作，提高整体效益和降低整体成本。

（七）人才培养和技术创新

综合物流体系建设要注重人才培养和技术创新。要培养适应物流发展需求的专业人才，提升物流从业人员的素质和技能水平。同时，推动物流技术的创新和应用，引进先进的物流设备和技术，提高物流操作和管理的效率和水平。

（八）市场开放和竞争性

综合物流体系建设要推动市场的开放和竞争，鼓励各类物流企业进入市场，提供多样化的物流服务。通过市场竞争，推动物流企业提供更好的服务和更低的价格，促进物流市场的健康发展。

（九）全球化

随着全球化的发展，综合物流体系需要具备跨国、跨境的能力，能够处理国际贸易和国际运输的需求，实现全球物流网络的互联互通。

（十）法制和规范性

综合物流体系建设要依法依规进行，建立健全的物流法律法规和规范性文件，加强物流市场监管和维护市场秩序。同时，加强物流标准化和质量认证工作，提高物流服务的规范性和可信度。

（十一）社会责任和公众参与

综合物流体系建设要注重社会责任和公众参与，关注环境保护和社会公益事业。要推动公众参与综合物流体系建设，通过与社会各界的合作，共同解决物流发展中的问题和挑战。同时，物流企业也应承担起社会责任，推动可持续发展和社会公益事业的开展。

总之，综合物流体系建设的要求是多方面的，需要政府、企业、社会各界的共同努力和合作。只有在整体规划和协同发展的基础上，充分发挥信息化和

智能化的优势，加强人才培养和技术创新，推动市场开放和竞争，注重可持续发展和社会责任，才能实现综合物流体系的高效运作和持续发展。

二、综合物流体系的建设目标

综合物流体系建设的目标是建立一个完善、高效、可持续发展的物流网络，以满足城市经济社会发展的需求。具体目标如下。

（一）提升物流服务水平

优化物流运输、仓储、配送等环节，提高物流服务的质量和效率，满足市场需求。

（二）降低物流成本

通过整合物流资源，减少冗余环节和资源浪费，降低企业的物流成本，提高市场竞争力。

（三）促进物流创新发展

鼓励物流企业采用新技术、新模式，提升物流智能化、信息化水平，推动物流行业的创新发展。

（四）建立物流基础设施

加强物流基础设施建设，包括交通运输设施、仓储设施、信息平台等，提供良好的物流环境。

（五）促进物流与产业融合

推动物流与产业的融合发展，提升产业链的整体效益，促进城市产业结构的优化升级。

（六）实现绿色可持续发展

倡导节能减排、环保低碳的物流模式，推动物流行业的绿色发展，减少对环境的影响。

第六章

市域综合物流体系建设的路径

市域综合物流体系是一个复杂的运行系统。在一般市场配置资源的条件下，市域物流会按照城市经济社会的需求自发运行以及达到满足社会经济发展需求的水平。但是在政府主导型经济发展模式下，城市经济社会的发展不仅要依靠市场机制的资源配置作用，更要依靠政府的规划、引导和促进发展作用。简言之，城市经济是一种"主动"发展的过程。政府通过动员自身的经济管理资源，达到城市经济可持续发展的目的。在这种体制背景下，城市的空间布局和产业体系建设都受到城市规划和政策调控的影响。政府在一定程度上干预城市经济的发展过程，而城市的各类产业体系建设也处在这种过程之中。

此外，由于市域物流是一个复杂的运行系统，尽管依托市场机制可以在一定程度上达到资源合理配置的水平，但是也常常出现产业无序发展、企业之间无序竞争、市场波动不易治理、复杂系统难以协调或者协调过程相对缓慢、产业发展不确定性突出、产业竞争力不强、产业发展内生动力不足、综合物流服务体系不够完善或者偏远地区物流通达性不够等众多客观问题。这些问题在一定程度上影响市域物流的资源配置效率和城乡物流的均等化发展等。在此种情况下，作为一个强大的复杂系统，市域物流将不能够完全发挥其引领产业经济发展的作用，无法高质量地满足经济社会发展的需求。因此，无论从政府主导型经济层面，还是从物流市场资源配置机制层面，都需要有针对性地谋划和推进市域综合物流体系建设，以保障城市经济高质量发展。

市域综合物流体系建设的最大特征之一是其"综合性"。首先，这种"综合性"体现在市域物流体系识别和研究的系统性方面。当研究特定区域的综合物流体系时，需要对所研究区域物流的方方面面进行系统调查和研究，掌握综合性情况，包括城市经济地理环境、各类产业园区和商贸市场的布局、现有物流基础设施体系建设状况、物流业产值和货运量数据情况、社会经济物流需求情况、物流企业发展情况、物流技术发展情况、前期物流规划和政策制定情况、相关经济管理部门的未来工作设想和一些企业的未来产业投资情况等。这样才能对所研究区域的物流有一个"综合性"识别和认识，才能对存在的问题和制约因素有一个"综合性"判断。其次，"综合性"体现在区域物流规划的系统性方面，包括对综合物流网络布局（物流节点和物流线路）、基础设施体系、产业物流体系、企业培育体系、物流业转型升级、政策支持体系的规划和设定等方面。最后，"综合性"体现在物流体系建设和管理过程的复杂性方面。一般情况下，很难有一个部门直接统筹推进市域综合物流体系的建设，需要城市政府成立工作领导小组，统筹相关的职能部门综合推进具体工作。

市域综合物流体系的建设是一个综合性的过程，需要从多个方面进行考虑和规划。图 6-1 是一些可能的建设路径。

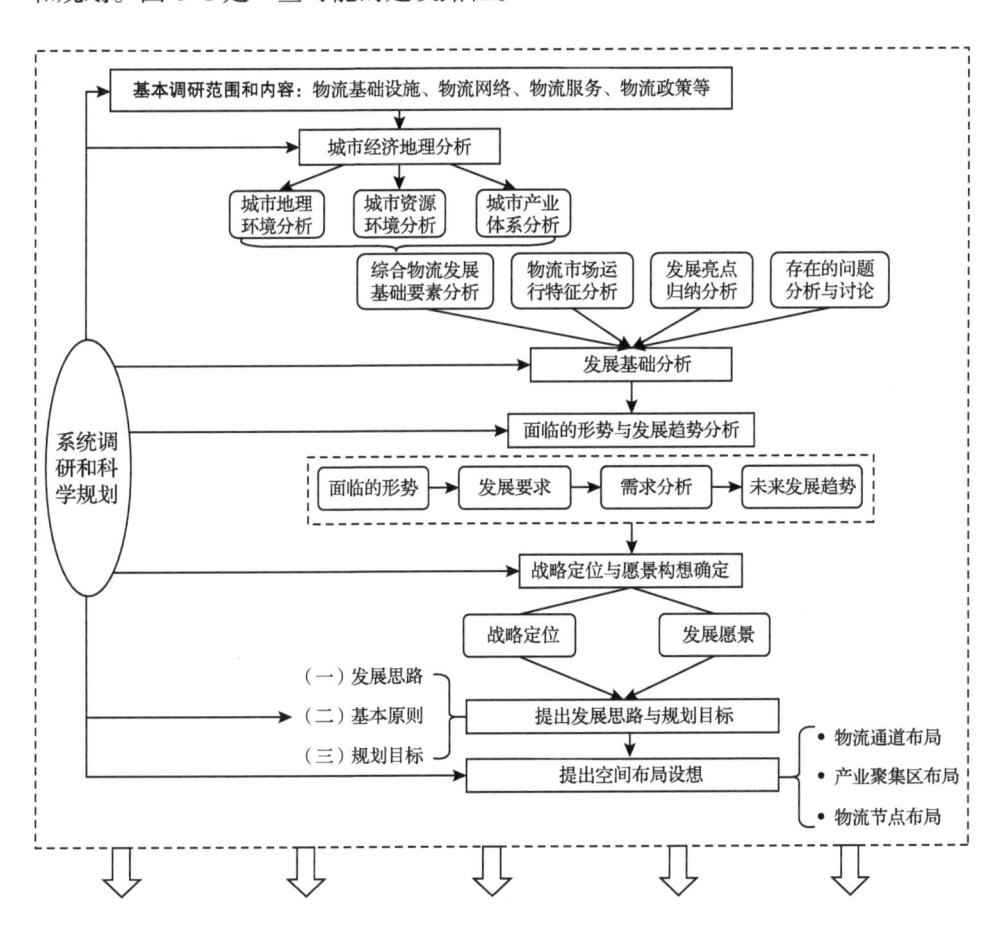

图 6-1 市域综合物流体系建设的基本路径

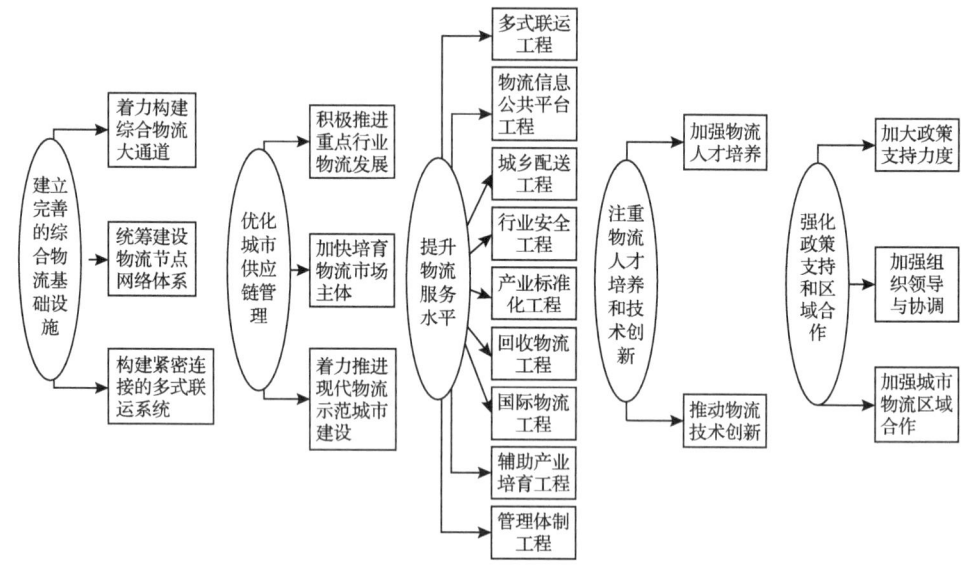

图 6-1 市域综合物流体系建设的基本路径（续）

第一节　系统调研和科学规划

开展市域综合物流体系建设时，首先要进行市域物流现状调研，了解市场需求和潜在机会。然后根据发展基础和发展要求，制定市域物流发展规划，确定目标和发展策略。

一、基本调研范围和内容

市域综合物流体系调研主要是针对一个城市或地区的整体物流体系进行研究和评估，包括物流基础设施、物流网络、物流服务和物流政策等方面。以下是市域综合物流体系调研的一些基本方法和内容。

物流基础设施调研：了解城市或地区的交通运输设施，包括港口、机场、铁路、公路等，评估其规模、现状以及可达性，分析潜在的物流瓶颈和问题。

物流网络调研：考察物流园区、仓储设施、配送中心等物流节点的分布情况，了解其规模、功能和服务范围，分析物流节点之间的连接关系和集成效能。

物流服务调研：调查物流企业的数量、规模和业务范围，评估其服务水平和运营效率，了解客户的满意度和需求，掌握市场竞争格局。了解物流企业的

人才资源和技术创新能力等情况，对产业创新发展能力做出合理判断。

物流政策调研：了解政府对物流业的支持政策，包括投资优惠、土地供应、人力资源等方面，分析政策的有效性和实施情况，评估政策对于物流企业发展的影响。

数据分析调研：收集和分析相关数据，例如货运量、运输时效、投资规模等指标，评估市域综合物流体系的规模和效率，发现潜在的改进空间和机会。

国内外比较调研：通过对比国内外其他城市或地区的物流体系，了解其经验和成功案例，为本地区的物流体系建设提供借鉴和参考。

通过市域综合物流体系调研，可以全面了解一个城市或地区的物流体系建设情况和发展潜力，为制定物流发展规划和政策提供科学依据，推动该地区物流业的健康发展和提高物流效率。

二、城市经济地理分析

（一）城市地理环境分析

城市地理环境是指城市所处的地理位置和自然环境条件。它包括以下几个方面。

地理位置：城市的地理位置决定了其与周边地区的联系和交流。地理位置因素包括经纬度、海拔高度、地形地貌等。不同的地理位置对城市的气候、资源分布和交通网络等都会产生影响。

气候条件：城市的气候类型和气候特点对城市发展和人居环境有重要影响。例如，炎热潮湿的气候可能会导致城市面临雨水排放和洪水等问题，寒冷的气候则可能对城市供暖和交通等方面提出挑战。

地质条件：地质条件会影响城市的土壤质量和地下水资源。一些地质灾害如地震、滑坡和地质沉降等也会对城市的建设和人居环境造成威胁。

其他自然环境因素：城市地理环境还涉及生态系统、生物多样性和环境保护等方面。城市需要保护自然环境，维护生态平衡，提高生活环境质量。

城市地理环境是城市规划和发展的重要依据，城市需要根据实际情况合理利用和保护地理环境资源，推动可持续发展。

（二）城市资源环境分析

城市资源环境是指城市所拥有的各种资源及其与环境之间的相互关系。它包括以下几个方面。

自然资源：城市所拥有的自然资源包括土地资源、水资源、矿产资源、能源资源等。这些资源对城市的经济发展和人民生活起到关键作用。城市需要合理开发和利用这些资源，同时要注重保护和可持续利用。

人力资源：城市的人力资源是城市经济和社会发展的重要支撑。人力资源包括劳动力数量和质量、人才储备和创新能力等。城市需要培养和吸引人才，提高人力资源的利用效率。

经济资源：城市的经济资源包括资金、技术、信息等。这些资源对城市的产业发展和竞争力具有重要影响。城市需要积极引进外来投资和技术，加强科技创新和信息化建设，提高经济资源的配置效率。

环境资源：城市的环境资源包括空气、水体、土壤等自然环境资源，以及文化遗产、生态景观等人文环境资源。城市需要保护和改善环境资源，提高生态环境的质量。

城市资源环境的合理规划和管理是城市可持续发展的关键。城市需要在资源利用和环境保护之间取得平衡，实现经济发展、社会进步和环境保护的良性循环。同时，城市可以通过资源节约和循环利用、环境治理和保护等措施，提高资源利用效率，减少环境污染和生态破坏。

（三）城市产业体系分析

城市产业体系是指在城市中存在的各种产业和它们之间的相互关系。它包括以下几个层面。

第一产业：第一产业主要包括农业、林业、渔业和畜牧业等原始生产活动，这些活动主要依赖于自然资源和农田。一般情况下，城市中第一产业的比重相对较小，但一些城市仍然保留着较多的农业和渔业活动。

第二产业：第二产业是指制造业和建筑业等加工和建设性行业。制造业通常涉及对原材料的加工和转化，包括工业制造、电子制造、汽车制造等。建筑业则负责城市中建筑物和基础设施的建设和维护。第二产业是城市在工业化发展阶段的重要基础，是构成城市货运量等物流运行规模的重要来源之一。

第三产业：第三产业是指服务业，它是城市经济的重要组成部分。服务业包括零售、批发、金融、教育、医疗、文化娱乐等各种提供服务的行业。在城市中，服务业往往占据主导地位，是城市经济的主要支撑。

其他产业：除了上述三个主要的产业部门外，城市还存在一些其他形式的产业。例如，高新技术产业、创意产业、旅游业等都是城市中发展较快且有潜力的产业。

城市产业体系的构建和发展往往是基于城市的特定条件和优势。不同城市之间的产业结构可能存在差异，但一般来说，城市产业体系应该注重产业结构的协调发展和转型升级，以促进经济增长、就业创造和提高人民生活水平。同时，城市还需要加强产业政策的制定和实施，鼓励创新创业，吸引外来投资和人才，推动产业集群的形成和发展，提高产业链的附加值和竞争力。

三、发展基础分析

（一）综合物流发展基础要素分析

城市综合物流发展的基础要素分析主要包括以下几个方面。

城市基础设施：城市综合物流需要依赖完善的基础设施，包括交通、能源、通信等。城市需要发展现代化的道路、铁路、航空和水路等交通网络，以便于货物的输送和流通，同时还需要保障供应链的稳定性。

信息技术支持：信息技术在城市综合物流中起着重要的作用。现代化的信息系统和物流管理软件能够提高物流效率，实现信息的共享和协同，减少运输成本和时间，提高服务质量和客户满意度。

物流企业群体：物流企业群体是提供城市物流服务的关键要素，决定城市物流的发展质量和竞争力。物流企业群体包括第三方物流企业（主要提供物流外包服务，包括货运代理、仓储管理、配送运输、供应链管理等）、物流运输企业（主要从事货物的运输和交付，包括货运公司、航空公司、航运公司、铁路运输公司等）、仓储物流企业（主要提供货物的存储、分拣、装卸等服务，包括仓库管理、物料管理等）、租赁物流企业（主要提供物流设备和车辆的租赁服务，包括货车租赁、叉车租赁、仓储设备租赁等）、物流科技企业（主要进行物流管理软件和系统的开发和销售，包括供应链管理软件、运输管理软件、仓储管理软件等）、物流金融企业（主要提供物流金融服务，包括货物融资、物流保险、供应链金融等）。此外，城市物流企业群体需要与城市供应链上下游各个环节的企业进行紧密合作，与供应商、生产商、批发商、零售商等形成合作伙伴关系，加强协同，共同推动供应链的优化和效率提升。

物流人才和专业知识：物流行业是一个复杂而专业化的领域，需要具备相关专业知识的人才来进行运营和管理。城市物流人才和专业知识对提升城市物流服务效率、增强物流产业创新发展能力具有重要影响。城市需要培养和吸引具备物流专业背景的人才，包括物流规划师、供应链管理师、仓储管理师等，以确保物流系统的高效运行。

通过以上要素的支持和协同，城市综合物流能够实现货物的高效运输、仓储和配送，促进城市经济的发展和商品的流通。

（二）物流市场运行特征分析

城市物流市场的运行特征可以从以下几个方面进行分析。

市场规模和增长：了解城市物流市场的规模和增长情况。通过分析城市的人口数量、经济活动、贸易流量等因素，可以评估市场的潜力和发展趋势。

市场结构和竞争状况：了解市场上的主要参与者，包括物流服务提供商、运输公司等，以及它们之间的竞争关系。分析市场的竞争程度、参与者的市场份额和定位，可以帮助了解市场的竞争状况。

物流服务需求和特点：分析城市的物流服务需求和特点，包括货物的类型、体积、重量、价值等，以及客户的需求和偏好。了解市场的需求特点可以帮助物流企业确定适合的服务策略和定位。

成本和效率：分析市场上物流服务提供商的成本结构和效率水平，包括运输成本、仓储成本、人力成本等。了解市场上的成本和效率情况，可以指导物流企业提升自身的竞争力和市场地位。

通过以上分析，可以全面了解城市物流市场的运行情况，为物流企业制定合理的发展战略和经营策略提供依据。

（三）发展亮点归纳分析

市域物流发展的亮点可以从以下几个方面进行分析。

物流设施建设：城市物流设施的建设不断完善，包括物流园区、货运中心、仓储设施等。这些设施的规模越来越大，功能越来越完善，提供了更好的物流服务和支持。

科技创新应用：城市物流领域的科技创新应用正在快速发展，包括物联网技术、大数据分析、人工智能等。这些技术的应用可以提升物流效率、降低成本、增加可追溯性等，推动物流业的创新发展。

绿色环保倡议：在城市物流领域逐渐重视环保问题，积极推动绿色物流发展。通过使用清洁能源车辆、优化运输路线、改善货物集中度等措施，减少对环境的影响，提高物流的可持续性。

供应链整合与物流服务升级：城市物流企业通过整合供应链资源，提供全程、多样化的物流服务。例如提供仓储、配送、跨境等综合服务，满足客户的多样化需求，提高物流运作的效率和服务水平。

政策支持和合作机制：政府对城市物流发展给予了重视和支持，出台了一系列的政策措施，包括资金扶持、减税优惠、简化审批等。同时，加强与企业、行业协会等的合作，共同推动物流业的发展。

总体来说，这些亮点促进了城市物流行业的发展和升级，提高了物流效率，降低了成本，并对城市经济的发展起到了积极的推动作用。

（四）存在的问题分析与讨论

市域综合物流体系发展中存在的问题可以从物流基础设施、物流运行瓶颈、物流企业发展水平、物流产业统筹发展等多个视角进行分析和讨论。由于城市自身发展存在的差异，在针对性研究和调研中，还要结合特定城市的自身情况和物流产业发展实践进行客观分析。以下是可能存在的几个主要问题。

城市交通拥堵：大城市常常面临交通拥堵问题，这给物流运输带来了很大的困扰。交通拥堵导致物流车辆难以准时到达目的地，延误了货物的配送时间，增加了运输成本。

物流基础设施不完善：一些城市的物流基础设施建设相对滞后，仓储、配送等设施不足，无法满足日益增长的物流需求。缺乏规范的物流园区和配送中心，影响了物流效率和服务质量。

小微物流企业竞争压力大：市域物流行业中小微企业众多，竞争激烈。它们面临着资金短缺、技术能力不足等问题，难以与大型物流企业竞争。这限制了市域物流行业整体水平的提升。

缺乏统一标准和监管机制：市域物流行业缺乏统一的标准和监管机制，导致市场准入门槛低、服务质量参差不齐。一些不合规的物流企业的存在，给市域物流行业带来了一定的安全隐患。

环境污染问题：传统物流运输多采用燃油车辆，会排放大量废气，对城市环境造成污染。清洁能源车辆和绿色物流设施的缺乏，限制了市域物流的可持续发展。

要解决上述这些问题，需要政府加大对物流行业的投入和支持，加强基础设施建设，提高行业标准和监管水平，并积极推动绿色物流发展。

四、面临的形势与发展趋势分析

（一）面临的形势

市域物流产业发展面临的形势主要体现在外围发展形势、城市自身发展形势、产业自身发展形势等诸多方面。

外围发展形势：外围发展形势主要体现为城市之外的更高层次区域的发展战略形势或周边发展形势，如全球形势、国家形势、省区形势、周边地区或城市发展形势等区域重大发展战略形势。这些宏观和周边形势主要反映宏观政策和发展战略的导向、区域合作形势等诸多方面，其中宏观产业政策或规划对特定城市的物流产业发展具有重要影响。

城市自身发展形势：城市自身发展形势主要体现为城市经济发展战略的形势，如城市的发展定位、城市的产业发展规划、城市的建设规划等经济发展战略的形势。其中，城市战略规划、城市政府和领导的工作思路、城市管理部门的工作思路和重视程度等都会对城市物流产业的发展产生直接作用。

产业自身发展形势：产业自身发展形势主要体现为物流产业自身的转型升级形势，如产业信息化发展形势、产业结构调整形势、绿色发展形势、新技术发展形势、标准化管理形势等。

此外，在城市发展的不同阶段，物流产业的发展也会面临一些新情况、新问题、新挑战，如城市快速发展带来交通拥堵、环境污染和资源短缺、物流成本上升、供应链整合难度加大、电商快速崛起等。在城市综合物流体系建设的过程中，对于这些新情况或新问题需要给予高度重视。

（二）发展要求

市域物流产业的发展要求主要体现在满足各类产业生产性物流需求、满足城乡居民生活性物流需求、满足公共应急保障性物流需求、满足物流产业自身转型升级需求等众多方面。

生产性物流发展要求：城市物流首先要高效保障各类产业发展中的物流配送需求，尤其要为城市制造业提供高效率的原料和制成品物流运输服务，以加

快城市工业等产业的发展。

生活性物流发展要求：城市物流配送体系要为城乡居民提供更加便利化的物流配送环境，及时将生活物资或各类商品送到居民家门口，全面满足城乡居民的各类个性化物流配送需求。在生活性物流配送的加强方面，尤其需要关注和保障城市电商物流、冷链物流等配送需求及农村物流配送和寄递需求。

应急物流发展要求：随着城市发展和安全的统筹推进，需要加大应急物流体系的建设力度，以有效应对突发性社会事件、自然灾害事件、公共卫生事件等，全面保障城乡居民的生命、财产等安全。

产业自我转型要求：城市物流体系的规划建设要体现物流产业的现代化发展要求，包括信息化装备水平的提高、物联网技术的普及、自动化和智能化技术的普及、先进物流设备和工具的普及等。要积极引入创新技术，如物联网技术、大数据分析、人工智能等，提升物流运作效率和安全性，推动物流业务数字化转型。

（三）需求分析

市域物流需求主要反映城市经济的发展需求和城市的战略发展需求等诸多层面，要依托城市经济未来一定时期的规模增长，预测物流产业的服务规模。市域物流需求分析主要从以下几个方面进行。

市场需求：市域物流需求受市场需求的影响，需要分析市场规模、增长趋势、消费行为、商品结构等因素。例如，快速消费品的配送需求较大，高科技产品和生鲜食品对物流时效性和专业性的要求较高。

产业结构：不同城市的产业结构存在差异，需要分析各产业的物流需求。例如，制造业的物流需求主要集中在原材料采购和产品分销方面，电子商务产业的物流需求则更加注重仓储与配送能力。

地理环境：市域物流需求还受地理环境的制约，如城市基础设施状况、交通网络等。需要分析交通拥堵情况、交通枢纽的布局、运输距离等因素，以确定物流模式和配送方案。

政策环境：政府的政策和监管措施对市域物流需求有重要影响。例如，政府对绿色物流的倡导和支持可以推动市场对环保物流服务的需求增加。

用户需求：市域物流需求分析还需要考虑用户的个性化需求，如配送时段、物流跟踪信息、售后服务等。要根据用户需求进行市场细分，提供符合用户需求的物流方案。

通过综合分析以上因素，可以更准确地了解市域物流需求，为物流企业制定适应市场的发展战略和服务方案提供依据。

（四）未来发展趋势

未来发展趋势是指在未来一段时间内，某行业、领域或社会将出现的重要变化和发展方向。我们可以基于当前的经济、技术、社会和环境等方面的动态，预测未来可能出现的影响和变革。市域物流的未来发展趋势包括以下几个方面。

技术创新和数字化：人工智能、物联网、大数据分析、云计算等技术的发展和广泛应用，将改变各个行业和领域的商业模式和运营方式。智慧城市建设将促进城市基础设施、交通运输、住房和城市治理的改善。物联网、大数据、人工智能等技术的应用将使市域物流更加智能化和高效化。通过实时监控和数据分析，物流企业可以优化仓储、运输和配送等环节，提高操作效率和服务质量。

可持续发展和绿色经济：对环境保护和资源可持续利用的注重，推动低碳经济、清洁能源和循环经济等的发展。环保意识的提高将推动市域物流向绿色、低碳方向发展。物流企业将采用节能减排的新技术和新设备，推广新能源车辆，并优化路线规划、仓储设施等，致力于降低能耗和减少环境污染。

人口结构和消费趋势：随着人口老龄化的快速发展和中等收入群体的崛起，消费需求和消费习惯将发生变化，服务业和高端消费品市场有望快速增长。随着人们对健康和福祉的关注增加，健康产业、生物科技等新兴行业有望迎来快速发展。随着电子商务的发展，线上购物和线下配送需求不断增加。未来市域物流将更加注重快速、高效、可追踪的配送服务，同时需要与电商平台进行深度合作，加强仓储和配送能力。

多元化服务需求：市场竞争的加剧将推动物流企业提供更加多样化的服务。除了传统的配送服务外，物流企业还需要扩展到仓储管理、供应链管理、逆向物流等领域，提供增值服务，以满足不同行业和企业的需求。

全球化和跨界合作：企业之间合作、合资和并购的趋势将加强，全球市场的竞争和合作关系将进一步增强。市域物流将更多采用合作共赢的模式进行发展。物流企业与电商平台、供应商等各个环节的企业进行深度合作，形成联盟或共同发展的格局，实现资源共享、互利共赢。

物流网络布局优化：随着城市的可持续发展和现代化水平的逐步提高，城市物流综合基础设施建设将得到全面完善，物流网络布局将更加合理，社会物流配送效率和便利化水平将进一步提高。

物流管理体制创新：随着城市规划管理水平和物流产业管理水平的提高，将进一步深化物流管理体制改革，积极探索物流产业的集成化管理体制或组织机构，协调各部门和各领域的工作，不断降低社会物流的总体成本，全面提高现代物流产业的配送效率。

了解并把握市域物流的未来发展趋势对特定城市、物流企业和产业管理部门来说非常重要，可以帮助他们调整战略、抓住机遇、应对挑战，并保持竞争优势和适应性。总体来说，市域物流的未来发展趋势是智能化、绿色化、多元化和合作共赢。各类物流企业需要不断提升技术水平和服务质量，适应市场的变化，以更好地满足用户的需求。

五、战略定位与愿景构想确定

市域物流战略定位与愿景构想应该基于当前市场需求和未来发展趋势，一般从全球层次、国家层次、省域层次、城市竞争层次、城市经济服务层次等五大层面进行定位和规划。

（一）战略定位

战略定位是指特定城市在物流产业竞争环境中明确自己独特的市场定位和竞争优势，以此来决定并执行适合自身特点和长期发展目标的战略方向和行动计划。战略定位依托以下几个层面的空间范围和产业竞争范围来讨论和确定。

全球层次：一般情况下，国际城市或超大城市、一些港口城市的战略定位涉及全球层次范围。特定城市在全球范围内确定和执行其区域或物流产业定位。特定城市需要根据自身能力和资源，以及市场需求和竞争情况来选择目标市场。

国家层次：一般情况下，国内省级城市、地级城市、一些重大经济带沿线城市、一些边境口岸城市的战略定位涉及国家层次范围。特定城市在全国范围内确定和执行其区域或物流产业定位。

省域层次：一般情况下，省会城市、地级城市、一些重大经济带沿线城市、一些边境口岸城市、县级城市的战略定位涉及省域层次范围。特定城市在全省范围内确定和执行其区域或物流产业定位。

城市竞争层次：一般情况下，特定城市与周边（同区域）城市之间的物流产业竞争涉及城市竞争层次范围。特定城市基于与周边区域城市的竞争确定和执行其城市或物流产业定位。

城市经济服务层次：城市经济服务层次的物流产业定位主要涉及物流产业如何为城市经济社会发展服务。特定城市根据自身城市的当下和未来经济社会发展需求，定位物流产业的发展地位、功能和发展模式等。

（二）发展愿景

发展愿景是对未来发展的期望。它是对所追求的目标、理想状态以及未来成就的描述和展望。市域物流的发展愿景通常包括以下几个方面。

远景目标：明确特定城市希望在未来实现的长期目标。这些目标可以涉及市场地位、产业规模、盈利能力、技术创新、品牌影响力等方面。

理念和价值观：阐述特定城市坚持的核心价值观和行为准则，包括社会责任、客户导向、产业扶持等方面的价值观。

品牌形象：描述特定城市希望在区域市场上建立和维护的品牌形象，包括产品品质、服务水平、信誉等方面。

创新能力：强调特定城市在产品、技术、管理等方面的创新能力和领先地位。

可持续发展：注重特定城市的可持续发展，包括经济、环境和社会责任的平衡。

发展愿景的制定有助于增强特定城市产业发展的积极性和行动力，明确城市的目标和价值观，引导政府决策和行动，推动城市朝着更好的未来发展。它还可以为城市制定长期战略规划和行动计划提供指导，帮助城市在不断变化的市场环境中保持竞争优势和实现持续成长。

六、提出发展思路与规划目标

（一）发展思路

发展思路是指为实现发展目标所制定的基本思想和方法。它是在制定战略规划和行动计划时提供指导和决策支持的思考框架。

市域物流的发展思路是指在城市范围内发展物流业务和建设物流体系的基本思想和方法。它旨在优化城市物流运作，提高物流效率，满足城市居民和企

业对物流服务的需求。市域物流的发展思路通常包括以下几个方面。

发展路径与模式：确定城市物流的发展路径和模式，包括扩大规模、垂直整合、多元化发展、国际化等不同的发展方向。

创新与技术引领：强调通过创新和技术引领来推动城市物流的发展，包括技术研发、产品创新、服务改进等方面。

合作与联盟：发展合作与联盟关系，通过与其他城市进行合作，共享资源、扩大市场份额，实现互利共赢。

管理与组织优化：注重产业管理与组织的优化与改进，提高效率，降低成本，提升组织管理能力和竞争力。

发展思路对发展方向、方式和策略做出了明确的指导，为决策者提供了思维框架和行动方向。市域物流的发展思路需要结合具体城市的情况和目标来确定，同时考虑城市交通、人口密度、经济结构等因素。通过科学规划和整合，可以提高物流效率，改善城市居民生活和经济发展质量。

（二）基本原则

市域物流的发展原则是以市场需求为导向，创新发展模式，促进绿色可持续发展，强化综合管理能力，加强政策支持和合作机制。通过全面坚持这些原则，可以推动城市物流发展，促进经济发展和居民生活的改善。

市场导向原则：市域物流应以市场需求为发展导向，根据不同行业和居民的物流需求，提供多样化、个性化的物流服务。

效益优先原则：市域物流应注重提高运输、仓储、配送等环节的效率和效益，实现物流成本的降低和服务质量的提升。

绿色可持续原则：市域物流应注重绿色低碳发展，减少环境污染和资源浪费。推广节能环保技术和设备，鼓励使用清洁能源车辆，倡导绿色包装和废物回收利用。

综合整合原则：市域物流应整合各个环节的资源和服务，构建完整的物流体系。通过整合供应链管理、信息技术等方面的资源，提高物流效率和服务水平。

政策引导原则：市域物流的发展需要政府的政策引导和支持。政府应出台相关政策，提供优惠措施和金融支持，引导社会资本参与市域物流的发展。

公平竞争原则：市域物流的发展应遵循公平竞争的原则，推动物流市场的健康竞争，保护消费者的权益。

创新驱动原则：市域物流应注重创新发展，引入新技术、新业态和新模式，推动物流与电子商务、共享经济等行业的深度融合，提升市域物流的竞争力和创新能力。

综上所述，遵循这些原则，可以推动市域物流发展，提高物流效率和服务水平，促进经济社会的可持续发展。

（三）规划目标

市域物流的发展目标分为总体目标和具体目标。总体目标主要体现特定城市物流发展的一些概念性目标，是市域物流目标的高度提炼和总结。具体目标主要涉及市域物流产业系统基本要素的发展建设要求，一般情况下，用一些数量化的指标来反映具体发展目标。市域物流的具体规划目标可以包括以下几个方面。

建设高效便捷的城市物流体系：提供高效、快捷、可靠的城市物流服务，满足居民和企业日益增长的物流需求。

优化城市物流网络：构建覆盖城市各个区域的物流网络，提高运输通道的畅通性和连通性，减少运输时间和成本。

推动城市物流绿色发展：采用清洁能源、低碳技术和绿色环保措施，减少物流过程中的能耗和排放，降低对城市环境的影响。

提升城市物流的智能化水平：整合物流信息技术，建设智能化物流系统，提高物流管理和运作的精细化水平，提供智慧城市物流解决方案。

加强城市物流基础设施建设：扩大物流设施的规模，提高物流设施的质量，包括交通运输设施、仓储设施、配送网络等，提高城市物流的运作效能。

促进城市物流与城市规划的协同发展：将城市物流纳入城市规划体系，协调城市发展和物流布局，提高城市物流的适应性和可持续性。

培育专业化的城市物流企业：推动城市物流企业向专业化、规模化、品牌化发展，提高物流服务质量和竞争力。

加强政策支持和监管：制定并完善城市物流政策法规，建立健全城市物流市场监管机制，促进公平竞争，推动城市物流产业的健康发展。

总体而言，市域物流的发展目标是为城市的经济社会发展提供支撑和保障，提高城市物流运作效率和服务质量，实现城市物流系统的优化和协同，促进城

市绿色发展和可持续发展。

七、提出空间布局设想

市域物流的空间布局应根据城市经济社会需求和地理条件等因素进行合理规划，以提高物流效率，减少交通拥堵和环境污染，并促进城市产业升级和经济发展。市域物流的空间布局要与城市的整体功能区布局规划、产业规划、交通规划、商贸设施规划等相协调，实现空间和线路上的有效兼容性，更好地发挥市域物流服务产业经济和居民生活的作用。

市域物流的空间布局主要讨论和确定城市的内外物流通道布局、产业聚集区布局、物流节点布局等，这些要素体现了市域物流空间规划的总体发展布局。其中物流节点布局尤为重要，它涉及物流园区、物流中心、社区和农村物流网点的建设，也涉及每个节点的基础设施的建设布局。因此，物流节点布局是市域物流空间布局的最核心要素之一。

（一）物流通道布局

市域物流的通道布局是指在城市中规划和建设物流通道以优化物流运输网络的布局。通道布局包括以下几个方面。

道路网络：道路是城市物流的主要通道，因此在通道布局中需要合理规划城市的道路网络。这包括城市主干道和支线道路的设置，交通流量的分配，以及物流交通的快速通道或专用道的规划等。通过合理规划道路网络，可以实现货物的快速、安全、高效运输。

铁路网络：铁路是另一个重要的物流通道，尤其在长距离货运中具有优势。在通道布局中，需要规划城市的铁路线路和货运站点，以实现与其他城市和地区的物流联通。同时还需要考虑铁路网络与城市道路网络的衔接，确保货物能够顺畅地通过铁路转运到终端目的地。

水路网络：如果城市有河流、港口或运河等水域资源，那么水路也可以成为重要的物流通道。在通道布局中，需要规划水路航道的通航能力、码头设施的分布以及与其他物流通道的衔接。通过发展水路运输，可以减轻道路和铁路的压力，提高物流运输效率。

航空网络：对于国际物流或远距离物流运输来说，航空运输是一个重要的选择。在通道布局中，需要规划城市的机场设施，包括货运航线的规划、货运

站点的设置以及与其他物流通道的衔接等。通过发展航空运输，可以实现快速的货物运输，并加强城市与全球市场的联系。

综上所述，市域物流的通道布局是一项复杂的任务，需要综合考虑道路、铁路、水路和航空等物流通道的规划和布局，以实现城市物流的高效运转。

（二）产业聚集区布局

市域物流的产业聚集区布局是指在特定区域内，集中规划和建设一系列与物流相关的企业、设施和服务，打造物流产业集群，促进物流发展。以下是市域物流产业聚集区布局的几个方面。

选址原则：物流产业聚集区要选择交通便捷、接近主要运输网络和节点的位置。同时要考虑到土地资源和周边环境是否适合物流产业的发展。

区位优势：聚集区应当利用自身的区位优势，例如靠近重要港口、交通枢纽、工业园区等，提供更便捷的物流服务。

产业配套：聚集区应当提供全方位的产业配套服务，包括物流设施、配送中心、仓储设施、货运网络、信息系统等。这些配套设施能够满足物流企业的需求，提高整体效率。

专业化分工：聚集区内的企业可以根据自身特点和优势进行专业化分工，形成物流产业链。例如，有的企业专注于货物运输，有的企业专注于仓储管理，有的企业专注于信息技术服务，等等。

政策支持：政府应当出台相应的政策，为物流产业聚集区的发展提供支持和激励措施。这包括税收优惠、土地供应、财政资金支持、人才培养等方面，以吸引更多的物流企业进驻聚集区。

交通联通：为了确保物流产业顺利运作，聚集区内部的交通网络应当与外部交通网络紧密衔接，包括道路、铁路、水路等。同时，聚集区内部的交通也需要合理规划，确保物流企业之间的货物流转畅通无阻。

总之，市域物流的产业聚集区布局需要综合考虑选址原则、区位优势、产业配套、专业化分工、政策支持和交通联通等因素，以打造一个高效、便捷、有竞争力的物流产业集群。

（三）物流节点布局

物流节点布局是指物流网络中不同节点的设置。要根据市域内商业、工业和居民区域的分布，确定物流节点的位置。物流节点包括物流园区、物流中心、

货运站点、乡镇配送中心、社区和农村物流服务站点等，它们在物流系统中扮演着重要的角色，起到货物集散、存储、转运和分配的作用。以下是常见的物流节点布局。

1. 物流园区布局

物流园区是为了提高物流效率和降低物流成本而设立的区域，它集中了各种物流资源和设施，并提供一站式的物流服务。物流园区的布局需要考虑以下几个方面。

地理位置：物流园区应位于地理位置优越的地方，比如靠近重要的交通枢纽和交通运输网络，以便更好地连接不同的物流节点和市场。

规划和设计：物流园区需要经过科学合理的规划和设计，包括道路、仓库、配送中心等设施的布局和功能区划。合理的规划和设计可以提高物流流程的顺畅性和效率。

公共设施和服务：物流园区应提供完善的公共设施和服务，如道路交通、供水供电、通信网络等，以满足物流企业的需求。同时，物流园区还可以提供一些增值服务，如信息技术支持、仓储管理等。

环境保护和可持续发展：物流园区应注重环境保护和可持续发展，采取措施减少资源消耗，减少排放和污染，提高能源利用效率等。物流园区可以采用绿色建筑、节能设备等，以降低对环境的影响。

合作和协同：物流园区应促进企业之间的合作和协同，形成集群效应。通过共享资源、共同开展业务和信息交流，可以提高整个物流系统的效率和竞争力。

综上所述，物流园区的布局需要考虑地理位置、规划和设计、公共设施和服务、环境保护和可持续发展以及合作和协同等因素。通过合理的规划和布局，可以提高物流系统的效率和运营水平。

2. 物流中心布局

物流中心是指为满足货物的收集、分拣、仓储、配送等物流需求而设立的专门场所。它作为物流运作的核心，集中管理和协调物流流程，提供高效、快速、安全的物流服务。物流中心的布局应考虑以下几个方面。

功能区划：根据物流中心的业务需求，将其划分为不同的功能区。常见的功能区包括货物接收区、仓储区、分拣区、配送区等。每个区域应具备相应的

设施和设备，以满足物流操作的需要。

流线布置：物流中心的流线布置要合理，遵循物流操作的顺序和流程。例如，将货物从接收区运送到仓储区，经过分拣区的分类和打包，然后再送往配送区，进行最后的发货。流线布置的目标是使物流操作更加高效和顺畅。

设备配置：物流中心需要考虑配置合适的设备，以提高工作效率和减少人力成本。例如，自动化仓储系统、智能分拣设备等可以提高仓储和分拣的效率。同时，还需要考虑设备之间的布局，以保证操作的连贯性和协调性。

交通流线：物流中心需要合理规划交通流线，包括货车进出道路、停车位的设置等。交通流线的设计应考虑货物进出的顺畅性和安全性，避免堵塞和交通事故。

环境设施：物流中心应提供必要的环境设施，如通风设施、照明设施、消防系统等，以保证工作环境的舒适和安全。同时，还需要考虑噪声、污染等因素对周边环境的影响，采取相应的措施加以控制和治理。

综上所述，物流中心的布局应考虑功能区划、流线布置、设备配置、交通流线和环境设施等因素。合理的布局可以提高物流中心的运营效率和服务水平。

3. 货运站点布局

货运站点是指专门用于实施货物运输活动的场所。它是物流运作的重要环节，承担着货物集散、转运、仓储等功能。货运站点通常位于交通便利的地区，包括陆路运输的货运站、铁路货运站、水路港口等。它们可以是以物流中心、物流园区、货运枢纽等形式存在。货运站点的空间布局是为了提高物流效率和运作效益。以下是一些常见的货运站点布局要素。

进出口区域：货运站点的进出口区域通常位于主要交通路线附近，以便货物的快速进出。这个区域需要考虑到货物装卸、检查、验收等环节，并配有适当的设备和人员，以确保货物的顺利流动。

装卸区：装卸区是货运站点的关键区域，用于货物的装卸和转运。它通常设置在货运站点的中心位置，并配备适当的设备和工具，如起重机、叉车等，以便高效地完成装卸作业。

仓储区：仓储区是暂时存放货物的区域，可以根据不同种类的货物进行分类和分区。合理的仓储布局可以提高存储容量和取货效率，例如采用货架系统、

堆放区等。

分拣区：分拣区用于将从不同来源地到达的货物按照目的地或其他特定要求进行分拣和归类。这个区域需要配备分拣设备和工具，如传送带、分拣机等，以实现高效的分拣操作。

车辆停放区：货运站点需要设置车辆停放区，用于停放货车或其他运输工具。这个区域需要足够的空间和适当的交通规划，以确保车辆的安全性和顺畅进出。

办公区域：货运站点通常设有办公区域，用于管理和协调物流活动。这个区域包括办公室、会议室、信息系统设备等，以支持货物跟踪、订单处理和相关的物流管理工作。

综上所述，货运站点具体的布局应根据站点的规模、业务需求和场地条件进行合理规划。

4. 乡镇配送中心布局

乡镇配送中心是指位于乡镇地区的物流配送设施，主要用于集中管理货物并将其分发给周边乡镇的居民和商户。乡镇地区通常离城市较远，交通可能不太便利，传统的物流配送模式难以满足乡镇居民的需求。因此，乡镇配送中心的建设旨在解决乡镇地区物流配送不便的问题，提供高效便捷的物流服务。

乡镇配送中心一般采取集中收集、整理和配送的方式。供应商将货物送往配送中心后，经过处理和分拣，再通过配送车辆将货物送到乡镇居民和商户。这样可以最大限度地提高物流效率，减少运输成本，并且方便乡镇居民购买商品和获得生活必需品。

乡镇配送中心的规模可能根据乡镇地区的实际情况和需求而有所不同。一些较大的乡镇配送中心可能设有货物接收区、装卸区、分拣区、仓储区、车辆停放区和办公区域等，而一些规模较小的乡镇配送中心可能只有简单的仓储和装卸设施。

乡镇配送中心的建设有助于提高乡镇地区的物流服务水平，促进农村经济发展，满足乡镇居民对商品和服务的需求。同时，乡镇配送中心也可以与电商平台、农产品合作社等合作，推动电商和农产品的线上线下结合，促进乡镇经济发展和居民增收。

5. 社区和农村物流服务站点布局

社区物流服务站点是指位于城市社区的物流配送设施，为社区居民提供物流服务。这些物流服务站点一般位于社区便利店、小超市或者设有自提点的物流仓库等地方，以方便社区居民寄送、领取和交换物品。

社区物流服务站点的建设旨在解决城市社区物流配送的"最后一公里"问题，提高配送效率，减少居民在购物、寄送快递等方面的时间成本。社区物流服务站点通常与电商平台、快递公司等合作，提供多样化的物流服务，如快递代收、生鲜配送、包裹取件等。居民可以通过线上下单，将货物送到附近的社区物流服务站点，然后在合适的时间前往自提或由配送员送货上门。

农村物流服务站点是指位于农村地区的物流配送设施，专门为农村居民提供物流服务。由于农村地区人口分散、交通条件较差，传统的物流配送模式难以满足农村居民的需求。因此，农村物流服务站点的建设旨在解决农村地区物流配送不便的问题，提供高效便捷的物流服务。

农村物流服务站点通常位于农村集市、乡镇或者设有自提点的物流仓库等地方。居民可以通过线上购物或线下寄送，将货物送至附近的农村物流服务站点，然后由居民自行取件。一些农村物流服务站点也会有派送员上门送货，以满足农村居民对物流服务的需求。

社区和农村物流服务站点的建设有助于提高社区和农村地区的物流服务水平，方便居民购物和寄送物品，促进城乡物流的融合发展。

第二节 建立完善的综合物流基础设施

建立完善的综合物流基础设施，主要包括建设和改善交通网络、增加货运场站和仓储设施、提升信息化水平、加强配送网络建设、建设专业的物流园区、推动跨境物流发展等方面，以确保物流链能够顺畅运作，提高物流运作效率和质量，促进物流行业的发展。

一、着力构建综合物流大通道

着力构建综合物流大通道是综合物流基础设施建设的重要任务，可以通过以下措施实现。

交通网络互联互通：加强道路、铁路、水路等交通网络的互联互通，以便货物能够顺畅地从起点到达终点。例如修建高速公路、铁路干线，改造和拓宽港口码头等。

建设跨境物流通道：加强与邻近国家和地区的物流合作，建设跨境物流通道，便利跨境贸易和物流运输。例如在边境地区建设跨境物流园区，提供一站式服务。

发展物流枢纽：建设物流中心、货运枢纽等，集聚物流资源，优化物流运输路径和节点，提高物流效率。例如发展空港物流、铁路集装箱物流等。

信息化支持：建设物流信息平台，实现各个环节的信息共享和协同，提高物流运作的可视化和智能化水平。例如采用物联网技术实现货物追踪和仓储管理。

通过构建综合物流大通道，可以促进物流运输的畅通和高效，降低物流成本，提高物流服务水平，为经济发展提供有力支撑。

二、统筹建设物流节点网络体系

统筹建设物流节点网络体系是综合物流基础设施建设的重要任务，可以通过以下措施实现。

确定物流节点位置：根据地理位置、交通条件、市场需求等因素，确定物流节点的位置和规模，包括一级物流枢纽、二级物流中心、三级物流集散地等。

优化节点布局：合理规划物流节点的布局，使其分布均衡、互相衔接，形成完整的物流网络。同时，要考虑各个节点之间的距离和交通连通性，确保物流运输路径最优化。

提升节点功能：加强物流节点的配套设施建设，包括仓储设施、运输设备、信息系统等，提高节点的物流服务能力和效率。同时，注重节点的多式联运能力，实现不同运输方式的衔接和转换。

加强协同合作：鼓励物流节点之间建立合作关系，形成物流产业链和价值链的整合，提供综合性的物流服务。同时，加强与相关部门和行业的协调和合作，共同推进节点网络体系的建设。

推动信息化建设：建设物流信息平台，实现物流节点之间的信息共享和协同，提高物流运作的可视化和智能化水平。通过信息化手段，实现货物追踪、

合理调度和运输路径优化等功能。

通过统筹建设物流节点网络体系,可以实现物流运输的高效连接和协同配合,提升物流服务水平,降低物流成本,提高经济运行效率。

三、构建紧密连接的多式联运系统

构建紧密连接的多式联运系统可以通过以下措施来实现。

提供高效的设施和设备：为多式联运提供必要的基础设施和设备,包括货物转运设施、集装箱码头、道路和铁路交通网络等,以便顺利完成货物的转运和多种运输方式的衔接。

建立信息管理系统：建立统一的信息管理系统,整合各种运输方式的运输信息,提供准确的货物跟踪和调度服务,并通过信息共享和协同来提高整体物流效率。

统一操作规范和标准：建立统一的多式联运操作规范和标准,包括货物包装、转运过程、运输安全等方面,确保各个环节的协调和顺利进行。

加强协同合作：鼓励各种运输方式之间的合作和协同,形成互相补充、协同发展的格局。例如,海运与内陆运输之间的衔接,航空与道路运输之间的衔接等。

优化供应链管理：通过整合供应链中的不同环节,如采购、生产、仓储、配送等,实现物流的优化和整体效益的提升,从而促进多式联运的发展。

通过构建紧密连接的多式联运系统,可以更好地利用各种运输方式的特点和优势,提高货物运输的效率和准确性,降低物流成本,促进经济的可持续发展。

第三节 优化城市供应链管理

城市供应链是指城市内各种资源和物资的采购、生产、流通和消费等环节所形成的供应链网络。城市供应链包括了原材料的采购、加工制造、物流运输、零售销售等各个环节,涵盖了多个行业和领域。城市供应链的核心目标是优化城市资源的利用效率,提高城市经济的运行效益,满足居民的需求,同时降低对环境的影响。

一、积极推进重点行业物流发展

产业供应链是指从原材料采购到最终产品销售的全过程，涉及生产、加工、物流、销售等多个环节的活动。它是将各个环节有机连接起来的一种供应链网络，用于满足市场需求和实现产业增长。产业供应链管理的目标是优化资源配置、提高效率和降低成本，以实现产业链的协同发展和竞争优势。

重点行业物流是指与城市或地区重点行业相关的物流活动。以下是一些常见的重点行业物流。

食品行业物流：食品行业的供应链覆盖了农产品的种植、加工、运输和销售等环节，包括农产品、食品加工品等的运输和配送，要求严格的温度控制和卫生标准。餐饮和酒店行业的供应链也属于食品行业物流，主要涉及食材的采购、加工、配送和销售等环节。供应链的优化可以确保食品的安全和质量，减少浪费和损失，并提供更好的追溯能力。同时，可以确保餐饮和酒店业的稳定供应，提高餐厅和酒店的效率和服务质量。

医药行业物流：医药行业的供应链主要包括了药品的研发、生产、运输和销售等环节，涉及医药产品的仓储、分销和配送，需要遵守严格的质量管理和安全要求。同时，城市医疗和健康行业的供应链涵盖了医疗设备的采购、生产、运输和分发等环节。供应链的优化可以确保医疗资源的合理配置和及时供应，提高医疗服务的质量和可及性。

电子行业物流：电子行业的供应链包括了电子零部件的采购、生产、配送和销售等环节，涉及电子产品的仓储、运输和配送，对产品的防震、防静电等要求较高。供应链的优化可以提高产品的交付速度和准确性，满足消费者对新技术和创新产品的需求。

汽车行业物流：汽车行业的供应链涵盖了汽车零部件的采购、生产、运输和分销等环节，包括车辆运输和配送等，要求及时、安全地配送到生产线。供应链的优化可以提高汽车制造的效率和质量，缩短产品上市时间。

快速消费品（FMCG）行业物流：涉及日常消费品的仓储、配送和销售支持，要求高效、快速的物流运作。供应链的高效运作可以降低成本、减少库存和提高响应速度，以满足日益变化的市场需求。

建材行业物流：涉及各种建筑材料的运输和配送，包括水泥、钢材、玻璃

等，要求大批量、稳定的物流运作。供应链的优化可以加快建筑项目的进度，提高质量，满足城市对住房和基础设施的需求。

能源行业物流：涉及能源资源的运输和配送，如石油、天然气等，要求严格的安全和环境保护措施。

服装行业物流：涉及服装、鞋帽等产品的仓储、分拣和配送，对产品防潮、防尘等要求较高。

电商行业物流：涉及各类商品的仓储和配送，要求灵活、高效的物流服务。供应链的优化可以提高电商企业的订单处理能力和配送效率，满足消费者对快速交付的需求。

以上仅为一些常见的重点行业物流。由于不同地区和城市的重点行业存在差异，每个行业都有其特定的物流需求和挑战，所以需要根据具体情况设计相应的物流方案和配套措施。

二、加快培育物流市场主体

加快培育物流市场主体是促进物流行业良性发展的重要举措。以下是一些推动物流市场主体发展的措施。

鼓励民营物流企业的发展：通过给予财税优惠政策，降低物流企业的经营成本，激发其发展动力。

支持物流企业技术创新：鼓励物流企业引进和应用先进的物流技术和设备，提高运输效率和服务质量。

加强物流人才培养：建立完善的物流人才培养体系，进行有针对性的培训和教育，培养各类专业人才。

优化物流市场环境：简化办事流程，减少物流企业的审批和监管成本，提高市场准入门槛，维护公平竞争的市场环境。

发展物流园区：建设现代化的物流园区，提供物流企业所需的仓储、运输、配送等基础设施和服务。

加强物流安全管理：加强对物流企业的安全监管和风险防控，确保货物运输安全和社会公共安全。

加强政策引导和支持：制定有利于物流市场主体发展的政策，如物流业务扶持补贴、担保金融等。

通过实施以上措施，可以加快培育物流市场主体，推动物流行业的健康发展，提升整体物流服务水平。

三、着力推进现代物流示范城市建设

着力推进现代物流示范城市建设是加强城市供应链管理的重要举措。创建现代物流示范城市主要有以下步骤。

制定战略和规划：制定与现代物流相关的战略和规划，明确城市发展的目标和方向。确定物流示范城市的定位和特色，并制订实施计划。

建设基础设施：现代物流示范城市需要完善的基础设施，包括交通运输设施、仓储设施、信息通信系统等。应投资建设现代化的港口、机场、公路、铁路和管道等交通运输设施，同时提供高质量的仓储和物流配送服务。

引进物流企业和人才：吸引国内外优秀的物流企业和专业人才进驻城市。提供政策支持和优惠措施，鼓励物流企业在城市设立总部或分支机构，并进行人才培养和引进。

推动数字化和智能化：推动数字化和智能化发展，引入先进的信息技术和物联网技术，实现物流信息的共享和可视化。建设智能物流网络，提高物流运作的效率和可靠性。

优化政策环境：建立健全法律法规和政策体系，为现代物流示范城市的建设提供良好的政策环境和市场环境。简化行政审批程序，鼓励创新和投资，提供优惠政策和税收激励。

加强国际合作与交流：积极参与国际物流合作和交流，与国际物流组织和机构建立合作关系，共同推动现代物流示范城市的建设。吸引外资和外国物流企业入驻，打造对外开放的物流平台。

以上是创建现代物流示范城市的一般步骤，具体实施时还需根据城市的特点和资源做出规划和安排。

第四节 提升物流服务水平

提升城市物流服务水平，需要建设完善的城市物流基础设施、发展智能物流系统、优化城市道路网络、提高城市仓储能力、推动多式联运发展、加强政

府监管和规范、加强人才培养和技术创新、加强合作与协调等。通过采取以上措施综合推进，可以逐步提升城市物流服务水平，满足城市发展和居民生活需求。以下是提升城市物流服务水平需要实施的一些重点工程。

一、多式联运工程

多式联运工程是指通过整合不同的运输方式，实现货物在不同运输环节的无缝衔接，提高货物运输的效率和便捷性。具体包括以下几个方面。

运输网络建设：建设涵盖多种运输方式的综合性交通网络，包括公路、铁路、水路、航空等，形成互联互通的运输网络。

节点设施建设：在交通枢纽和重要节点设置集装箱堆场、货物装卸站、物流园区等设施，提供便捷的货物转运和集散服务。

信息技术支持：运用物联网、大数据、云计算等信息技术手段，实现运输环节的信息共享和管理，提供实时、准确的货物跟踪和调度服务。

路权手续优化：简化和优化多式联运的路权手续，提高货物的通关速度和便利性，减少运输成本和时间。

保险和风险管理：建立完善的多式联运保险制度，为货物运输提供安全保障，同时加强风险管理，预防事故和意外情况发生。

政策和法规支持：制定鼓励和支持多式联运发展的政策和法规，提供相应的财税优惠和资金支持，推动多式联运的发展。

通过多式联运工程的建设，可以实现不同运输方式之间的无缝衔接，提高货物运输的效率和便捷性，降低运输成本，促进物流行业的发展。

二、物流信息公共平台工程

物流信息公共平台工程旨在建立一个统一、开放的物流信息交流和共享平台，方便各个环节的物流主体之间进行信息共享和协同配合。其主要目标包括以下几个方面。

数据整合与共享：将各类物流信息整合到一个平台上，包括货物信息、运输信息、仓储信息、供应链信息等，实现数据的共享和访问。

物流信息查询与监测：提供物流信息的查询和监测功能，包括货物实时位置追踪、货运量统计、仓储物流状态监控等，方便用户随时获取所需信息。

业务对接和协同：提供物流主体之间业务对接和协同的平台，实现货物委托、运输调度、仓储配送等业务的协调。

优化物流流程与服务：通过物流信息公共平台，实现物流流程的优化和智能化管理，提高物流运输的效率和服务质量。

数据分析与决策支持：基于大数据和人工智能技术，对物流信息进行分析和挖掘，为物流运营商和政府部门提供决策支持和业务优化建议。

通过物流信息公共平台工程的建设，可以实现物流信息的共享和协同，提升物流运输的效率和服务质量，推动物流行业的协同发展。同时，还可以为政府决策提供更加准确和及时的数据支持，促进物流供应链的优化和协调。

三、城乡配送工程

城乡配送工程是指在城市和农村之间进行货物配送的工程项目。其主要内容包括以下几个方面。

配送网络规划：根据城乡地域特点和人口分布情况，规划建设城乡配送网络，确定配送中心、配送路线和配送站点的位置。

配送路线设计：根据货物的类型和目的地，设计合理的配送路线，并考虑交通状况、道路条件和配送时间等因素，以确保货物能够快速、安全地到达目的地。

配送设备配置：选择适当的配送设备，包括货车、配送车辆、搬运设备等，并根据配送需求进行数量和规格的配置，提高配送效率和运输能力。

配送管理系统建设：采用信息技术，建立城乡配送管理系统，实现配送过程的可视化和实时监控。城乡配送管理系统包括订单管理、货物跟踪、配送员调度等功能，以提高配送效率和服务质量。

环境保护和能源节约：在城乡配送工程建设中，需要关注环境保护和能源节约的问题。应采用清洁能源车辆和物流设备，减少排放物的产生，并优化路线和时间安排，提高能源利用效率。

城乡配送合作与创新：在城乡配送工程建设中，需要与相关部门、物流服务商和客户等进行合作，共同解决城乡配送过程中的问题。同时，还需要创新配送模式和服务方式，提升配送效益和用户体验。

通过城乡配送工程的实施，可以提高城乡货物配送的效率和质量，推动城

乡经济发展和农村现代化进程。

四、行业安全工程

物流行业的安全工程是指在物流运输、仓储和配送等环节中，通过采取一系列的安全措施和管理措施，保障货物、人员和设备的安全，减少事故和风险的发生。物流行业安全工程的内容主要包括以下方面。

设备安全：对物流设备如叉车、起重机械、装卸设备等进行定期检查和维护，确保其正常运行和安全操作。同时，要对这些设备的操作人员进行培训，制定操作规范，提高操作人员的安全意识和操作技能。

车辆安全：对物流运输车辆进行定期检查和维护，包括车辆的底盘、刹车系统、轮胎、照明等部分，以确保车辆运行安全。同时，要加强对驾驶员的安全培训，推广安全驾驶技能，并建立违章扣分和安全考核制度。

仓库安全：对物流仓库进行安全评估和消防检查，确保仓库的消防设备、疏散通道和逃生设施等的完善和有效性。要加强货物的存放管理，合理布局和储存，防止火灾、爆炸和化学品泄漏等事故的发生。

安全培训：对物流从业人员开展安全培训，包括安全意识提高、事故预防和应急救援等方面的培训，使从业人员能够正确地应对各种安全风险和突发事件，保障自身安全和货物的安全。

安全管理：建立健全安全管理制度和工作流程，明确各个岗位的职责和操作规范，加强对安全工作的监督和检查，及时发现和解决存在的安全隐患。

通过物流行业安全工程的实施，可以有效提升物流环节的安全性和可靠性，减少事故的发生，保障货物和人员的安全，为物流行业的稳定和可持续发展提供保障。

五、产业标准化工程

物流产业标准化工程是指对物流行业的各个环节和相关领域制定和推广统一的技术标准、规范和管理方法，以提高物流运作效率、降低成本、提升服务质量，并促进物流行业的健康发展。物流产业标准化工程的内容包括以下几个方面。

技术标准：制定物流设备、工具和系统的技术规范，包括仓储设备、运输

工具、信息系统等。通过制定统一的技术标准，可以提升物流设备和系统的互操作性，减少设备和系统之间的兼容性问题，提高物流运作效率。

运输规范：制定物流运输过程中的操作规范，包括货物的包装、装载、运输、配送等环节。通过规范运输操作，可以减少物流损耗，降低事故风险，保证货物安全和运输效率。

信息标准：制定物流信息化系统的数据标准和数据交换格式，实现信息的共享和互联互通。通过统一的信息标准，可以提高物流信息系统的集成性和可扩展性，降低信息系统的实施和运维成本，促进物流信息化水平的提升。

服务标准：制定物流服务的质量标准和服务水平指标，以提高物流服务的一致性、可预期性和透明度。通过制定统一的服务标准，可以提升物流企业的服务质量，增强客户满意度，提高市场竞争力。

管理体系：建立物流企业的标准化管理体系，包括质量管理、环境管理、安全管理等方面的要求。通过引入标准化管理体系，可以规范物流企业的组织结构和管理模式，提高运营效率和管理水平。

通过物流产业标准化工程的实施，可以推动物流行业的规范化发展，提高物流服务的质量和效率，促进物流企业的转型升级，进而推动整个物流产业的健康和可持续发展。

六、回收物流工程

回收物流工程是指针对废弃物的回收处理进行物流系统设计和管理的工程项目。其目的是实现废弃物的有效回收和资源再利用，减少环境污染和资源浪费。回收物流工程的内容包括以下几个方面。

回收网络规划：确定回收站点的位置和布局，建立回收网络，确保覆盖面广、服务高效。

废弃物分类与收集：制定废弃物分类标准和收集流程，在源头上进行分类收集，减少混合废弃物的生成，提高回收利用效率。

回收物流运输：确保回收物的安全、高效运输，包括运输工具的选择、路线规划、装卸操作等。

仓储管理：对回收物进行仓储管理，包括设立临时存放区、统计回收量、记录回收轨迹等。

处理和再利用：确保回收物的正确处理和再利用，包括对废弃物进行初步加工、分拣，将可再利用的资源进行回收再利用。

环境保护与安全措施：在整个回收物流过程中，要注重环境保护，采取安全措施，例如避免废弃物泄漏、防止作业人员受伤等。

回收物流工程旨在建立起高效、环保的废弃物回收体系，减少对自然资源的依赖，降低能源消耗，提高资源利用效率。通过合理规划和管理，可以实现废弃物减量化、资源循环利用，推动可持续发展。

七、国际物流工程

国际物流工程是指在国际贸易背景下，运用物流管理原理和技术，进行跨国货物运输和供应链管理的工程项目。国际物流工程的目标是提高货物运输的效率和安全性，降低运输成本，实现供应链的畅通和优化。国际物流工程涉及的主要内容包括以下几个方面。

国际供应链规划：根据产品特性和市场需求，制定国际供应链战略和规划，确定供应链的组织结构、业务流程和信息流动方式。

跨国货物运输：选择适当的运输方式，如海运、航空运输、铁路运输和公路运输等，并进行货物运输的路径规划和运输合同的签订。

港口和口岸物流园区建设：在国际物流发展中，港口和口岸物流园区起到重要作用。需要进行港口和口岸基础设施的建设、货物装卸设备的配置和物流园区的规划与建设。

海关和边境管理：在开展国际物流的过程中，需要进行相关海关手续的办理，包括申报、结关、报关单据的准备等。同时，还需要关注边境管理政策和规定，确保货物顺畅通过。

跨国供应链信息系统建设：采用信息技术，建立跨国供应链信息系统，实现供应链的可视化和实时监控。跨国供应链信息系统包括货物追踪、库存管理、订单处理等功能。

跨国合作与风险管理：在国际物流工程建设中，需要与不同国家的合作伙伴进行合作，包括物流服务提供商、承运商和客户等。同时，还需要进行风险管理，防范可能出现的供应链中断、货物丢失等问题。

通过国际物流工程的实施，可以确保跨国货物运输的高效、安全和可持续

发展，促进国际贸易的畅通。

八、辅助产业培育工程

物流辅助产业主要涉及以下几个领域。

供应链管理：包括供应商管理、采购管理、库存管理、订单管理、配送管理等，通过信息技术和管理方法对供应链进行优化和整合，提高供应链的效率和灵活性。

物流设施管理：包括仓储场地、物流园区、货物集散中心等物流设施的建设和管理，提供仓储、分拣、配送等服务。

运输和配送：包括公路运输、铁路运输、水路运输和航空运输等各种运输方式，以及货物配送、快递服务等。

包装材料和物流设备：包括各种包装材料（如纸箱、塑料袋、泡沫箱等）、物流设备（如叉车、搬运机器人等）的生产和销售。

信息技术支持：包括物流信息系统、物流管理软件、物流数据分析等方面的技术支持，提供信息化的物流解决方案。

物流金融和保险服务：包括物流资金的融通和风险保障，提供融资、保险等金融服务。

物流培训和人才服务：包括物流相关的培训机构、人才服务机构等，提供物流培训和人才服务。

以上只是物流辅助产业的一些主要领域，随着物流产业的不断发展和创新，可能还会涌现出更多的物流辅助产业。

九、管理体制工程

物流管理体制工程是指对物流管理的组织结构和运行机制进行规划、设计和建设的工程项目。它旨在建立一个高效、协调、可持续发展的物流管理体制，以满足物流需求、提高物流服务水平和降低物流成本。物流管理体制工程的内容主要包括以下几个方面。

组织结构设计：包括物流组织架构的设计和职责划分，确定各级物流管理机构和部门的职能，并建立相应的管理流程和决策层次。

运行机制建设：包括物流信息化系统的建设和运行，建立物流信息平台，实现物流数据的共享和协同管理；同时，建立物流运作的标准化流程，确保物流活动的顺畅进行。

人员培训与管理：通过物流人员的培训和管理，提高物流从业人员的专业水平和素质，使其具备良好的物流意识和管理能力，进一步优化物流管理体制。

合作与协调机制构建：建立物流企业之间，物流企业与供应商、客户之间的合作与协调机制，促进物流企业之间的互动和信息共享，提高整个物流体系的协同效能。

监督与评估：建立物流管理体制的监督和评估机制，对物流活动进行监督和评价，及时发现问题并采取相应的改进措施，保障物流管理体制的持续优化和可持续发展。

该工程涉及多个方面，需要充分考虑企业的实际情况和需求，并结合行业标准和国际物流管理经验，制定具体的工程方案，以推动物流管理体制的不断改进。

第五节　注重物流人才培养和技术创新

要加强对物流人才的培养和引进，提高物流从业人员的专业素质。同时，鼓励物流科技创新，推动物流技术的应用和发展，提升物流管理和运作的智能化水平。

一、加强物流人才培养

加强物流人才培养是推动物流产业发展的关键措施之一。以下是加强物流人才培养的几个方面。

教育体系建设：建立完善的物流专业教育体系，包括设置物流专业课程、建立物流实验室和实训基地等。加强与企业的合作，将理论知识与实践经验相结合，培养具备实际操作能力的物流人才。

培训机制建设：建立健全物流人才培训机制，包括定期举办培训班、开展学术交流和研讨会等。通过培训提升物流从业人员的专业知识和技能水平，适应物流行业的发展需求。

实践锻炼：加强物流人才的实践锻炼，通过实习、实训等形式，让学生和

从业人员亲身参与实际的物流操作和管理工作，提高他们的实际操作能力和解决问题的能力。

职业认证：建立物流专业的职业认证制度，通过对物流人才进行技能评估和认证，提高物流从业人员的职业素质和竞争力。同时，鼓励物流从业人员参加相关行业协会和组织，积极参与行业交流和学习。

产学研结合：加强物流产学研结合，促进高校、企业和科研机构之间的合作，共同开展研究和创新工作。通过共同研究项目和实践项目，提升物流人才的创新能力和解决问题的能力。

通过加强物流人才培养，可以提供更多优秀的物流人才，满足物流产业快速发展的需求，推动物流企业的转型升级，提高整个物流产业的竞争力和发展水平。

二、推动物流技术创新

推动物流技术创新对于提升物流效率、降低成本、提高服务质量等方面都具有重要意义。以下是一些推动物流技术创新的方法。

技术研发：加大对物流技术研发的投入，鼓励企业和科研机构开展物流技术创新研究。通过引入先进的物联网、人工智能等，提高物流运作效率和管理水平，并探索新的物流模式和业务模式。

创新平台建设：建立物流技术创新平台，促进不同领域的合作和交流。通过开放数据、共享经验，推动技术创新成果的应用和推广。同时，搭建孵化器、加速器等创新载体，支持创业者和初创企业在物流技术领域的创新和发展。

知识产权保护：加强对物流技术创新的知识产权保护，鼓励企业和个人积极申请专利和注册商标。提供相应的政策和法律支持，保护创新者的权益，激发创新活力。

产学研结合：加强物流产学研结合，促进高校、企业和科研机构之间的合作。通过共同研究项目和技术转移，加速科研成果的应用和推广。同时，鼓励企业开展技术创新实践，为高校和科研机构提供实际问题和数据资源。

国际合作交流：积极参与物流技术创新的国际合作和交流。借鉴国外先进的物流技术和管理经验，拓宽视野，提高创新能力。同时，通过与国外物流科技企业的合作，引入先进的物流技术产品和解决方案。

通过以上措施，可以推动物流技术创新，不断提升物流行业的竞争力和发展水平，实现物流效率的提升和服务质量的提高。

第六节　强化政策支持与区域合作

在加强城市物流政策支持和区域合作层面，需要制定相关政策，促进物流业的发展，同时需要与周边城市、地区、国家建立合作伙伴关系，共享物流资源，实现物流网络的互联互通。

一、加大政策支持力度

要加大市域物流政策支持力度，可以采取以下几个方面的措施。

减少市域物流企业的经营成本：通过减免税费、降低物流企业的用地租金、提供贷款优惠等方式，减少市域物流企业的经营成本，增强其竞争力。

加大市域物流基础设施建设投入：加大对市域物流基础设施建设的投入，包括建设或改善市域道路、仓储设施、运输设施等，提高市域物流的运输效率和服务水平。

推动市域物流专业化和规模化发展：鼓励市域物流企业进行规模化发展，推动物流企业间的合作与联盟，提高市域物流的专业化水平和服务能力。

加强市域物流信息化建设：推动市域物流信息化建设，建立统一的物流信息平台，提高市域物流的信息共享和协同管理能力。

支持市域物流企业创新发展：加大对市域物流企业科技创新的支持力度，鼓励物流企业引进新技术、新设备，提高市域物流的效率和服务质量。

建立市域物流政策的跨部门协调机制：建立市域物流政策的协调机制，加强各相关部门的合作，统筹解决市域物流发展中的问题和挑战。

通过实施以上措施，可以为市域物流企业提供更好的政策支持，促进市域物流的发展，提高整体物流供应链的效率，推动城市经济的发展。

二、加强组织领导与协调

要加强市域物流组织的领导与协调，可以采取以下几个方面的措施。

建立市域物流组织领导机构：设立市域物流组织领导机构或委员会，由相

关部门、行业协会、企业代表等组成，负责制定关于市域物流发展的整体规划和政策。

加强市域物流组织间的协调合作：建立市域物流组织间的沟通协调机制，定期召开联席会议，交流信息、解决问题，保持良好的合作关系。

强化市域物流政策的跨部门协调：建立市域物流政策的跨部门协调机制，各相关部门之间加强沟通与协作，形成合力，协调解决市域物流发展中的问题和矛盾。

统筹整合市域物流资源：加强市域物流资源的统筹整合，包括道路交通、仓储设施、运输企业等，实现资源的最优配置，提高市域物流的整体效益。

建立市域物流信息平台：建立统一的市域物流信息平台，实现物流信息的共享与管理，提高市域物流的运作效率和服务水平。

加强市域物流产业链的协同发展：促进市域物流企业与其他相关产业的深度合作，形成良性发展的产业链，提高市域物流的综合竞争力。

通过实施以上措施，可以加强市域物流组织的领导与协调，提高市域物流的整体运作效率和服务质量，推动市域物流的健康发展。

以上建设路径是一个基本的指导，具体的实施过程需要根据不同市域的特点、需求和资源来调整和完善。

三、加强城市物流区域合作

加强城市物流区域合作可以促进物流效率的提升和资源优化利用，推动物流的可持续发展。以下是一些建议措施。

建立物流信息共享平台：建立城市物流信息共享平台，实现物流企业、政府部门、物流园区等各方的数据共享和信息交流。通过信息共享，减少物流信息不对称，提高物流的时效性和准确性。

联合规划物流基础设施：可以联合规划和建设物流基础设施，如货运集散中心、物流园区等。通过统筹规划和统一标准，避免重复建设和资源浪费。同时，可以提供统一的物流服务标准和配套设施，提高物流效率和服务质量。

统一物流规章制度：建立统一的城市物流规章制度，涵盖交通管理、货运路线、停车场管理等，减少物流行业的管制成本和不确定性。通过规范物流行为，降低物流成本，提高供应链的稳定性和可预测性。

共享物流资源：城市物流企业可以进行资源共享，如共享仓储设施、共同运输等。通过合作，实现资源的互补和优化利用，减少物流企业的投资成本和运营风险。

推动物流一体化：可以推动物流一体化发展，通过整合各方资源和业务，建立物流服务网络。例如，建立联合配送中心，实现多家物流企业的货物集中配送，减少车辆拥堵和环境污染。

通过加强城市物流区域合作，可以增强物流行业的整体竞争力，提高城市物流效率和服务水平，促进城市经济的可持续发展。

实 践 篇

第七章

库尔勒市经济地理概述

库尔勒市位于新疆中部、天山南麓、塔里木盆地东北边缘，北倚天山支脉，南临世界第二大流动沙漠——塔克拉玛干沙漠。库尔勒于1979年9月30日建市，是新疆巴音郭楞蒙古自治州的首府、南北疆重要的交通枢纽和物资集散地。因盛产驰名中外的库尔勒香梨，又被称为"梨城"。

截至2023年4月26日，库尔勒市行政区面积7378平方千米，全市设9乡3镇（即英下乡、铁克其乡、恰尔巴格乡、兰干乡、哈拉玉宫乡、阿瓦提乡、和什力克乡、托布力其乡、普惠乡、塔什店镇、上户镇、西尼尔镇）、5个国有农牧园艺场、14个街道办事处。市域内驻有3个区州直农牧园艺场、兵团第二师所属3个团场，以及新疆生产建设兵团第二师师部、中石油塔里木油田分公司等中央、自治区单位。[①]

库尔勒建市以来，紧紧抓住兵团第二师师部落户、南疆铁路通车至库尔勒、塔里木石油会战、西部大开发、对口援疆、三次中央新疆工作座谈会、国家提出共建"一带一路"倡议等重大历史机遇，加快构建现代化区域中心城市，向着建成中国西部名副其实的"塞外明珠·山水梨城"和"丝绸之路经济带核心区重要支点城市"的宏伟目标阔步前进。

库尔勒市所处区域，历史上是古丝绸之路中道的咽喉之地和西域文化的发源地之一。库尔勒绿洲平原的南部、西部与塔里木盆地相连，形成一个广阔的扇形绿洲，南距世界第二大流动沙漠——塔克拉玛干沙漠直线距离仅70千米。市区北面的霍拉山和东面的库鲁克山中间长达14千米的铁门关峡谷，自古以来，为通往南疆、青海、帕米尔高原及南亚的交通要道和咽喉地区。

库尔勒市是一个多民族聚居的地区，有汉族、维吾尔族、回族、蒙古族等

---

① 《新疆维吾尔自治区库尔勒市矿产资源总体规划（2021~2025年）》，库尔勒市人民政府网，2023年4月26日。

23 个民族，它融合了各个民族不同发展时期的历史文化和民风民俗，拥有深厚的历史底蕴和独特的旅游资源。全市总人口近 100 万人，常住人口 55 万人。①

第一节　库尔勒市经济地理演变

　　库尔勒市是新疆巴音郭楞蒙古自治州（以下简称巴州）的首府，是全州政治、经济、文化、教育、信息中心。从库尔勒市的发展背景看，巴州丰富的物质资源、完善的产业链体系以及城市建设的有效规划等诸多因素都发挥了十分重要的推进作用。库尔勒市所依托的巴州地处新疆维吾尔自治区东南部，东邻甘肃省和青海省，南倚昆仑山与西藏相接，西连新疆的和田地区和阿克苏地区，北以天山为界与新疆的伊犁、塔城、昌吉、乌鲁木齐、吐鲁番、哈密等地州市相连，辖一市一区八县。巴州东西和南北最大长度均为 800 余千米，全州行政区划土地面积 47.15 万平方千米，占新疆总面积的四分之一，是中国面积最大的地级行政区。巴州地处南北疆接合部，是进入南疆的门户和新疆的重要交通枢纽，处于承北启南的重要战略地位。在新疆各地州市中，巴州在非农业人口、人均生产总值、农民人均纯收入、工业总产值、工业企业数量和固定资产投资上均处于前列，部分产品和行业在新疆具有较强的辐射能力，甚至在全国都占有一席之地。巴州丰富的物质资源和相对完善的产业链体系为库尔勒市的可持续发展提供了重要支撑，一批特色农产品商贸物流中心和加工制造业基地在库尔勒市形成和发展。

　　20 世纪 80 年代初，南疆铁路通车到库尔勒，并将铁路临管处设在了库尔勒。重大铁路通道的形成，进一步凸显了库尔勒市的交通区位优势，使其逐步成为南疆的流通中心。一方面，在新疆从北到南的梯度发展中，库尔勒成为南疆率先发展的重点城市。另一方面，铁路的贯通进一步增强了库尔勒市在南疆绿洲经济发展中的引领地位，影响和带动了整个南疆经济的发展。区域交通形势决定了库尔勒市作为南疆中心城市的地位的形成，而石油开发带来了以库尔勒为代表的南疆东北部现代城镇的迅速发展。到 20 世纪 80 年代末，塔里木盆

---

① 《新疆维吾尔自治区库尔勒市矿产资源总体规划（2021~2025 年）》，库尔勒市人民政府网，2023 年 4 月 26 日。

地石油大会战全面拉动了库尔勒市城市经济的增长，继新疆北部的克拉玛依市之后，库尔勒市成为新疆第二个新兴石油城市。从工业职能看，库尔勒市从一个依靠开发农业资源而发展起来的轻工业城市转变为以石油化工为主导的重工业城市，不仅成为新疆主要的石油生产基地，也逐步成为新疆重要的石油化工基地。作为塔里木石油开发指挥部所在地的库尔勒市依托庞大的能源资源开发系统和生产要素流动，全面带动城市基础设施建设，全面呈现城市聚集效应，其商业和工业生产带来了大量城市居民的流入。

21世纪初，国家加快推进西部大开发，自治区建设南疆石化产业带的步伐也不断加快，一大批重大战略基础性项目相继开工，进一步巩固了库尔勒市南疆桥头堡的地位。西部大开发战略的实施，对库尔勒市的工业化、产业化、市场化和城市化进程产生了深远的影响。在工业方面，库尔勒市坚定不移地实施以市场为导向的优势资源开发战略，不断加大招商引资工作力度，工业企业由少变多、由小变大、由弱变强、异军突起，产业结构进一步优化升级。在区域融合发展方面，实施"库尔勒—尉犁一体化"，充分发挥两地资源优势，打破两地区域分割，拓展和延伸了两地发展空间。在产业园区建设方面，深入实施大企业大集团战略，确立了石油石化、棉花系列产品加工、特色农产品加工、优势矿产、绿色能源建设五大主导产业，库尔勒经济技术开发区已列入国家循环经济试点园区。目前，石油石化、棉花系列产品加工、特色农产品加工、优势矿产、绿色能源建设五大主导产业逐步形成，库尉新区已成为全巴州经济发展最具活力的区域。在城市建设方面，库尔勒城市建成区面积比建市初期增加了3.5倍，已形成内接南北疆、外连全国各地的航空、铁路、公路三位一体、四通八达的交通网络。全市综合经济实力居全疆县市首位，在西部县级市综合竞争力排名中名列前茅。库尔勒市委市政府开拓创新，紧紧抓住石油勘探开发和国家西部大开发的历史机遇，坚持科学发展、率先发展、融合发展，努力把库尔勒市建设成为产业优势明显、城市功能完善、现代物流繁荣、科教支撑有力、生态环境优良、社会和谐平安的现代化区域中心城市，逐步打造西部最具活力的经济增长极城市。

随着库尔勒市经济社会的快速发展，自治区党委曾经一度形成新疆北部重点发展乌鲁木齐市，南部优先发展库尔勒中心城市的新疆城市化发展工作思路。相应地，库尔勒市被列为国家重点发展的47个中等城市之一和新疆维吾尔自治

区重点发展的 3 个中等城市之一。在对口援疆和三次中央新疆工作座谈会的背景下，中央和地区政府从财力、物力、人力等各方面支持南疆经济发展。河北省石家庄市对口支援库尔勒市、塔里木油田的全面开采、"库尉一体化"政策的执行等，使得库尔勒市城市经济得到了突飞猛进的发展，加快了城市化发展步伐。库尔勒市在"产城联动"上强实力，以产兴城，以城促产，积蓄发展要素，促进城市与产业同生共兴。鼓励发展新型服务平台，加快构建"大众创业、万众创新"体制机制和支撑服务体系。通过改革创新，库尔勒市全国中小城市综合改革试点市工作实现新突破，创新驱动渗透到经济社会各领域。这些政策不仅使库尔勒市经济得到快速发展，而且在很大程度上决定了城市空间扩展的规模和方向，使库尔勒市逐步实现新型工业化、城镇化、农牧业现代化、信息化、基础设施现代化同步协调发展。

党的十八大之后，国家共建"一带一路"倡议深入推进、引领经济新常态系列政策效应持续释放，库尔勒市迎来了前所未有、大有可为的战略机遇期。以建设"丝绸之路经济带核心区重要支点城市"为目标，库尔勒市以凸显辐射带动作用为重点，着力突破体制机制障碍和行政区划限制，完善城镇群优势产业错位发展、信息共享、生态环境共治、交通互联等协作体系，建成天山南坡经济带最有活力和潜力的核心增长极。依托快速增加的人流、物流和资金流，库尔勒市的城市规模不断扩大，城市功能日益完善，房地产等行业得到快速发展，全面拉动城市经济的增长和城市商贸环境的改善。在特色农业、工业、商贸、交通和城市化发展的共同作用下，库尔勒市城市建设日新月异，很快成为新疆南部最具活力的现代商贸城市，并入选中国西部地区百强县市。在格尔木—库尔勒铁路联通、乌鲁木齐—尉犁高速公路加快建设的背景下，库尔勒市加大国家交通枢纽城市规划建设力度，扩建库尔勒市次枢纽机场，规模化改造铁路场站，规划建设上库高新技术产业园和石化工业园，实现了综合交通枢纽体系建设的重要突破。作为丝绸之路经济带南通道和中通道的重要节点，库尔勒市加大外向型经济发展力度，在经济开发区建立综合保税基地，组织开行南疆首列中欧班列，创建陆港型国家物流枢纽城市，规划研究中巴经济走廊国际经贸合作示范区建设等，加快推进"丝绸之路经济带核心区重要支点城市"建设目标的实现。

第二节　库尔勒市资源环境条件

库尔勒市位于新疆中部，塔里木盆地东北边缘，属于西部内陆典型的绿洲经济区域。从总体资源环境条件看，库尔勒市拥有相对丰富的光热资源、水土资源、农牧资源和人文旅游资源等。

一、光热资源

库尔勒市位于新疆腹地，处在中国最大的沙漠——塔克拉玛干沙漠的边缘，属暖温带大陆性干旱气候，降水量稀少，蒸发量大，光热资源丰富，总日照数3000小时，无霜期平均210天。全年平均气温在11℃左右，最冷的1月平均气温为-7℃，极端最低气温为-25.3℃，最热的7月平均气温为26℃，极端高温达40℃。年平均降水量不到60毫米，年最大蒸发量为2800毫米左右，主导风向为东北风。[①]

二、水资源

库尔勒市境内有中国最长的内陆河——塔里木河，年径流量33亿立方米。库尔勒市的母亲河——孔雀河，源于博斯腾湖，由塔什店、铁门关进入市区，经塔里木盆地注入罗布泊，全长785千米，在市域内流程长达271千米，平均年径流量11.8亿立方米。[②]库尔勒市地下水资源较丰富，矿化度偏高，市区地下水埋深均大于5米。有计划地开发焉耆盆地水资源，减少开都河引水量，增加入博斯腾湖水量，增加孔雀河径流量，将成为库尔勒市开发建设的可靠保证。

三、土地资源

库尔勒市行政辖区内全部陆域国土面积约6787.26平方千米。[③]2022年，库尔勒市粮食播种面积6.80万亩，棉花播种面积91.87万亩，蔬菜播种面积

---

① 《库尔勒市介绍》，中国天气网，2023年4月3日。
② 《美丽孔雀河，美丽库尔勒》，360doc个人图书馆，2021年3月28日。
③ 《库尔勒市国土空间总体规划（2021—2035年）草案公示》，库尔勒市人民政府网，2023年2月16日。

4.51万亩，水果种植面积48.41万亩。①全市天然草原面积364.06万亩，可利用草原面积231.92万亩。②截至2023年11月，全市国家级公益林122.65万亩、香梨果园40.55万亩、人工防护林14.78万亩，森林覆盖率达19.33%。③水、土、光、热资源的结合形成了本地区多宜性农牧业经济生态环境，发展农牧业和水产养殖业的生产条件优越。

四、油气资源

库尔勒市毗邻的塔克拉玛干沙漠蕴藏着丰富的石油、天然气资源。随着塔里木石油的开发，以石油石化为主导的新一代支柱产业正在形成，塔里木盆地已成为全国四大气区和六大油田之一。塔里木油田累产油气当量突破5亿吨，其中原油16137万吨，天然气4249.98亿立方米。2022年油气年产量3310万吨，超深层油气年产量突破1800万吨，位居中国首位。④

五、矿产资源

库尔勒市是南疆矿产资源相对丰富的县市之一，成矿地质条件优越。截至2020年底，库尔勒市已发现各类矿产40种，矿产地185处，已探明资源储量的矿产有24（亚）种。上表矿区104个（含共生），其中大型13个，中型13个，小型78个。⑤矿种有煤、红柱石、滑石、陶瓷土、石墨、石膏、制碱用灰岩、电石用灰岩、熔剂用灰岩、水晶、水泥配料用页岩、砖瓦用黏土、建筑用砂、饰面用大理石、饰面用花岗岩、建筑用石材，以及铁、金、铜、硫铁矿等。优势矿产主要有煤、红柱石、制碱用灰岩、电石用灰岩、水泥用灰岩、滑石等。红柱石是特大型矿床，储藏量全国第一。2020年末，库尔勒市主要矿种累

---

① 库尔勒市统计局：《库尔勒市2022年国民经济和社会发展统计公报》，库尔勒市人民政府网，2023年4月25日。
② 库尔勒市农业农村局、财政局、林业和草原局：《库尔勒市第三轮草原生态保护补助奖励政策实施方案（2021—2025年）》，库尔勒市人民政府网，2022年6月21日。
③ 库尔勒市融媒体中心：《库尔勒市林业和草原局荣获"全国防沙治沙先进集体"称号》，库尔勒市人民政府网，2023年11月17日。
④ 《塔里木油田累产油气当量突破5亿吨》，中国新闻网，2023年11月7日。
⑤ 《新疆维吾尔自治区库尔勒市矿产资源总体规划（2021~2025年）》，库尔勒市人民政府网，2023年4月26日。

计查明资源储量为：煤 12.84 亿吨，红柱石 1754.04 万吨，滑石 64.52 万吨，石灰岩包括制电石用石灰岩、制碱用石灰岩、水泥用石灰岩、熔剂用石灰岩，计 22818.39 万吨，白云岩 11219.93 万吨，陶瓷土 16987.2 万吨。[①]

六、农业资源

库尔勒市座落于素有"巴音郭楞金三角"之称的孔雀河三角洲上，气候温和，土质肥沃，物产丰富。良好的水土光热资源十分适宜香梨、棉花、番茄、红花等经济作物的生长，形成了特有的农产品资源优势。库尔勒的主要农作物有小麦、水稻、玉米、棉花、番茄、香梨等，土特产品很多，其中最负盛名的有以下几种。

（一）长绒棉

库尔勒长绒棉色泽洁白，可纺性好，其均匀度、绒长度居世界前茅，在国际市场上可与美国加利福尼亚的"爱字棉"相媲美，其强度比世界上最负盛名的秘鲁、印度、美国等国家的长绒棉还高，是库尔勒市出口创汇的主要农产品。

（二）香梨

库尔勒香梨色泽悦目、皮薄肉脆、汁多渣少、香甜爽口、营养丰富、耐贮藏，在中国梨果品评比中多次夺魁，被誉为"梨中珍品"。近年来，库尔勒香梨在美国、东南亚、中国香港、中国澳门等国家和地区畅销不衰。

（三）番茄酱

库尔勒产的番茄外形美观，鲜红似火，产量高，质量好，营养丰富。以库尔勒番茄为原料生产的番茄酱，味道鲜美，甜酸可口，红色素含量为世界之最，先后获中国食品博览会金奖、中国优质产品银质奖和国优产品称号，被外商誉为"无菌罐头"，远销东南亚、欧洲、美国、日本、加拿大及中国香港、中国澳门等国家和地区。

七、旅游资源

库尔勒市独特的地理位置孕育了独特的旅游资源。历史上，库尔勒就是丝绸之路中道的咽喉之地。库尔勒市周边有国家一级文物保护点 14 处，二级文物

[①]《新疆维吾尔自治区库尔勒市矿产资源总体规划（2021~2025 年）》，库尔勒市人民政府网，2023 年 4 月 26 日。

保护点 40 处，纳入国家文物档案的文物古迹有 240 处，吸引了无数中外游人和科学工作者。库尔勒市周边还有不少独特的自然景观，如烟波浩渺的博斯腾湖、广袤迷人的巴音布鲁克草原、幽雅神奇的天鹅湖、举世闻名的罗布泊、松涛林海的巩乃斯、风光秀丽的塔里木河、雄伟壮观的天山石林、千姿百态的雅丹奇观、世界最长的沙漠公路、海拔 6973 米的木孜塔格冰峰，都是人们旅游探险的好去处。在民族风情方面，主要有蒙古族的"那达慕"、维吾尔族的"麦西来甫"等民间文化艺术，群众基础十分良好，深受新疆各族人民喜爱。①

第三节　库尔勒市产业发展概述

库尔勒市的一产、二产和三产都有一定的发展特点，其中一产以特色种植、特色林果、特色畜牧为主，二产以石油石化、煤炭煤化工、纺织服装、生物医药、农副产品加工为主，三产以商贸物流、旅游等产业为主。从 2022 年库尔勒市的产业结构特征看，三次产业的比重为：一产占 5% 左右，二产占 74% 左右，三产占 21% 左右。从中可以看出，库尔勒市是一个工业比重较大的县级城市，石油化工产业的发展对库尔勒市城市经济的发展具有十分重要的推动作用。因此，库尔勒市加大了市域工业的规划发展力度，逐步形成了以中心城区为核心，以库尔勒经济技术开发区、上库高新技术开发区、鸿雁河新区、塔什店循环经济产业园区为支撑的"一核四区"产业布局。

一、农业发展情况

库尔勒市农牧业主要分布在市所辖的各个乡镇，包括 9 个乡、3 个镇、5 个农场和园艺场等，主要农产品包括粮食（小麦和玉米）、棉花、蔬菜、水果、畜牧业产品等。从库尔勒市 2022 年的数据看，粮食播种面积 6.80 万亩，粮食总产量 2.64 万吨；棉花播种面积 91.87 万亩，棉花总产量 12.35 万吨；水果种植面积 48.41 万亩，水果总产量 35.02 万吨；蔬菜播种面积 4.51 万亩，蔬菜总产量 12.89 万吨；牲畜存栏头数 58.39 万头（只），肉类总产量 1.21 万吨，禽蛋产

---

① 《美丽库尔勒》，今日头条，2018 年 7 月 22 日。

量 0.51 万吨，牛奶产量 0.56 万吨。①

库尔勒市依托周边的乡镇，以香梨、棉花种植为突破口，制定实施一系列促进发展的政策措施，林果业、畜牧业、设施农业、特色种植业实现提质增效，农业综合生产能力有效提升，成为农牧民增收的支柱产业。库尔勒市深入实施乡村振兴战略，稳粮、优棉、强果、兴畜、促特色成效显著，农业产业化水平不断提升，培育销售额 500 万元以上农产品加工企业 145 家，农业产业化龙头企业达到 26 家，成功创建国家农产品质量安全县。②

"十四五"时期，库尔勒市将围绕提升农业质量效益，深入推进农业供给侧结构性改革，坚持以市场需求为导向，按照"稳粮食、优棉花、兴畜牧、强林果、促特色"的发展思路，推动农业高质量发展，打造粮食、棉花、特色作物、特色林果、畜牧优势产区，持续提高农业创新力、竞争力和全要素生产率。

（一）稳粮食

坚持"区内平衡，略有结余"的粮食安全战略，全力稳定粮食生产，调整优化粮棉生产布局和结构。加强高标准农田建设，提升粮食综合生产能力和市场竞争力，建设 5 万亩粮食主产区。

（二）优棉花

调优棉花生产布局和品种结构。引导棉花种植向普惠、哈拉玉宫、阿瓦提、托布力其、和什力克、包头湖农场等中环、远郊乡镇场高产区集中，打造优质高产棉花产业带。加快棉花良种繁育基地建设，推动良种良法良机配套，推进棉花生产全程机械化。到 2025 年，全市棉花种植面积稳定在 90 万亩以内。

（三）兴畜牧

加快现代畜牧业高质量发展，坚持走牧农结合，牧区繁育、农区育肥的路子，提升畜产品有效供给能力。积极推进农区畜牧业发展，突出抓好良种繁育基地、饲草料基地、标准化规模养殖小区建设。加大奶业发展力度，增加全市奶牛饲养量和牛奶产量。以科技推广为基础，加快推进 20 万亩高标准饲草料基地建设，提高饲草料保障能力。到 2025 年，全市肉羊出栏 100 万只、肉牛出

---

① 库尔勒市统计局：《库尔勒市 2022 年国民经济和社会发展统计公报》，库尔勒市人民政府网，2023 年 4 月 25 日。

② 库尔勒市农业农村局：《库尔勒市农业产业发展"十四五"规划》，库尔勒市人民政府网，2022 年 1 月 2 日。

栏 10 万头、生猪出栏 50 万头、奶牛存栏 2 万头、禽出栏达到 1000 万羽，肉类总产量 8 万吨以上，奶产量 2.6 万吨以上，禽蛋产量 2.9 万吨以上，把库尔勒市建成巴州重要的良种羊繁育基地、牛羊育肥养殖基地、活畜及畜产品集散中心、南疆种禽生产基地。

（四）强林果

构建现代林果业产业体系，推进林果业产加销一体化发展，做强做优特色林果业。实施林果业提质增效工程，稳定林果面积总量，改造提升低产低效果园，扩大优质果园面积和比例。推进香梨标准化生产，采用先进的生态栽培技术，降低农药化肥用量，加大有机肥、农家肥投入，推广生物病虫防控，加强果农科技培训，扩大香梨标准化生产基地。坚持立足本市、辐射全州，打造科技示范、苗木繁育为一体的林果苗木繁育基地。到 2025 年，香梨种植面积达 55 万亩，新增香梨标准园 10 万亩，优质果品率超过 85%；提升香梨仓储保鲜和冷链物流能力，保鲜率稳定在 90%，贮藏能力稳定在 60 万吨。

（五）促特色

加快建设特色农产品和设施农业优势区，发展订单农业，推进"一乡一品"，重点支持中药材、优质牧草等特色产品基地建设，形成特色农业产业体系。提升设施农业生产能力和水平，力争使设施农业面积达到 1.5 万亩，促进设施蔬菜基地提档升级，创建蔬菜标准园，积极提升果菜种植面积，培育特色采摘林果种植，打造库尔勒设施农业产业带。规划"一主两辅"的生产布局，即以英下乡、兰干乡、阿瓦提乡、上户镇、铁克其乡、阿瓦提农场等为主的设施农业主产区，以哈拉玉宫乡、和什力克乡、托布力其乡、包头湖农场等为辅的生产区，以普惠乡、普惠农场、库尔楚园艺场等乡场为辅的生产区。到 2025 年，特色作物种植面积突破 8 万亩。[①]

二、工业发展情况

库尔勒市工业主要分布于库尔勒经济技术开发区、上库高新技术开发区和塔什店循环经济产业园区等，主要工业产品有石油、天然气、煤炭、纺纱、

[①] 库尔勒市人民政府：《库尔勒市国民经济和社会发展第十四个五年规划和 2035 年远景目标纲要》，2021 年 1 月 16 日。

化工产品、建材产品和加工农产品等。从库尔勒市 2022 年的数据看，原油产量 729.4 万吨，天然气产量 322.1 亿立方米，原煤 85.08 万吨，纱 34.24 万吨，1,4 丁二醇 27.12 万吨，氮肥 32.92 万吨，化学纤维用浆粕 1.73 万吨，化学纤维 32.73 万吨，水泥 51.32 万吨，橡胶轮胎 39.37 万条，饲料 35.21 万吨，乳制品 3.37 万吨。①

库尔勒市加快实施优势资源转换战略、大企业大集团战略和工业强市战略，坚持工业园区化、园区产业化、产业集群化发展，积极构建具有库尔勒市特色的现代产业体系，工业实力明显增强，对市域经济社会发展发挥了重要的核心支撑作用。库尔勒市实施了产业园区建设"一主两翼"战略。

"一主"是指库尔勒国家级经济技术开发区。库尔勒经济技术开发区（以下简称开发区）于 2000 年 7 月 21 日经自治区人民政府批准设立。2007 年被列为全国循环经济试点园区，2008 年升级为自治区高新技术产业开发区，2011 年入选国家农业产业化示范园区，2013 年入选国家新型工业化（纺织）产业示范基地。2011 年 4 月 10 日，经国务院批准，开发区升级为国家级经济技术开发区。开发区首期规划 80 平方千米、二期 60 平方千米，最终形成 140 平方千米"专业集成、投资集中、资源集约、效益集聚"的综合型产业园区。开发区已初步形成棉纺化纤、石油天然气精细化工、三产及物流业、特色农副产品加工、高新技术新兴产业、石油技术服务及配套为一体的产业体系，聚集了塔里木大化肥、美克化工、富丽达粘胶纤维、金富特种纱业、红星美凯龙、愿景集团、瑞兴化工等一批企业。

"两翼"是指上库综合产业园区、塔什店循环经济产业园区。为全面落实中央新疆工作座谈会精神，进一步加快库尔勒市新型工业化发展进程，努力实现"建设新疆重要的现代化中心城市"这一目标，2012 年，库尔勒市委市政府提出在 314 国道北侧至库尔楚园艺场之间和塔什店镇域内设立上库综合产业园区和塔什店循环经济产业园区，与库尔勒国家级经济技术开发区形成"一主两翼"的新型工业化发展格局，坚持产业互补、错位发展，为进一步促进库尔勒市经济的快速发展和实现社会长治久安夯实基础。

---

① 库尔勒市统计局：《库尔勒市 2022 年国民经济和社会发展统计公报》，库尔勒市人民政府网，2023 年 4 月 25 日。

上库综合产业园区位于库尔勒市主城区西北方向约 13 千米处,东起库库高速(库尔勒—库车 G3012)库西立交桥,沿吐和高速西至库尔楚收费站,南起吐和高速,北至天山支脉霍拉山前的荒漠戈壁地,规划控制面积 7.38 平方千米。2013 年 10 月,上库综合产业园区被自治区政府批准为自治区级园区。为全力承接石化产业项目,2015 年 6 月巴州政府批准在上库综合产业园区设置石油石化产业园作为子园区。上库综合产业园区围绕"产业新城、城市新区"的定位,加快建立健全体制机制,强化起步区基础设施建设;着力推进优势产业集群化、支柱产业高效化、新兴产业规模化,跟紧中石油、中石化油气增产计划,积极打造以园区为中心的"石油石化城";全力推进"炼化纺一体化"、烯烃、化工高端新材料、医药农药产业四大产业集群建设,努力将园区建设成为新疆重要的石油天然气化工产业基地和炼化纺一体化产业基地。

塔什店循环经济产业园区加紧申报自治区级园区,坚持"一园多区"发展模式,延伸循环经济产业链,积极引进一批高效、节能、环保的高新产业入驻园区,丰富产业类型,促进园区经济健康发展。上库和塔什店两个园区重点围绕石油化工、装备制造、新型建材、商贸物流、新能源等产业开展招商;加快中小企业创新创业园区和科技孵化中心建设,引导中小企业进入园区投资兴业,切实提高土地利用率,建设成为支撑库尔勒市二产、三产发展的重要引擎。

通过库尔勒市新型工业化体系建设,库尔勒经济技术开发区升格为国家级开发区,库尔勒纺织服装城列入自治区"三城七园一中心"规划并启动实施,上库综合产业园区、塔什店循环经济产业园区分别获批为自治区级、自治州级产业园区,园区基础设施不断完善,仓储物流、石油装备制造、农副产品精深加工、新型建材等领域的近 120 家企业入驻园区,地方工业经济总量持续壮大,"一主两翼"互为补充、错位发展的新型工业化格局全面形成。

"十四五"时期,库尔勒市的工业发展目标和思路为:充分发挥区位、资源和产业优势,着力打造国家级石油天然气化工基地、国家级油煤气高效利用创新示范基地、化纤纺织原料基地、精细化工基地,建设中巴经济走廊综合承载中心、丝绸之路经济带创新驱动发展试验区,推动高质量发展走在全疆前列,工业经济对中心城市的战略支撑作用不断增强。加快调整优化产业结构,重点培育壮大高端装备制造、生物医药、节能环保、新能源、新材料等新兴产业,加大重点项目扶持力度,引进培育骨干企业,搭建公共技术服务平台,不断增

强自主创新能力。①

（一）做大做强石油天然气化工产业

依托资源优势，打造石油天然气产业基地。深度拓展油地共建和产业合作模式，支持中石油塔里木油田建设，积极推进孔雀河流域油气资源勘探开发。引进聚合中石油、中石化、中泰等大企业大集团，加快推进石油天然气煤化工向上库石油石化产业园集中布局，延伸拓展油煤共炼－芳烃－PTA－聚酯－涤纶－混纺一体化产业链，推动形成精细化工和炼化纺一体化发展格局，打造国家重要的石油石化及天然气精细化工生产基地、石化装备及技术服务基地、油气储备中心。积极推进石油天然气储备库和天然气应急调峰库建设，完善原油、天然气、成品油储运和管道网络。营造公平竞争的市场环境，支持民营企业进入油气勘探开发领域。加快构建石油化工产业链、天然气化工产业链、炼化纺一体化产业链、高端化工新材料产业链、烯烃产业链等现代化全产业链条。

（二）扎实推进煤炭煤化工产业发展

以煤制烯烃、芳烃、乙二醇等为主导产品，构建全循环的现代煤化工产业体系，推动煤化工产业向下游延伸，向高端化、精细化、终端化发展。加大煤炭资源勘探开发力度，摸清重点矿区煤炭资源储量。推进塔什店矿区整合重组，引进和培育一批煤炭行业龙头骨干企业，加快煤炭资源的开发利用。推进煤化工产业绿色发展，推广循环经济模式。积极打造塔什店现代煤化工生产示范园区，推进产业集中集聚发展。以煤炭深加工为龙头，以煤油气综合利用为重点，打造生产规模化、产品链接紧密的产业集群，带动下游精细化工、纺织服装、新材料等一批新兴产业的兴起。

（三）发展高端装备制造业

坚持自主创新与引进消化吸收相结合，推动建设一批高端化、专业化制造企业，重点发展高端纺织机械及配件制造，油气勘探开发和技术服务设备制造，新型采掘、提升、洗选设备制造。积极发展节能和新能源汽车，推进上库高新技术产业开发区库尔勒汽车主题公园（保利新能源汽车城）建设，引进落地甲醇氢燃料电池集成系统及整车制造、电动车、微型电动消防车、环卫车整车制

---

① 库尔勒市人民政府：《库尔勒市国民经济和社会发展第十四个五年规划和2035年远景目标纲要》，2021年1月16日。

造等项目。发展农牧机械装备制造业，积极发展高效节水的棉花、番茄、辣椒等农作物采收装备。引导现有装备制造企业发展壮大，向"专、精、特、新"方向发展，有效提升行业协作配套能力，建成新疆特色装备制造基地和向西出口基地。

（四）加快发展生物医药产业

积极培育全安药业、金鹿药业等开发区龙头企业，引进具有知识产权的新特药生产企业，支持企业建立产品研发、试验检测平台，做大做强生物制药及相关产业。积极规划建设医药物流产业园，加快推进药材种植、饮片加工、药材提取、制剂生产，不断扩大药品、保健品、功能食品生产规模，引进具有自主知识产权的新特药生产企业，推动产业集群发展，将库尔勒市打造成为南疆特色原料药、中成药及保健品精深加工基地。

（五）优化布局新能源产业

围绕新能源产业基地建设，布局新能源发电设备、零部件制造、维修产业配套集群，将库尔勒市建成全疆新能源应用及配套产业发展示范市，有效提升巴州新能源产业核心竞争力。

（六）发展新材料产业

依托石油石化产业园建设，引进高端化工新材料项目，不断延伸产业链，加快建设己二酸、己内酯、聚甲醛等新材料生产线，打造新材料产业集群，加快新材料产业发展。

（七）高标准建设库尔勒纺织服装城

以上库高新技术产业开发区为原料基地，以库尔勒经济技术开发区为加工中心，推动形成石化－纺织－服装一体融合发展的全产业链，进一步提升产业链供应链现代化水平，打造自治区乃至全国重要的化工纺织服装一体化生产基地。培育壮大产业用纺织品行业，提升产业技术装备水平，积极发展化学纤维产业，丰富纺织服装原料种类。以现有棉纱、粘胶纱生产为基础，重点实施库尔勒经济技术开发区 26 万吨 BDO、5 万吨聚四氢呋喃项目，上库石油石化产业园 240 万吨 PTA、160 万吨 PET、60 万吨乙烯和 120 万吨/年 PBAT 等项目，延伸发展化纤产业和混纺纤维织造产业。积极承接内地纺织服装产业转移，加大织布、印染、针织、服装、家纺等产业招商引资力度，积极发展家用纺织品、产业用纺织品，力争打造西北地区最大的纺织品生产基地。

（八）加快发展绿色农副产品加工业

围绕乡村产业振兴，做优做强农产品加工业，重点引进和培育香梨、牛羊肉、乳制品等市场前景好、产品附加值高、辐射带动能力强的特色农产品精深加工产业，着力打造特色产业品牌。以香梨馕产业园为依托，发展壮大馕产业。以库尔勒国鸿农牧、山东水发、新疆利华（集团）等企业为龙头，积极发展农业产业化联合体，支持现有农产品加工企业开发下游产品。到2025年，农产品加工转化率达到75%。

三、服务业发展情况

库尔勒市服务业主体部分分布于中心城区，其余部分分布于各产业园区和乡镇。库尔勒市服务业主要包括商贸业、物流业和旅游业三大部分。从库尔勒市2022年的数据看，全年实现社会消费品零售总额97.33亿元，其中城镇实现社会消费品零售额92.8亿元，乡村实现社会消费品零售额4.5亿元。限额以上单位商品零售额中，汽车类零售额24.8亿元，石油及制品类24.4亿元，中西药品类4.6亿元，粮油食品类3.7亿元，服装鞋帽类3.3亿元，金银珠宝类2.3亿元，书报杂志类2.0亿元，等等。全市商品交易额达到亿元以上规模的市场有8家，总营业面积达92.8万平方米，全年累计实现商品交易额37.8亿元。年成交额10亿元以上的商品交易市场1家，年成交额5亿~10亿元之间的商品交易市场1家，年成交额1亿~5亿元之间的商品交易市场2家。[①] 全年公路货运总量367.8万吨，客运量61.2万人次。全年邮政业务总量6472.2万元。全年共接待游客801.65万人次，旅游收入45.3亿元。全市星级宾馆11家，国家4A级景区2家，3A级景区3家，农家乐127余家，旅行社42家，分社18家。[②]

库尔勒市商贸流通业规模不断扩大，市场主体日趋多元化，现代流通方式和新型业态发展迅速，商贸基础设施和功能明显改善，"多渠道、多层次、开放式"流通格局初步形成。从库尔勒市现代商贸物流体系的发展现状看，其呈现以下特点：优越的区位优势为现代商贸流通体系的建立提供保障；综合实力不断增强，物流增加值稳步上升；消费市场繁荣兴旺，商贸物流空间巨大；新

---

①② 库尔勒市统计局：《库尔勒市2022年国民经济和社会发展统计公报》，库尔勒市人民政府网，2023年4月25日。

型流通业态发展较快,连锁物流配送渐成体系;专业化物流企业逐步发展,服务功能和辐射能力有所增强;信息服务体系逐步建立,现代物流技术逐步得到应用。

"十四五"时期,库尔勒市将紧紧围绕城市发展阶段的总体定位,提升现代服务业发展水平,集中高端优势资源,集聚现代服务业态,打造现代服务业聚集区,促进生产性服务业提档升级,推动生活性服务业提质扩容,吸引央企、大型民营企业等在库尔勒市设立地区总部、研发中心、采购销售中心等,全面提升服务业集聚人流、物流、资金流、信息流,拉动经济,激发活力,保障民生,促进就业等综合功能。

(一)商贸流通业

加强商贸流通创新,创造引领新兴消费,依托电子商务、移动支付等新兴技术和商务模式,推动商贸企业运用大数据技术精准营销和优化服务。高标准规划建设会展业重大项目,培育发展具有竞争力的会展市场主体。在新市区、老市区和开发区之间统筹规划建设城市商业综合体,打造鸿雁河医疗康养核心商业区,构建规模适度、布局合理、业态先进的现代化商业体系和流通网络。完善配套金融、物流等支撑体系,引导电商企业拓展服务领域。积极支持电子商务进农村,搭建特色农产品网销平台。鼓励企业发展跨境电子商务。支持商贸企业积极应用电商平台,实现线上线下业务互动发展。到2025年,将库尔勒市打造成为新疆重要的商贸中心。

按照畅通国内大循环,促进国内国际双循环的要求,牢牢把握扩大内需这个战略基点,全面促进消费结构优化升级。以满足人民群众日益增长的生活需要为主线,扩大家电、汽车等商品消费,拓展电子信息、通信产品、教育培训、家政服务、文化娱乐、体育健身、休闲旅游等新的消费热点。加快城市耐用品消费升级换代,鼓励发展社区生活综合服务中心,完善社区服务网点,提高群众生活便利水平。大力发展夜间经济,以丝路小镇为基础,继续打造天鹅河沿线夜间经济带,拓宽消费空间。积极开发假日经济,加快城市近郊旅游消费场所建设,开发体验式、拓展式消费经济业态。完善农村消费基础设施,优化农村消费环境,加快城镇生活服务网络向农村延伸,健全农村销售和配送网络,拓展农村消费市场。发挥餐饮服务业传统特色优势,强化品牌意识,培育具有核心竞争力的星级酒店、餐饮连锁企业、品牌餐饮等老字号品牌和知名企业。

创新营销模式和服务方式，利用互联网大力发展网上营销、餐饮预订、团体消费等服务新业态。鼓励各类市场主体根据居民收入水平、人口结构和消费升级等发展趋势，创新服务业态和商业模式，促进线上线下消费融合发展，增加服务有效供给。支持中小商贸企业开展信用保险和融资担保，鼓励发展信用消费。大力倡导科学消费、绿色消费、文明消费，引导消费向智能、绿色、健康、安全转变。

（二）现代物流业

以库尔勒国家物流枢纽建设为抓手，充分发挥陆港型国家物流枢纽辐射广、成本低、效率高的优势，带动全州乃至全疆农产品加工、能源化工、装备制造、商贸物流等产业在物流枢纽区域集聚发展，形成物流、人流、资金流、信息流集聚的物流枢纽。到"十四五"期末，库尔勒市将建设成为丝绸之路经济带核心区商贸物流业集散中心，新疆石油物资、装备、农产品、纺织服装和日用品的物流集散中转中心。

完善物流服务体系。积极引进现代物流业骨干企业，加快传统物流业转型升级，大力发展第三方物流，着力培植本地规模化物流企业，扩大产业规模，提升发展水平。加强智慧物流体系建设，提升物流业信息化和智能化水平，加大物联网、移动互联网、云计算、大数据等现代信息技术在交通运输领域的集成应用创新。推进"互联网+"高效物流，推进物流信息服务平台建设和互联应用，强化基于互联网的物流信息服务，积极推广使用货运"电子运单"，探索开展"一单制"多式联运试点示范。推进芬兰赫尔辛基—新疆库尔勒专列、新疆库尔勒—土耳其梅尔辛港南线等新疆西行班列常态化运行，以纱锭、木浆粕等重要物资进出口为主，形成稳定可靠、便捷高效、多线齐发的国际货运能力。

加快打造物流基地。统筹布局现代综合物流基地，加快推进物流枢纽设施和网络体系建设，重点实施"三园六中心七站点"三级物流设施建设，形成优势互补、协调发展的现代物流设施体系。以上库综合产业园区、纺织服装城、库尔勒经济技术开发区为承载平台，利用库尔勒物流枢纽高质量、低成本、高效率的运输服务优势，推动石油化工、纺织服装、矿产资源加工、农产品精深加工等产业链延伸和集聚化发展，培育国际贸易、保税加工、展示交易、现代供应链等产业发展动能。加快推进上库高新区化工物流园、塔什店物流园区建设，打造现代物流承载平台。探索建立与阿克苏、喀什、和田等城市的跨区域

物流合作机制，促进物流基础设施互联互通和信息资源共享。加快保税物流中心建设，加强跨境物流体系建设，支持优势物流企业加强联合，构建国际物流服务网络，打造具有规模优势的跨国物流企业。

（三）全域旅游业

以全域旅游为方向，以产业融合为动力，积极培育旅游新业态，提升旅游服务水平，把库尔勒市打造成为新疆次级旅游集散中心。

构筑"一心一带两轴四区"全域旅游新格局，提升城市旅游服务品质，打造城区综合集散服务中心。以孔雀河、天鹅河、鸿雁河、杜鹃河、白鹭河等城市水系为核心，打造城市生态水系休闲旅游观光带。以G218、G314两条国道形成合纵联合发展轴，构建完善的旅游交通网络体系，加大与博湖、和硕、和静、尉犁等周边县市在区域旅游发展上的联动合作力度，加强库尔勒市作为博斯腾湖景区、巴音布鲁克景区、罗布人村寨等周边重点景区的集散中心的服务功能。以铁门关丝路驿站文化旅游区、万亩梨海乡村休闲文化旅游区、普惠胡杨生态文化旅游区、库尔楚精品度假文化旅游区为产业支撑，引领库尔勒市全域旅游发展。推动景区提质升级，重点提升以文旅创意产业为特色的天鹅河景区、以丝路古道体验为特色的铁门关景区、以自驾拓展训练为特色的康庄生态园等重点旅游景区。

加强旅游基础设施配套建设，规划建设旅游风景道、观景台、停车场、加油站等基础设施，畅通提升景区道路和乡村旅游专线。借力借势周边旅游资源，打造以库尔勒市为轴心的环塔里木、环博斯腾湖、环巴音布鲁克等特色旅游环线，开发连通南北疆、辐射中西部的精品旅游线路。大力发展智慧旅游，打造旅游大数据中心。加强旅游市场整治，完善旅游监管体系。

第八章

库尔勒市综合物流体系建设现状

近年来，库尔勒市综合物流基础设施不断完善，物流产业总体保持快速增长态势，物流规模持续扩大，发展水平不断提高，物流产业发展环境逐步优化，为进一步加快城市发展和区域发展奠定了坚实基础。2018年12月，国家发展改革委和交通运输部印发了《国家物流枢纽布局和建设规划》，将库尔勒市列为陆港型国家物流枢纽。2021年2月，中共中央、国务院印发的《国家综合立体交通网规划纲要》中，库尔勒市被列为区域性综合交通枢纽。

第一节　综合物流发展要素基础

进入"十四五"时期以来，库尔勒市围绕建成丝绸之路经济带支点城市及打造南疆最大的区域物流中心的新思路，深入推进陆港型国家物流枢纽建设，已形成公路、铁路、航空、管道四位一体的现代物流基础设施体系和物流集散中转地，辐射范围逐步扩大，物流市场主体日趋多元化，城市商贸基础设施和功能明显改善，商贸流通业规模不断扩大，流通新型业态发展迅速，为构建库尔勒市综合物流体系打下了坚实基础。

总体来看，库尔勒市综合物流基础设施体系初步建成，市域综合物流网络日益完善，形成了一批有效提供综合物流服务的企业群体，城乡物流配送能力不断提高，物流产业成为城市重点培育的产业集群之一，在拉动经济增长、促进改善民生、保障社会稳定等方面发挥了重要作用。

一、基础设施现状

（一）综合运输设施现状

库尔勒市统筹铁路、公路、民航、管道等交通基础设施建设，进一步完善路网结构，实现公路畅通、铁路连通、航路广通，推动实现立体互联，加快构

建横贯东西、纵贯南北、内畅外通的综合交通运输体系，建设南疆铁路、公路、航空的交通枢纽。加快多式联运、物流仓储、冷链配送、信息平台等功能设施建设，打造"通道+枢纽+网络"的物流运行体系。库尔勒市已经基本形成了以南疆铁路、格尔木—库尔勒铁路、G3012吐和高速为主骨架，2条国道和2条省道等为主干线，库尔勒机场为重要支撑的多种运输方式协调发展的综合立体交通运输体系。

库尔勒市域对外公路联系主要通过314国道和218国道，两条国道在库尔勒市域范围内构成T字形结构，成为库尔勒市域道路交通的主要框架。市域内部各乡镇和重要聚集点通过县道连接起来，并与国道框架道路相结合，呈网络状结构。库尔勒城区路网则由东西向的9条主干道和南北向的10条主干道构成。库尔勒市通往南北疆各地的公路运输线共7条，通车里程1934千米，其中：国道线路4条，长1847千米；省道线路3条，长87千米。乌尉高速（乌鲁木齐—尉犁）已开工建设，这一连接南北疆的高速公路将打通南北疆交通屏障。截至2022年底，全市农村公路网总里程达到1566.3千米，已实现乡镇通油路率100%，行政村队、村民小组通油路率100%的目标。

截至2022年底，全市已建成运营铁路线路5条，通行里程880千米，分别是吐鲁番—库尔勒线、吐鲁番—库尔勒二线、库尔勒—阿克苏线、库尔勒—阿克苏复线、格尔木—库尔勒线。格库铁路建成通车，成为出疆的第三条大通道。已开通到乌鲁木齐、西安、兰州等城市的列车和中欧班列等。库尔勒至乌鲁木齐城际铁路"绿巨人"正式营运，巴州在南疆率先实现复兴号通车，南疆铁路库尔勒至阿克苏段完成提速。

库尔勒机场运营航空公司有南方航空、天津航空、海南航空、中国国际航空、西部航空、中国东方航空等11家。截至2022年底，已累计开通航线52条，通航点41个（疆外主要包括北京、上海、郑州、成都、重庆、西安等21个通航点；疆内通航点20个，覆盖疆内所有机场），已形成"疆内快起来、疆外环起来"的"空中公交"航线网络。

（二）仓储设施建设情况

截至2021年11月，库尔勒市有棉花储备库4个，总库容58万吨；地方粮食储备库2个，总仓容12.8万吨；各类保鲜库110余座，保鲜容量达到50余万吨，储藏保鲜期6~10个月，以库尔勒香梨为主，形成了环塔里木盆地重要的

特色林果储藏保鲜中心。

全市形成了25家规模较大的各类商品交易市场，根据推算，25家商品交易市场形成了约34万平方米的仓储区域面积。

库尔勒铁路货运中心所属货场总面积为407247.4平方米，其中仓库面积3491平方米、雨棚面积14250平方米、站台面积32211平方米、堆场面积101779平方米、集装箱货场面积26175平方米，货场设计能力为年发运355万吨，目前达到255万吨。

在石油系统仓储建设层面，塔里木油田公司在库尔勒铁路西站形成了大二线物资集散中心，总仓储面积48.74万平方米，设计年吞吐能力80万吨。

（三）信息化平台及电商建设现状

截至2022年底，库尔勒市宽带覆盖率达到100%，光纤宽带覆盖率达到80%，光纤覆盖库尔勒市所有乡镇，市民能够享受50M~100M高速光纤接入服务。城市出口带宽达到100G，能够全面支持高速互联网服务需求，5G信号覆盖全市主城区。2014—2015年，库尔勒市荣获中国电子商务百强县（市）、自治区级电子商务进农村示范县（市）等称号，2016年升级为国家级电子商务进农村综合示范县（市）。库尔勒经济技术开发区电子商务产业园被商务部确认为"国家电子商务示范基地"。由政府主导投资建设的"丝路·楼兰快线"综合信息服务平台上线运行，库尔勒经济技术开发区"楼兰云"云计算中心投入使用，为促进电商的快速发展提供了强有力的软硬件支撑。

（四）商品交易市场、物流园、站场建设情况

截至2022年底，全市共形成了25个规模较大的各类商品交易市场。其中年成交额亿元以上的商品交易市场有8个。

全市有13个物流园区和物流中心型项目备案到自治区重点物流项目储备库。库尔勒陆港型国家物流枢纽建设、库尔勒临空经济区冷链物流基地建设、天苗集团农产品加工冷链物流设施建设、库尔勒物流快递公共配送中心、南疆快件分拨中心（EMS）、巴州航空物流产业园、河北巴州生态产业园临铁物流园等物流项目列入自治州"十四五"规划。近年来，库尔勒市启动建设了以愿景城、颐高电子商务园、丝路南疆特色商品城、梨城农产品批发中心、苏中农汇园等一批项目为代表的大型商贸流通产业园。在外贸公共物流平台方面，在库尔勒经济技术开发区建设了保税物流中心，为综合保税区建设打下了重要基础。

在快递综合物流平台方面，启动建设了南疆快递产业园，总占地面积690余亩，投资约4亿元，建成后日均快递处理量将达87.7万件。石油系统形成了库尔勒铁路西站大二线物流基地和经济技术开发区塔石化化肥储备库等2个重点物流中心。

截至2022年底，市域内南疆铁路设有塔什店、云崖、库东、库北、库西5个铁路站场，主要货站是库西站、库北站。

二、物流市场主体发展现状

根据"库尔勒市综合物流体系规划"课题组在抽样年份（2017年）的调查，全市工商系统注册的物流企业（企业名称含"物流"字样的）有202家（库尔勒市区174家、经济技术开发区28家）。其中，注册资金在500万元以上的物流企业28家（库尔勒市区18家、经济技术开发区10家）。全市有2A级及以上物流企业4家，其中5A级、4A级、3A级和2A级物流企业各1家。在全市商贸流通企业中，限额以上批零贸易企业和住宿餐饮企业121家，大型和中型的商贸流通企业34家。

全市有各类普通货物运输企业12259家（含个体），危化品运输企业37家（全部为公司制企业），各类托运部89家。在货运物流辅助性行业部门发展层面，库尔勒市（含经济技术开发区）工商系统注册的货运信息企业56家，各类维修企业184家，各类机动车驾驶培训企业21家，道路运输协会、物流行业协会和电商协会各1家。全市从事电子商务的相关企业已达250余家，个人淘宝店、微商1000余个，在阿里巴巴1688平台上注册的商家有400余家，其中诚信通商家40余家，5年以上的诚信通商家15家。

2022年末，共有邮政局所、服务网点35个，邮路总长度2223千米。快递企业及其分支机构44个，涉及"四通一达"、顺丰、汇通等18个快递品牌。

三、物流产业需求要素基本现状

2022年，全市农业实现增加值53.17亿元。全市粮食种植面积为6.80万亩，棉花种植面积91.87万亩。全年粮食产量2.64万吨，棉花总产量12.35万吨，蔬菜总产量12.89万吨，水果总产量35.02万吨，其中香梨产量33.05万吨。全市牲畜存栏头数58.39万头（只），全市肉类总产量1.21万吨，牛奶产量0.56

万吨，禽蛋产量 0.51 万吨。

全市工业实现增加值 671.15 亿元，规模以上工业增加值 583.05 亿元，其中，石油工业完成增加值 489.28 亿元，非石油工业完成增加值 93.77 亿元。主要工业产品中，原煤产量 85.08 万吨，原油 729.4 万吨，天然气 322.1 亿立方米，纱 34.24 万吨，1,4 丁二醇 27.12 万吨，氮肥 32.92 万吨，化学纤维 32.73 万吨，水泥 51.32 万吨，橡胶轮胎 39.37 万条，饲料 35.21 万吨，等等。

全市实现社会消费品零售总额 97.33 亿元。分地域看，城镇实现社会消费品零售额 92.8 亿元，乡村实现社会消费品零售额 4.5 亿元。

四、物流产业社会化发展水平现状

根据"库尔勒市综合物流体系规划"课题组在抽样年份（2017 年）的调查，全市 20 家规模以上生产性企业的物流需求问卷抽样调查显示，有 8 家企业实行了物流外包，有 3 家企业实行了外包和自营相结合的半外包模式，有 9 家企业仍旧实行自营物流。总体上，规模以上生产性企业的第三方物流率为 40%。

全市 18 家限额以上贸易企业和餐饮企业的物流需求问卷抽样调查显示，有 8 家企业实行了物流外包，有 10 家企业仍旧实行自营物流。总体上，限额以上商贸企业和餐饮企业的第三方物流率为 44%。

全市 18 家农业产业化龙头企业的物流需求问卷抽样调查显示，有 7 家企业实行了物流外包，有 8 家企业仍旧实行自营物流，有 3 家企业实行了外包和自营相结合的半外包模式。总体上，农业产业化龙头企业的第三方物流率为 39%。

上述三种类型的生产性企业的问卷调查显示，库尔勒市物流产业的社会化发展处于中等水平。受传统生产经营模式和管理方式等影响，目前库尔勒市约一半以上工商企业内部运输车辆、仓储等各种物流设施装备的保有率仍然较高，自营物流现象比较普遍，从原材料采购、生产配送到产品销售等过程中的物流活动依靠企业内部组织来完成。但是库尔勒市物流产业的总体社会化发展趋势是明显的，第三方物流发展比率将呈现出一个逐步提高的过程。

第二节　物流市场运行特征分析 ①

一、物流市场宏观特征分析

库尔勒物流市场在宏观层面主要由市域商贸物流、周边区域大宗物资集散物流和石油系统的行业物流拉动，以上三个因素构成了库尔勒物流市场的"三大引力"。

在抽样年份，库尔勒市人口占巴州人口的44%，物流业增加值占巴州物流业增加值的48.27%，社会消费品零售总额占巴州的60.6%。从货源来讲，名满天下的库尔勒香梨的产量占巴州产量的67%，其储存周期比较长，一年四季都有货源。库尔勒市也是巴州棉花物流的重要基地。此外，屯河集团、冠农集团的大批量番茄酱通过库尔勒走向全国乃至出口到国外。

库尔勒地处南北疆交通枢纽位置，是南疆自然形成的物流集散地。国道314线、国道218线在市域交会，是大量南北疆车辆和阿克苏地区去往青海方向货运车辆的必经之地，形成了全疆"北有乌鲁木齐，南有库尔勒"的中心城市发展格局。长期以来，大量来自乌鲁木齐方向的物资在库尔勒集散后分拨到南疆其他地区，主要有日用百货、服装针织品、科技产品、建材类产品、家电、汽车等。全疆90%的建筑用腻子粉产自巴州，由库尔勒发往全疆各地。巴州的和静钢铁是整个南疆钢铁材料的主要来源，经由库尔勒发往南疆各地。南疆销售的瓷砖、陶瓷等产品60%来自伊犁地区，经由库尔勒分拨到南疆各地州。此外，库尔勒也是南疆汽车分拨中心，南疆大部分商品车基本上都在库尔勒重组分拨。

库尔勒市的塔里木油田指挥部基地形成了较大规模的石油设备调运物流量，形成了独特的物流市场。石油生产前线有18个生活点，沙漠运输公司等系统内企业运作整个石油生产前线的后勤物资配送任务。沙漠运输公司年均物资接运17万吨，装卸87万吨，配送17万吨。此外，在石油系统，由合同签约方来运作的物资采购和运量远远大于系统内企业运作的规模。中石油新疆销售公司巴

---

① 本节根据数据采集和实地调研情况，对抽样年份2015年的数据进行了分析。

州分公司负责完成市域成品油的物流配送任务。

二、物流市场基本业态分析

库尔勒物流业态主要有三种：普通货物物流、大宗货物物流和快递物流。

普通货物物流基本上依托各类货运部（或托运部）和商贸市场运行。普通货物物流在疆内区间运行特征明显。在营利方式上，普通货物物流主要依靠货物运输服务和竞争差价实现行业运营。

大宗货物物流主要依托各类物流园区和物流中心运行。大宗货物物流在疆外省区间运行特征明显，主要走第二个出疆通道格尔木线。在营利方式上，大宗货物物流主要依靠提供各种物流服务项目来实现行业运营，例如，通过提供货源信息提取信息费用，通过提供保障性物流保险提取服务费等。

快递物流在业态运作方式上，大部分是通过空运到达库尔勒，再进行分拨，比如顺丰、圆通、中通、申通、韵达、邮政快递等。快递物流在省区间运行特征明显，辐射到全国各地。快递物流的运营特点是收费较高，时间较短。

三、基于公路的货物流向和结构分析

（一）疆内货物流向与结构分析

从库尔勒公路局提供的典型收费站车流量统计数据看，抽样年份从吐鲁番方向驶入和驶离库尔勒的 7 吨以上货运车辆分别为 47.2 万辆和 54.5 万辆，驶入的货运车辆比驶离的货运车辆少 7.3 万辆；从阿克苏方向驶入和驶离库尔勒的 7 吨以上货运车辆分别为 32.3 万辆和 32.2 万辆，驶入的货运车辆比驶离的货运车辆多出 0.1 万辆；从伊犁方向驶入和驶离库尔勒的 7 吨以上货运车辆分别为 7.4 万辆和 8 万辆，驶入的货运车辆比驶离的货运车辆少 0.6 万辆。据若羌公路分局观测，抽样年份经由若羌考干观测点进出库尔勒方向的 7 吨以上货运车辆为 23.9 万辆。

从全市货运车辆流通量来看，库尔勒市疆内货物运输结构中，乌鲁木齐方向的双向货物流通量规模较大，处在主导地位，其次阿克苏方向和若羌方向的货物运输量较大。数据表明，乌鲁木齐方向的大量货物中，约三分之一集散于巴州区域内，约三分之二经由库尔勒走向阿克苏方向和若羌方向。同样，乌鲁

木齐和若羌方向的一定规模的货物经由库尔勒走向阿克苏方向。

从货物结构来看，库尔勒市疆内的货物运输涉及所有的普通货物种类和一定规模的基于汽车运输的大宗货物。

（二）进出疆货物流向与结构分析

库尔勒进出疆货物主要有两类，一是各类普通货物，二是水果。其中，普通货物主要经由第二条出疆通道格尔木线过往，水果主要经由哈密星星峡过往。普通货物经由格尔木线过往的一个重要原因是节省过路费，水果经由哈密线过往的主要原因是高速公路对水果产品有专门的"绿色通道"。

从库尔勒出疆的货物主要有香梨、棉花、棉纱、棉粕、棉籽颗粒、工业辣椒、番茄酱、煤炭、红枣、钢材、大理石和一些畜产品等。出疆（市）货物种类和基本流向如表 8-1 所示。

表 8-1　出疆（市）货物种类和基本流向

出疆（市）货物种类	出疆（市）基本流向
香梨	发往江苏、浙江、湖南、河南较多，广东、云南、贵州等地也有一定规模
棉花	发往山东、湖北、福建最多
棉纱	发往广东、福建、江苏、浙江
棉粕（饲料添加剂）	发往四川、内蒙古、宁夏、河北、山东、陕西
棉籽颗粒	发往福建、四川
工业辣椒	发往山东、四川、陕西、河北
番茄酱	发往天津、河北最多，四川和广东也有一定规模
煤炭	发往四川、云南
红枣	发往全国各地
羊皮、牛皮、羊毛	主要发往河北

从疆外进入库尔勒的产品种类很多，几乎涉及所有的制造业产品。从库尔勒物流信息企业提供的调研资料来看，通过汽车运输从疆外进入市域的货物主要有油田建设设备、农机、日用百货、家具、服装、果蔬、矿产设备等。进疆（市）货物种类和来源区域如表 8-2 所示。

表 8-2　进疆（市）货物种类和来源区域

进疆（市）货物种类	进疆（市）货物来源区域
油田设备、农机、大米等	东北
百货、家具	广东、四川成都
蔬菜、水果	云南昆明、甘肃
服装	全国各地
太阳能板	江浙一带
活羊	甘肃、山东、内蒙古
矿产设备	河北

库尔勒市进出疆货物主要走第二条进出疆大通道格尔木线。根据若羌县阿尔金公路分局米兰河口观测点的观测数据，国道路段日平均货运车辆进出流量为 920 辆（其中特大型货车 519 辆，中型货车 388 辆，两者占 98.5%），年流通量为 33.58 万辆。业内调研显示，从进出市域的货运车辆规模看，拉进和运出的车辆数量基本相等，基本没有车辆空驶出疆的情况。例如，库尔勒兴鸿博物流园主要往疆外发运货物，每日发运车辆约 300 辆，一年累计发 11 万辆。按照货运车辆进出疆 1∶1 的比例来看，疆外一年从格尔木通道进到库尔勒市的车辆约有 11 万辆。据此推算，格尔木线全年货车流量中的三分之一集散于库尔勒市及周边辐射区域，三分之二流向阿克苏、伊犁、和田、喀什等区域。

（三）进出口货物流向与结构分析

库尔勒市出口的商品主要有香梨、番茄酱、汽车轮胎等。其中：香梨经由深圳和香港出口到东南亚、美国、欧盟等地；番茄酱的 70% 经由天津港出口到其他国家；汽车轮胎也主要依托天津港出口到其他国家和地区。出口集中于天津新港、宁波北仑港、青岛保税港区和南疆各口岸。

库尔勒市进口的商品主要为纺织设备、纺织原料、石油测井车或压裂车、化工用催化剂等。进口的国家有德国（纺织设备）、俄罗斯（化学木浆）、芬兰（化学木浆）、加拿大（化学木浆）等，进境口岸集中于阿拉山口、天津新港、上海洋山港区和霍尔果斯口岸。

四、铁路物流结构分析

在抽样年份，库尔勒市 4 个铁路货运站点共发运货物 214.90 万吨，其中大

宗稳定物资 132.38 万吨，零散白货 82.52 万吨。库尔勒站的货物发运量位居前列，达到 135.30 万吨，占货物发运量的 62.96%。库尔勒站的大宗稳定物资与零散白货发运量相当。

在抽样年份，库尔勒市 4 个铁路货运站点共到达货物 140.30 万吨，其中大宗稳定物资 79.89 万吨，零散白货 60.41 万吨。库尔勒站的货物到达量仍然较大，达到 99.25 万吨，占货物总到达量的 70.74%。

在抽样年份，库尔勒市域铁路系统共发运货物 38698 车，发运的货物以北京局、济南局、上海局、南昌局、乌局、武汉局为主要流向，达到 24511 车，占到各局总车数的 73.93%，其中上海局（9214 车）、乌局（6015 车）方向的货物发运量位居前列。库尔勒市发运的货物以石渣、棉花、化肥、纺织品、集装箱为主要品类，达到 33306 车，占到各品类总车数的 86.61%，其中棉花（8871 车）、化肥（9125 车）、纺织品（5952 车）的发运量最为突出。

五、快递物流特征分析

库尔勒市的快递业务在很大程度上也具有进出疆货物流通的特点。从快递业务的情况看，快递物件来自全国各地，主要有日用品、电子科技产品、纺织类产品等。从库尔勒市发出去的快递物件主要是当地的一些特色产品，如香梨、红枣、棉花等。库尔勒市快件进出比例为 3.5∶1。

六、管道物流特征分析

在抽样年份，石油系统油气当量产量 2500 万吨，其中原油 600 万吨，天然气 240 亿立方米。塔里木油田公司的石油、天然气主要在巴州和阿克苏地区销售，其中天然气全部通过管道销售，原油六分之一用货车销售，六分之五用管道销售。原油输送给西部管道，凝析油输送给兰州石化和乌石化。天然气在南疆五地州配置 40 亿立方米，西气东输 180 亿立方米。

第三节　库尔勒市域物流发展亮点

近年来，库尔勒市综合物流体系建设呈现了诸多亮点。根据对库尔勒市的多次系统调研和思考，本书将库尔勒市物流活动的标志性亮点归纳如下。

一、库尔勒市成为国家级陆港型物流枢纽城市

作为我国西部内陆地区最具活力的县级市，库尔勒市在较长的发展阶段持续被评价为"中国百强县市"之一，是塔里木盆地绿洲经济区域名副其实的明珠城市。多年来，库尔勒市委市政府将现代物流业视作现代服务业的核心产业和经济转型升级的主导产业，将物流业发展上升到市域经济社会发展的重大战略层面，全力推动商贸物流产业发展，使其成为库尔勒助力巴州经济高质量发展的重要支撑。

2018年12月，库尔勒市被国家发展改革委和交通运输部列为全国41个陆港型国家物流枢纽承载城市之一。州市两级高度重视、精准定位，高起点谋划、高标准要求、高质量推动，加快推进陆港型国家物流枢纽建设，努力打造经济高质量发展新引擎。根据《国家物流枢纽布局和建设规划》、《国家物流枢纽网络建设实施方案（2021—2025年）》（发改经贸〔2021〕956号）及编制工作要求，州、市发展改革委、交通局、审计局、工信局、商务局、农业农村局等19个相关部门（单位），兴鸿博物流等10余家相关企业各司其职、各负其责，形成工作合力，全力推进规划编制工作。库尔勒市作为南北疆重要的物流节点城市，依托格库铁路等重要交通通道，加快物流设施资源整合，推动库尔勒陆港型国家物流枢纽建设。

2022年，库尔勒市召开商贸物流产业高质量发展专题推进会，围绕《自治州商贸物流"十四五"规划纲要》和《库尔勒市物流业"十四五"发展规划》，出台《库尔勒商贸物流产业高质量发展实施方案》，旨在构建库尔勒以"一核、四区、二园"为主的物流业发展体系空间布局，扎实推进库尔勒商贸物流产业高质量发展。国家发展改革委印发《关于做好2022年国家物流枢纽建设工作的通知》，公布"十四五"第二批国家物流枢纽建设名单，库尔勒陆港型国家物流枢纽位列其中。枢纽项目全部建成后，库尔勒在铁路运输、公路运输、航空运输、仓配服务等功能和物流规模化方面的优势将进一步显现。库尔勒市主动融入国家物流枢纽网络，发挥枢纽的资源集聚和区域辐射作用，推动自治区现代物流业高质量发展。通过新亚欧大陆桥、中巴经济走廊，库尔勒提升向西开放的国际枢纽地位，为区域经济高质量发展提供强有力的支撑。

二、初步具备了建设中巴经济走廊商贸物流承载城市的条件

近年来，巴州与库尔勒市展开联动，充分发挥巴州面向中西南亚、对接成渝甘青、联通新亚欧大陆桥的战略区位和枢纽中心优势，较为雄厚的资源型产业基础优势，推进基础设施互联互通，拓展完善内陆开放平台，承接中东部地区产业转型升级，着力建设进出口能源资源加工储备、纺织服装、农产品加工和综合保税区等外向型产业基地，完善国际商贸物流服务功能，扩大与周边国家的经贸合作，加快建立内外联动、互利共赢、安全高效的开放型经济体系，力求将巴州建成丝绸之路经济带的重要节点和中巴经济走廊的重要产业承载地之一。

库尔勒市依托丝绸之路经济带南通道重要节点的区位优势，加快建设现代化、立体式的国家级综合交通枢纽，着力推进公路、铁路、民航等基础设施建设，推动形成贯通我国西部地区，高效连接青藏、成渝、内陆城市群和欧亚的陆空铁新通道。围绕区域性交通枢纽中心建设，优化产业链供应链布局，积极打造新疆快递分拣中心，培育大宗商品组装中心，构建商贸物流集散中转中心和商贸市场集群，力求建成南疆石油装备、农产品、纺织服装和日用品的物流集散中转中心，中欧货运班列集结中心与物流枢纽服务示范基地，推进区域性商贸物流中心建设。

库尔勒市依托陆港型国家物流枢纽和临空经济区建设，建设南疆铁路、公路、航空的交通枢纽。统筹布局现代综合物流基地，加快推进物流枢纽设施和网络体系建设，形成优势互补、协调发展的现代物流设施体系。以上库综合产业园区、纺织服装城、库尔勒经济技术开发区为承载平台，推动石油化工、纺织服装、矿产资源加工、农产品精深加工等产业链延伸和集聚化发展，培育国际贸易、保税加工、展示交易、现代供应链等产业发展动能。加快推进上库高新区化工物流园、塔什店物流园区建设，打造现代物流承载平台。探索建立与阿克苏、喀什、和田等城市的跨区域物流合作机制，促进物流基础设施互联互通和信息资源共享。加快保税物流中心建设，支持优势物流企业加强联合，构建国际物流服务网络，打造具有规模优势的跨国物流企业。发展高品质特色商圈和商贸服务集聚区，培育特色商贸市场集群，建成南疆重要的商贸物流集散中转中心、中欧班列南疆集拼集运中心和中巴经济走廊（货物）物流集散中心。

三、综合物流基础设施体系得到进一步完善

库尔勒市委市政府举全市之力，推动实施了一大批具有长远发展意义的物流基础设施工程项目，统筹铁路、公路、民航、管道等交通基础设施建设，推动实现立体互联，构建现代化综合立体交通体系，形成承东启西、连南接北的高效多通道运输格局。推动以库尔勒为核心节点的国家级综合交通枢纽建设，提升铁路、公路、航空客货运输站场服务功能，完善多式联运设施及集疏运体系，促进各种运输方式高效衔接，提高换乘换装水平，培育发展枢纽经济。推进格库铁路项目、库尔勒—伊宁铁路项目、乌尉高速公路项目、库尔勒机场改扩建项目、南疆快递产业园项目等，培育发展通道经济。这些项目的投资规模之大、辐射范围之广、推动速度之快在市域重大物流基础设施工程建设中实属罕见。这些项目的陆续落成和投入运营将对库尔勒物流产业的长远发展产生十分深远的影响。

库尔勒市加大物流园区、物流中心、仓储设施的建设力度，不断提高物流产业聚集发展水平。抓好九鼎市场整体功能规范提升，盘活做优闲置资产。扎实推进塔什店大宗货物及循环经济物流集聚区建设，打造塔什店陆港仓储物流园，配套发展公路、铁路仓储物流等生产性服务业。抓好华凌商贸物流园建设，完善功能，提升承载能力。稳步推进库尔勒南部公路物流园建设，谋划建设大型停车场，为公路物流远期整合发展预留空间。积极推进和顺农资批发市场、新疆汇锦物流有限公司公铁路物流园、新疆兴鸿博物流园等园区和市场稳步发展。规划和建设一批以石油物资、装备、农产品、纺织服装等为重点的大型物流园区，在重点工业园区布局建设专业物流园区（中心）。整合库尔勒市现有存量冷链资源，推进国家骨干冷链物流基地申报和建设，加快特色农产品、水产品等主产区冷链物流设施改造提升及扩容增效，提高全程冷链覆盖水平。

库尔勒市全面提高城市物流服务整体水平，不断提升物流效率和服务质量。构建以库尔勒机场、火车站、汽车客运站为核心的联动互补的综合交通服务体系，实现市政公交与城市快速路、高等级公路等交通网络的无缝衔接与快速换乘。在城市物流发展中，不断应用新的科技手段，如大数据、物联网等，打造创新的物流服务模式。例如，同城即时配送、智能快递柜、冷链物流等，满足消费者的个性化需求。推动物流企业与电商、金融等行业的合作，共享资源和

信息，提高物流服务质量和效率。提高信息技术应用效率，实现物流信息的实时监控、追踪和管理，提高物流运作的精准性和智能化水平。

四、市场配置物流资源的功能得到进一步增强

库尔勒市委市政府推进物流产业发展体制机制的创新，推动政府、企业和社会多方参与，形成合力，建立统一、高效、便捷的物流服务平台。鼓励构建创新性的物流业务模式和运营机制，提高物流效益和市场竞争力。近年来，随着网购环境的极大改善和人们消费习惯的改变，库尔勒市的快递产业实现蓬勃发展。一系列快递公司的进入以及分支机构的扩大，表明了快递产业的强劲发展趋势。根据"库尔勒市综合物流体系规划"课题组在抽样年份（2017年）的调查，快递企业的营业网点达到了158处，快递企业网点遍布全市九个乡三个镇。全市形成了19家品牌快递企业，包括邮政公司和EMS两家国有企业。全市快递进出业务量近一千万件，快递规模仅次于乌鲁木齐，在全疆各县市中排名第二。

香梨冷链仓储物流实现了规模化发展。近年来，库尔勒市围绕特色农产品香梨，先后兴建了大批冷库设施，形成了规模化的冷链仓储物流体系，仓储保鲜容量超过了50万吨。库尔勒市香梨冷链仓储物流体系除了满足州域的果蔬产品存储需求之外，还满足大量的阿克苏香梨、苹果的仓储需求，其中来自阿克苏市和库车市的香梨存储规模不亚于库尔勒市的香梨存储规模。

规范化建立了南疆最大的陆港型物流园区。库尔勒市以兴鸿博物流园为依托，建立了符合新疆内陆地区绿洲经济地理条件的、南疆最大的公路港型物流业态。根据"库尔勒市综合物流体系规划"课题组在抽样年份（2017年）的调查，兴鸿博物流园入驻的物流企业有248家，汽车维修企业有17家，银行有2家，宾馆餐饮企业有30余家。园区内设有近4万平方米的大型仓储中心和可以同时容纳600余辆大型货车的停车场。兴鸿博物流园构建了规范化的园区运作模式，建立了App信息化平台和管理系统，设计研发了基于多种语言的市场信息平台系统，为全市、巴州甚至南疆的公路港建设提供了重要范例。

铁路物流系统加快市场化转型。铁路物流一直是库尔勒产业发展的重要瓶颈，但是近年来铁路基础设施的改善和经济形势的演变，加速了铁路物流系统的市场化转型进程。乌鲁木齐铁路局库尔勒货运中心积极应对市场形势，建立

了以市场为导向的货运营销体制,加大了铁路物流市场开发力度,主动谋划铁路物流资源,在抽样年份增加铁路物流量 100 多万吨,成为全疆铁路物流系统吞吐量增长最快的铁路物流中心之一。

第四节 存在的问题和瓶颈

一、西部现代物流示范城市建设还需要深化

依托陆港型国家物流枢纽和区域性综合交通枢纽建设,库尔勒市现代物流发展水平不断提升,综合物流体系建设取得阶段性成效。同时,从陆港型国家物流枢纽的建设进展看,在城市规划和功能区布局层面尚未全面构建国家级陆港型枢纽城市的轮廓,在库尔勒市整体城市规划中还需要进一步凸显国家级陆港城市的特征。尽管库尔勒市具备了创建西部地区现代物流示范城市的条件,但是州市层面尚相对缺乏关于现代物流示范城市的系统规划研究,没有形成示范城市创建的工作体制机制,缺乏相应的实质性政策体系。同样,没有有效地提炼总结库尔勒市综合物流体系建设方面具有全疆意义的发展案例或典型经验做法,导致全疆乃至我国西部地区对库尔勒市一些先行先试的经验做法不了解、不熟悉。库尔勒市自身对国内外发达地区市域物流的比较研究、对典型经验做法的交流相对缺乏,关于市域物流跨越式发展的专题、深度和前瞻性研究比较少。库尔勒市各级、各部门干部对市域物流产业在南疆、全疆或西部地区层面的整体定位还缺乏清晰的认识。

目前,库尔勒市缺乏统一的市域物流协调体制,物流管理职能被分散到发改、商务、经济信息化、交通(公路、铁路、民航)、管道运输、邮政、应急管理、城建规划、公安等多个部门,各部门职能分工存在交叉重叠,交流沟通不畅。在全市范围内尚未能够建立起相对清晰的物流产业基础数据体系和统计核算工作机制,很难准确了解全市的物流产业资源要素情况。在全市各板块区域之间缺乏宏观协调机制,同质化竞争突出。例如,主城区和开发区之间的物流产业定位模糊,导致了各种同质化的物流产业项目在开发和招商阶段的恶性竞争,产生了行业之间的"拼优惠",形成了政策的"价格竞争",甚至存在不惜成本拉拢商户的状况。这种局面既造成了资源浪费,也削弱了相互合作、功能

互补的可能性，制约了库尔勒市整体物流的协调发展。由于各部门的力量未能在一个集约化的平台上实现对接和发挥，全市尚未在财税、土地、价格、人才、投融资、交通运输等方面出台一系列鼓励现代物流业发展的政策措施。

库尔勒市在建设中巴经济走廊商贸物流承载城市方面，还要全面争取建设一些关键性的外向型经济合作发展平台，比如跨境电商基地、保税物流基地，并构建口岸功能体系、与巴基斯坦等国家主要城市间的民航通道体系以及跨境物流合作机制、跨境物流企业培育机制、人员贸易往来机制等。需要基于国家关于国际经济走廊建设的指导性政策和发达地区的经验做法进行系统研究，提出和完善州市层面建设中巴经济走廊商贸物流承载城市的具体工作思路、实施方案、项目清单、合作制度规范等。

二、多式联运体系的关联性和畅通性需要进一步提升

目前，库尔勒市综合交通枢纽体系和商贸物流体系建设的项目布局基本趋于清晰化，但是这些项目或商贸物流基地之间的各类综合通道联系还需进一步强化。比如市域各区域板块之间、产业园区之间、主要场站之间、重点物流园区和重点商贸市场之间的一系列综合通道要打通和连接，构建功能齐全、效率高效的多式联运体系。一些明显的问题是：公路、铁路、民航等行业之间的联合物流业务较少；物流运输通道与物流节点结合不紧密，不同运输方式缺乏有效衔接，尚未形成多种运输方式协调发展的综合运输体系；现有公路、铁路、航空货物运输在包装、仓储方面的管理办法，以及涉及物流企业的工商、税务、检验、企业登记规则及单证的政策法规难以适应新形势下现代物流发展的需要，如每年9—11月是香梨、棉花运输的高峰期，这期间罚款多、检查多，严重影响香梨、棉花向外运输，影响农民收入。

此外，相对突出的一个问题是城市交通的拥堵问题。近年来，库尔勒城市道路交通拥堵问题比较突出，影响物流运输效率和送货时间。原因是多方面的，如车辆数量过多、道路规划不合理、公共交通不发达、交通管理不善、道路施工和事故较多等，需要加强交通管理和规划，优化交通网络，减少拥堵现象。

对于一些重大的铁路和高速公路等物流基础设施项目如何拉动区域经济发展，如何与沿线地方经济和产业发展有效衔接起来，库尔勒市目前缺乏前瞻性预判和主动性参与。总体上，库尔勒市的经济地理和物流产业发展优势以及重

要的物流通道作用尚未充分发挥。

三、农村物流短板需要全面补齐

库尔勒市是南疆区域甚至全疆区域城市化进程较快的一个年轻城市，在城市物流配送体系建设方面进行了一些积极探索，有效保障了城市经济社会的可持续运行。但是，市域各乡镇场、行政村队和村民小组的物流配送体系建设存在一些不可忽视的瓶颈问题和制约因素。相比城市地区，农村地区的基础设施建设相对滞后，交通网络不完善，道路质量较差，缺乏现代化的物流设施和配送中心。农村地区整体的信息化水平相对较低，缺乏有效的信息共享平台和物流管理系统，信息传递和处理不及时，导致物流配送过程中出现信息断档、数据错误等问题。农村地区人口分散、地域广阔，配送路线复杂，往往需要覆盖更多的乡村和农户。这增加了物流配送的难度和成本，同时也增加了配送时间和交通拥堵的风险。在末端配送方面，由于农村道路条件较差且分散，往往需要使用小型或者非标准化的交通工具进行配送。但这样的交通工具数量有限，不利于大规模的物流配送。再者，农村地区的物流从业人员素质整体较低，缺乏专业技能和管理经验。缺乏高素质的物流人才对物流配送的效率和质量造成了一定的影响。

以上都是农村物流配送体系建设中的现实问题，需要按照国家关于农村物流配送体系建设的相关政策和规划要求，着力推进"快递进村"工程，提升建制村快递通达率。积极推进农村物流体系建设，整合供销、邮政、交通等部门现有站点资源，加快推进市、乡、村三级物流网络体系和农村物流综合服务站建设。推进电商平台与农村物流的整合，发展产运销一体化物流供应链服务。

四、物流信息化装备水平还需要进一步提升

信息化是市域经济社会发展的一个总体趋势，为此，库尔勒市在综合物流体系建设层面，要对信息化与物流产业的融合发展问题进行专题研究，不断提高物流产业的信息化装备水平，全面提高城乡物流配送效率。

需要关注的一个重要问题是市域物流公共信息平台的建设问题。一方面，不同园区之间、商贸市场之间、货运场站之间等相对缺乏基于市场化的物流信息交换机制；另一方面，政府相关行业管理部门对市域物流信息的掌握不够全

面，缺乏有效的物流信息采集机制，导致一些产业发展决策和行业政策缺乏有效的数据支撑。一些企业对信息技术的应用比较欠缺，物流信息不透明，难以实现物流的实时监控和追踪。需要推动物流企业加强信息化建设，提高物流信息共享和互联互通能力，降低整体社会物流运行成本。

需要关注的另一个重要问题是市域各类产品的溯源体系建设问题，即物联网建设问题。作为商贸物流发展较快的城市，库尔勒市应尽早研究产品溯源体系建设问题，不断推动工业品、农副产品、旅游产品等各类产品的溯源体系建设。可以依托一些特色产品和特色企业开展先行先试和示范试点工作，总结产品溯源体系建设的有效经验，逐步在全市范围普及、推广相对低成本的溯源体系运行模式。要特别注意产品溯源体系建设与物流配送体系建设的兼容性，真正实现产品从生产源头到用户末端的完整环节性物流配送效率。

第九章

库尔勒市综合物流体系建设面临的形势

在构建新发展格局的背景下，全国综合物流体系建设进入国内国际双循环、建设全国统一市场等新的发展阶段。而随着库尔勒市被纳入国家陆港型枢纽城市建设布局中，库尔勒市综合物流体系建设也获得了新的发展起点和基础。我国西部地区陆海新通道建设、新疆丝绸之路经济带核心区建设、南疆互联互通体系建设等都从外围层面对库尔勒市综合物流体系的建设产生了深远的影响。城市经济社会的转型、电子商务的兴起、城乡物流配送体系的完善、物流产业新业态新模式的出现都对综合物流体系的建设发展提出了更高的要求。在与周边地区互联互通体系和产业经济体系融合发展的进程中，库尔勒市综合物流体系的发展演变在结构上也呈现了一些规律性趋势。

第一节 面临的形势

新发展阶段是库尔勒市加快建设综合物流体系，获取物流领先优势的关键时期，也是库尔勒市把区位、交通、资源等传统优势转化为产业、物流、市场等综合竞争优势的战略机遇期。抢抓机遇，迎接挑战，促进现代物流业快速健康发展，对于库尔勒市调整升级产业结构、转变经济发展方式、增强区域核心竞争力和提高人民生活水平具有重要作用。同时，随着国内产业结构的深入调整，疆内各地州市竞相加快发展现代物流业，抢占物流发展制高点。库尔勒市物流业发展进入了规模扩张与质量提升的关键时期，面临着难得的战略机遇。

一、国内"大循环"、国内国际"双循环"发展形势

在新发展阶段，我国的经济发展面临着国内"大循环"、国内国际"双循环"的发展形势。在国内层面，我国一直致力于实现经济的内需驱动，通过扩

大内需、提升消费水平和鼓励创新来促进经济增长。我国采取了一系列政策措施，包括减税降费、增加社会保障等，以推动消费的增长和民众购买力的提高。此外，我国还大力推动创新发展，加大对科技研发和人才培养的投入，以增强经济发展的内生动力。在国际层面，我国积极进行对外开放，深化与世界各国的经贸合作。我国签署了多个自由贸易协定，包括中国－东盟自由贸易协定、中日韩自由贸易协定等，推动了区域贸易的自由化和便利化。此外，我国还积极参与全球治理体系改革，推动构建开放型世界经济。

在"大循环""双循环"层面，我国将国内市场需求作为经济增长的主要引擎，并与国际市场需求紧密结合。"双循环"强调了国内外市场的双向互动，既要依靠国内市场推动经济发展，也要积极扩大对外开放，发挥国际市场的作用。通过在国内外市场之间形成良性循环，我国的经济发展可以更加稳健和可持续。总体来说，我国国内"大循环"、国内国际"双循环"的发展形势是相辅相成的。通过不断深化国内改革和扩大对外开放，中国经济将实现更高质量、更可持续的发展，并为全球经济增长做出更大贡献。

对于库尔勒市城市经济的发展而言，"大循环""双循环"意味着重要的发展机遇和宏观背景。首先，"大循环""双循环"对库尔勒市意味着要全面建设和完善对外互联互通体系。新疆本来就是我国经济社会发展的一个战略纵深区域，而库尔勒市又处在新疆的地理中心地带以及中巴经济走廊的战略支点地带。要推进我国的"大循环""双循环"，必须加大西部地区综合交通基础设施体系的建设力度，加强西部地区与中部地区、西南地区以及周边国家和地区的基础设施互联互通。随着我国西部地区互联互通体系的完善，库尔勒市的对外物流通道体系也将获得重要的提升机遇。

其次，在全国经济地理板块中，西部地区是挖掘经济发展潜力的重点地区之一。一方面，西部地区固定资产投资蕴藏着巨大的空间。在"大循环""双循环"体系建设中，要大力扩大西部地区的基础设施投资建设力度，拉动西部地区的经济增长。另一方面，通过增强西部地区的社会消费能力，可以为东部地区各类产业和产品开拓创造一个更加广阔的国内市场空间。这些都对会西部地区各类城市经济社会的发展产生长远的影响。

再次，西部地区各类能源、矿产资源丰富，在国内能源基地建设中具有重要地位。随着"大循环""双循环"体系的建设，我国能源需求对西部地区资源

开发的依赖性将进一步增强。这会对西部地区能源资源开发产业产生重要的拉动作用。库尔勒市等能源资源加工城市也将获得石油化工等产业快速发展的市场机遇。

最后,"大循环""双循环"体系建设将进一步加快全国统一市场的形成进程。伴随着全国统一市场水平的提高,库尔勒市等西部地区城市将更加有效地融入和参与全国统一市场,可将更多的巴州产品、南疆产品和西部地区产品投放到中部地区、西南地区、东北地区等市场,不断增强货物贸易的发展能力和综合物流运输能力。

同时,贯彻新时代党的治疆方略和推动经济高质量发展要求提升现代物流的基础支撑和价值创造能力。第三次中央新疆工作座谈会要求完整准确贯彻新时代党的治疆方略,并指出"发展是新疆长治久安的重要基础"。这要求新疆统筹安全与发展,聚焦现代物流与全区一、二、三产业融合发展的需求,提升现代物流对制造、商贸、农业等产业的基础支撑与价值创造能力,以物流支撑供应链、供应链服务产业链、产业链提升价值链的"三链融合"为突破方向,提升经济产业发展的活力和竞争力。

在党中央全面统筹下开展的全国 19 个省市、中央和国家机关、中央企业对口支援新疆的工作模式对新疆区域经济高质量发展提供了强有力的推动作用。新疆区域经济与内地经济体系的一体化融合发展、制造业体系的转型升级、战略性新兴产业体系(如生物科技、新能源、新材料、人工智能、物联网、大数据、应急安全体系等)的有效构建、农业农村的现代化建设、服务业数字经济水平的提升、人才培养和引进体制机制的创新等对新疆的经济社会发展提出了更加紧迫的工作要求。而整体高质量发展体系的构建对现代流通体系的建设提出了更加广泛和深入的基础性支撑要求。在所有高质量发展环节的运行中,流通体系建设将发挥至关重要的牵引、推进等作用。

二、国家陆港型枢纽城市建设形势

在共建"一带一路"倡议的背景下,国家出台了一系列规划和指导意见,加快全国陆港型枢纽城市的建设,其中库尔勒市被纳入全国陆港型枢纽城市的建设布局中。随着我国与丝绸之路经济带共建国家贸易往来的进一步深化,必将为物流服务的发展开辟更广阔的空间。加强企业与中亚、西亚、南亚以及欧

洲国家的投资合作也必将带动库尔勒市物流产业向纵深发展。内地企业依托丝绸之路经济带持续拓展对外经贸合作还将为库尔勒市带来不断增长的物流产业需求。而中巴经济走廊战略推动了我国的向西开放战略，拓展了对外贸易发展新格局，必将对南疆经济社会发展产生重要影响。该走廊的建设将为库尔勒市与沿线地区加强贸易往来、人员交流、产业合作、信息沟通以及建立紧密的经济联系提供强有力的支撑和保障，为发展出口加工业以及工业产品向西出口提供良好机遇。库尔勒市作为天山南坡产业带的重要增长极，其引领南疆经济社会发展的实验区功能将进一步强化，物流市场结构和规模都将发生重要变化。

库尔勒市是丝绸之路经济带南通道、中巴经济走廊和南北疆大通道上的综合交通枢纽中心，是丝绸之路经济带核心区的战略支点。库尔勒市产业基础较好，经济总量较大，交通设施不断完善。随着南疆和巴州物流区域布局的逐步调整，库尔勒市汇集三大物流通道、地处物流密集区的区位优势将更加突出，有助于库尔勒市集聚区域物流资源，对接疆内外物流网络，融入国际物流市场。第二条进出疆通道功能的进一步完善和南疆经济隆起带的率先发展，将为库尔勒市顺应丝绸之路经济带物流网络由我国中部地区向中亚、西亚和南亚地区延伸，依托立体化交通运输网络，主动承接国际物流产业转移，构筑各具特色的区域性物流发展格局提供有利契机。尤其是伴随着巴州丝绸之路腹地经济的快速发展和产业结构的优化升级，库尔勒市在南疆区域经济发展中的桥头堡作用将更加明显。

将库尔勒市纳入全国陆港型枢纽城市建设布局中，一方面反映了中央、自治区政府对巴州和库尔勒市两级交通物流体系建设工作成效的认可，另一方面又对库尔勒市综合物流体系的发展定位和功能提出了更高区域层次的要求。至少从技术层面讲，既然被认定为国家级陆港型枢纽城市，就要按照国家关于陆港型枢纽城市的建设标准来谋划库尔勒市的交通物流布局和城市功能布局。因此，需要对库尔勒市的整体城市空间规划、综合交通等基础设施布局、商贸物流园区布局、城市片区布局等进行优化型调整，以满足国家级陆港型枢纽城市的建设发展要求。这既是库尔勒市作为西部区域性城市实现功能提升的重大机遇，又是州市两级工作面临的一个新的挑战。如何打造西部内陆地区具有综合交通物流枢纽功能的陆港型城市是摆在州市两级城市规划和发展改革部门面前的重大课题。对于库尔勒市城市功能的提升而言，陆港型枢纽城市这个定位也

意味着城市重大基础设施、市政设施工程的重要发展机遇。

三、重大互联互通项目建设形势

近年来，依托国家、西部地区和自治区的相关综合交通规划和产业发展规划，新疆南疆地区启动了一批重大铁路、高速公路和民航机场等基础设施建设项目，南疆地区的基础设施投资进入新发展阶段。一些重大铁路、公路等基础设施项目的建设，对库尔勒市的外向型物流业发展总体布局产生了重要影响，推动库尔勒市域物流的发展格局发生转变。物流通道重点项目建设是撬动库尔勒市物流产业发展的"总开关"，是牵动库尔勒市物流产业发展全局的"牛鼻子"，是事关库尔勒市经济社会长远发展、可持续发展的重要支撑。格尔木—库尔勒铁路的建设打通了第二条出疆大通道。库尔勒机场的扩建投运，完善了航线网络，形成了功能完善、航线通达、布局合理、运载力强的航空运输体系，使库尔勒机场成为新疆第二大航空枢纽。乌尉高速公路的建设将进一步强化乌鲁木齐市与库尔勒市之间的商贸物流发展联系。南疆快递产业园的建设将进一步加快库尔勒市成为南疆快递分拨中心的发展进程。这一系列重大项目将在市域物流发展过程中充分发挥带动效应、连锁效应，全力推动库尔勒市物流产业发展进入快速通道。

已经建成或正在推动建设的一系列基础设施项目将对库尔勒市的物流通道建设发挥长远的支撑作用。格尔木—库尔勒铁路运行后，货运能力快速提升并实现区域饱和，展现了库尔勒铁路以及南疆铁路的重大发展潜力。随着格尔木—库尔勒铁路货运规模的扩大，国家又研究启动了该铁路运力扩建、提升工程。随着该铁路运输规模的全面增加，其对库尔勒市综合物流体系建设的影响将更加深刻。此外，规划建设中的伊宁—阿克苏铁路将与库尔勒铁路实现连接，这将开辟从我国西南地区经格尔木—库尔勒铁路通往伊宁—霍尔果斯口岸的又一崭新铁路通道，将对整个地区的铁路网络和铁路通道建设产生深远的影响。此外，新疆东疆地区与内地之间铁路通道体系的完善也将对库尔勒市的铁路通道体系建设产生重要影响。而在高速公路体系建设和机场体系建设中，整个南疆地区的综合交通基础设施布局将得到全面提升。这些都对库尔勒市高速公路通道建设、民航航线通道建设等产生积极的影响。对于在南疆综合交通体系中具有重要地位的库尔勒市而言，自身和周边地区重大基础设施的建设和运行，

将对提升库尔勒市的综合物流体系运营能力、管理能力、竞争能力产生长远的影响。

四、环塔里木经济带建设形势

2023 年，新疆维吾尔自治区党委十届八次全会审议通过了《中共新疆维吾尔自治区委员会 新疆维吾尔自治区人民政府关于促进南疆高质量发展的若干政策措施》，提出了建设"南疆环塔里木经济带"的战略构想，这是新疆区域经济布局的重大战略性调整。从区域整体性发展角度看，环塔里木经济带将发挥对南疆整体区域发展的引领性、带动性作用，并与天山北坡经济带形成联动发展格局。从空间辐射范围看，环塔里木经济带是指中国西部地区的新疆维吾尔自治区、青海省以及周边地区形成的一个经济发展带。从对外开放格局看，南疆具有"五口通八国，一路连欧亚"的独特区位优势，高水平对外开放是南疆未来发展的最大优势和潜力所在。环塔里木经济带建设对库尔勒市综合物流体系的建设将产生两个方面的重大影响，一是库尔勒市在环塔里木经济带区域物流体系中将发挥更加重要的支撑作用，二是南疆地区的物流产业发展竞争将进一步加剧。

库尔勒市对环塔里木经济带的支撑作用将进一步强化。自治区提出环塔里木经济带构想后，出台了 37 条政策措施，力求加快推进南疆的产业体系建设、基础设施体系建设和对外开放布局。其中，对南疆地区互联互通基础设施体系建设也提出了明确的要求。在南疆区域发展格局中，巴州处在环塔里木经济带的东部广阔区域，和田—若羌铁路的贯通、格尔木—库尔勒铁路的扩建提能、若羌—罗布泊铁路的建设、伊宁—巴伦台—库尔勒铁路的研究、南疆铁路电气化的推进等都对塔里木盆地东部的铁路发展格局产生重大影响，其中库尔勒市作为重要铁路枢纽，其区域地位将得到进一步提升，区域物流服务基础设施能力将得到进一步提高，对整个环塔里木经济带交通物流的影响力将得到进一步强化。届时，库尔勒市将成为南疆与东疆、南疆与北疆、南疆与伊犁河谷、西南地区与伊犁河谷等通道联系的核心枢纽，对整个区域发展布局产生重要的支撑作用。

同时，环塔里木经济带区域城市之间的物流竞争将进一步加剧，呈现经济带主要城市物流合作与竞争并存的局面。例如，阿克苏市欲打造成为南疆集物

流、贸易、加工、信息等功能于一体的丝绸之路经济带区域性商贸物流中心；拟依托阿温一体化布局，建设公铁联运物流枢纽港、电子商务产业园、机电建材物流中心、轻纺产业物流中心和农副产品加工物流中心。库车市布局建设铁路物流园区、煤化工物流园区和建材物流园区，全力争取成为全国电子商务进农村综合示范县。喀什市依托中巴经济走廊建设及口岸集群交通网络，加快商贸物流及交通基础设施建设，构建重点面向南亚、中亚的商贸物流核心圈，打造国际商贸物流基地；重点建设喀什国际陆港、喀什综合保税区物流园区、喀什远方国际物流港、广州新城国际商贸物流综合交易平台、曙光国际物流平台等物流园区和一批农副产品、汽车、农业生产资料和建筑材料交易配送中心，推动喀什成为国家跨境电子商务示范城市。

阿克苏市、库车市、喀什市三市的一系列商贸物流项目，将进一步加快南疆地区物流产业的分工与协作进程，不断提高该区域在全疆物流经济发展格局中的地位和影响力。一方面，为库尔勒市充分发挥自身优势，积极参与跨区域物流分工和协作，不断拓展物流服务领域和对外辐射范围创造了更加有利的环境；另一方面，进一步加剧地区之间在物流要素、市场份额、发展理念和举措层面的竞争，进一步分割南疆整体物流市场容量。南疆物流产业发展格局演变为各市（县）之间竞争与合作并存的局面。

五、物流产业自我转型升级形势

新一轮科技革命要求加快现代物流技术创新与业态升级。现代信息技术、新型智慧装备的广泛应用，现代产业体系质量、效率、动力变革的深入推进，既为物流创新发展注入新活力，也要求加快现代物流数字化、网络化、智慧化赋能，打造科技含量高、创新能力强的智慧物流新模式。随着互联网、大数据、云计算、物联网与人工智能等新技术和新业态的发展，各种平台经济、商业创新模式不断涌现，物流产业加快融入"互联网+"进程，与工业、农业以及金融、信息、会展等服务产业融合发展。同时，随着自动化、标准化技术装备和以物联网为代表的智能化新兴信息技术的广泛应用，物流运作的集成化、便捷化水平大幅提升。网络购物突破了传统商务的障碍，无论对消费者还是商家都有着巨大的吸引力和影响力，成为电子商务的主干行业，其未来发展势不可挡。现代物流与电子商务的快速发展，将带动城乡配送等新兴物流市场需求，进一步扩大生活性物流规模，这必将推动库尔勒市发挥后发优势，创新发展模式，实现物流产业跨越式发展。

现代化的流通体系需要借助信息技术和物流技术的支持，建立起高效、快速、灵活的供应链和物流网络。同时，也需要注重服务创新和市场敏感性，不断适应市场变化和消费者需求的变化。只有不断追求创新和提高，流通体系才能实现可持续发展并为经济社会的发展做出贡献。例如，现代化的流通体系需要建立起完善的信息化系统，包括电子商务平台、订单管理系统、库存管理系统等。通过信息化系统，可以实现供应链的透明化与快速响应，提高流通效率和服务质量。现代化的流通体系需要具备快速响应市场需求的能力。通过对市场的及时监测和预测，以及灵活的供应链管理，能够快速调整产品种类、数量和价格，满足消费者的个性化需求。现代化的流通体系需要建立起覆盖全国或全球的网络分销体系，实现多渠道的销售和配送。通过线上线下相结合的方式，将产品和服务送到消费者身边，提高消费者的购物便利性和满意度。现代化的流通体系需要建立起高效的物流配送网络，通过优化物流路径、运输方式和仓储管理，实现快速、准时、低成本的商品配送。同时，也需要加强与第三方物流企业的合作，提高物流效率和降低物流成本。

绿色物流的发展要求在于减少能源消耗、降低碳排放、优化运输路线、提高运输效率、推广可再生能源、使用环保包装材料、促进信息技术应用和引入绿色供应链管理。这些要求旨在实现物流活动的可持续发展，减少对环境的负面影响。绿色物流要求采用节能技术和设备，减少运输过程中的能源消耗，同时通过使用低碳燃料或电动车辆等方式减少碳排放。绿色物流鼓励使用可再生能源，如太阳能、风能等，以满足物流过程中的能源需求，减少对传统能源的依赖。绿色物流要求使用环保包装材料，如可降解材料或可回收材料，减少废弃物的产生和对环境的污染。绿色物流要求将环境考虑纳入供应链管理的各个环节，包括原材料采购、生产过程、仓储管理等，以确保整体供应链的绿色化。为了实现碳中和，物流企业需要采用更环保、高效的设备和技术，并进行技术创新和改造，例如使用电动车辆、改善运输路线规划等。这将促使物流企业进行技术升级，提高运营效率和环保程度。随着碳中和的日益重要，越来越多的消费者、企业和政府机构开始倾向于选择碳中和的物流供应链。物流企业如果能提供碳中和的服务，将能够提升自身的市场竞争力，赢得更多客户和合作

伙伴。

回收物流发展的重要性将进一步增强。回收物流可以有效减少废弃物对环境的污染和资源的浪费。通过优化回收物品的收集、分类和处理流程，可以最大限度地回收再利用资源，减少对新资源的开采与消耗，达到环境保护的目标。回收物流产业可以创造新的就业机会，提供更多的工作岗位。同时，回收物流产业还可以发展相应的技术与设备，促进相关产业的发展，形成良性的经济循环。随着人们环境保护意识的提高，政府对于废弃物管理和回收的法律法规也越来越严格。政府部门出台相关政策和法规，提供激励机制和潜在的经济支持，以促进回收物流的发展。政府还加强监管和执法，确保回收物流企业遵守环境保护和资源利用的规定。回收物流企业需要依靠先进的技术手段和设备来实现高效、准确的废物收集、分类和处理。通过投资于研发和创新，推动新技术的应用，可以提高回收物流的效率和可持续性。回收物流企业需要建立广泛的合作网络，包括与废物产生单位、回收站点和再利用企业建立合作关系。通过合作与协作，优化物流路径和流程，提高回收效率，并促进资源的循环利用。

第二节 发展要求

城市物流发展的总体要求涉及高效性、环保性、安全性、创新性等诸多层面。市域物流要为城乡居民提供更加便利化的配送服务，要为城市各类产业发展提供更加高效的原料和制成品配送运输服务，要为城市经济社会的安全发展提供应急能力较强的保障性物流配送服务。同时，作为现代产业体系中的战略性新兴产业之一，物流产业要不断进行自我技术创新、管理创新和服务品质提升，有效实现产业的自我转型升级。除了保障生产性、生活性和应急性物流之外，市域物流还要为城市经济的增长和产业结构的调整做出积极贡献。

一、全面满足城乡居民高效物流配送的需求

市域物流存在的重大价值之一是全面满足城乡居民对其生产、生活相关的商品物资的配送需求。首先，要全面保障城乡物流配送体系的完整性，要将物流配送点布置到城市的所有社区或居民区、农村的所有村落或村组，最好能够实现"门到门"服务，这样才能全面保障城乡居民的物流配送需求。要通过企

业化的管理方式，给所有城乡居民提供便利化发件或取件的可能性。在信息化发展的条件下，社区或村组的快递柜建设是十分必要的，并且要让城乡居民及时收到取件信息。其次，要全面满足城乡居民多样化的物流配送需求。要为城乡居民提供多种物流服务选择，如快递、货运、冷链等，满足不同的需求。其中，冷链配送是需要下大力气完善的物流配送方式。对此，需要在真空包装、恒温配送等层面积极探索针对城乡居民的冷链配送模式。随着人民生活水平的提高，城市居民更需要消费绿色、天然、有机的农副产品或食品，但是这些产品往往远在农村的田间和圈舍中。为此，需要构建完整的保鲜冷链配送链条。一方面，配送企业收到电商产品时能够有效预处理特色农产品；另一方面，送达城市居民手中时能够保持所下单产品的新鲜品质。因此，物流服务体系要全面解决冷链配送领域的一系列技术问题和包装问题。最后，要全面保障物流配送的及时性、安全性和经济性，为城乡居民创造更加便利化、人性化和成本合理的物流配送环境。

二、全面满足市域各类企业生产性物流配送的需求

产业发展是城市经济发展的基础，是城市经济得以可持续运行的根本性保障之一。城市综合物流服务体系要为城市的各类产业发展提供便利高效的物流运输保障。首先，要及时、全面地保障城市中各类生产企业的原材料和制成品的运输需求。对此，要建设完善物流基础设施，包括道路、桥梁、港口、机场等，确保物流运输的通畅和便捷。要在一些产业园区、重大农业产业化基地、重大矿产基地建设好铁路专用线等设施，全面保障大宗货物的物流运输需求。要特别注意多元化铁路通道的建设，为大宗物资长距离运输提供相对便利的铁路通道和车厢，避免出现铁路运输的季节性拥堵。要建设与农产品生产规模、消费规模相适应的冷库基地和库房容量，保障农产品一年四季连续不断的市场供应。要建设好各类大型商贸市场、商业区、货运场站、批零市场的综合停车场等设施，为城市生产物资配送和商业贸易物资配送提供便利化的物流运输环境。其次，要全面保障石油、天然气等能源物资行业和危化品等特殊行业的物流配送需求。培养专业化的能源和危化品物流供应企业，全面提高能源和危化品运输的安全保障水平。再次，要建立物流信息服务功能强大的公共物流信息化平台，为各类企业群体的物流运输提供高效便利的信息服务，使得需求企业

能够第一时间获得货运车辆、车皮等信息，便于安排生产和销售活动。借助信息技术和物联网技术，实现物流信息的实时监控和管理，提高物流操作的精准度和效率。最后，大力发展第三方物流企业，全面提高物流服务的社会化发展水平。制定和实施物流管理相关的政策和制度，加强对物流企业的监管，提高物流效率和质量。建设和培养专业的物流从业人员队伍，提供全程的物流服务，包括仓储、运输、配送、货物跟踪等，满足城市产业对物流的多样化需求。建立健全市场机制，促进物流企业间的竞争，提高物流服务的质量和效率，降低物流成本。与周边城市和地区加强合作，建立物流资源共享机制，实现物流业务的互联互通，提高整体物流效率和供应链的协同性。

三、全面满足城市应急保障性物流配送的需求

围绕社会经济安全需要和应急动员储备需要，全面构建现代化的城市应急物流服务体系。首先，建立覆盖范围广泛的城市应急物资储备动员体系，例如，应对重大医疗卫生或防疫事件的医疗物资储备动员体系、应对重大安全事件的维稳物资储备动员体系、应对地震等不可预测事件的救援物资储备动员体系、应对各类气象灾害如洪涝灾害的救援物资储备动员体系、应对国计民生安全问题的储备粮食和储备肉等保障动员体系、应对城市能源安全问题的石油和天然气等关键物资储备动员体系等。合理规划和建设应急物流设施，包括仓库、停车场、运输线路等。设施的选址要考虑到交通便利性和容量，以便能够满足大规模物资储备和快速调运的需求。要建立统一、集中管理的应急物资储备库，储备足够数量和种类的关键物资，例如医疗物资、食品、水、药品等。同时，要定期检查和更新库存物资，确保其质量和可用性。其次，建立比较完善的城乡应急预案机制，明确应急物流队伍的组织架构、指挥系统、资源分配和调度机制等，确保应急物资能够快速、有效地运输到目的地。再次，利用物流信息技术，建立完善的应急物流信息系统，实现物资运输全程的实时监控和跟踪，提高物流的透明度和可追溯性。这样可以及时发现问题和异常情况，并做出相应的调整和处理。最后，培养和建设一支专业化、高素质的应急物流队伍，涉及物流管理人员、驾驶员、搬运工等多个岗位。通过培训和演练，提高队伍的应急响应能力和工作效率。要做到常态化应急演练，以便在出现紧急情况时主动应对。加强与政府、企业、社会组织等相关部门的合作，形成应急物流的联

动机制。在应急情况下，各个部门要及时共享信息、资源和协调行动，以保障应急物资的快速运输和分配。

四、全面满足城市物流产业转型升级发展的需求

作为服务业的重要组成部分和战略性新兴产业，物流产业在为城市经济社会发展提供好各类保障服务的同时，还需要更加关注产业体系自身的结构调整和转型升级，不断增强城市物流产业的主动发展能力、前瞻性发展能力和专业化发展能力，为支撑城市经济社会发展发挥重要的基础性作用。首先，城市物流产业需要利用物联网、大数据、人工智能等技术，实现物流过程的自动化和智能化。通过智能物流系统，优化配送路线和时间，提升配送效率，减少人力成本和能源消耗。其次，城市物流需要朝着绿色低碳的方向进行转型。建设清洁能源驱动的交通工具和物流设施，推广使用新能源车辆，减少污染物排放，降低碳排放量。再次，发展多式联运和综合运输体系，整合不同运输方式，提高货物的运输效率和服务质量。例如，将铁路、航空等运输方式与城市内部的快递、配送网络相连接，提供更快速、可靠的货物运输服务。加强与供应商、生产商、零售商等各环节的协作，优化供应链管理，降低物流成本和库存压力，提高物流效率。通过信息化技术和实时数据分析，加强供需匹配，提供及时的物流服务。最后，加强人才培养和创新能力的提升，培养适应新形势下城市物流发展需求的专业人才。鼓励创新创业，推动新技术、新模式在城市物流领域的应用和推广。只有不断适应新的市场需求和技术变革，城市物流产业才能够实现可持续发展。

五、全面满足城市产业结构调整的需求

城市产业结构的调整需求是多方面的，涉及战略转型、产业升级、结构优化、就业机会和社会稳定等。通过满足这些需求，城市可以实现经济结构的优化和可持续发展。由于市场环境、技术变革等原因，城市需要对产业结构进行战略性调整。例如，从传统制造业向高端制造业、服务业、创新产业等进行转型，以适应市场需求和提升竞争力。城市需要通过升级现有产业，提升产业附加值和竞争力。例如，通过技术改造和创新，提高产品质量，降低生产成本，使产业更具竞争力。城市需要调整产业结构中不合理、低效的部分。例如，在

控制、包装等物流装备技术的加快应用，将有效提升物流产业的发展水平。

在发展模式上，市域物流将从着力提升单一物流方式的能力向加强综合物流衔接协调、发挥综合物流体系的整体效率转变。未来10~20年，库尔勒市物流产业发展中将更加注重调整优化综合物流结构，促进各物流方式的融合交汇、统筹发展，在充分发挥综合物流整体优势和组合效率的同时，不断提升物流服务品质，适应日益提升的物流服务需求。在抓好传统商贸物流和大宗物流的基础上，将加强快递物流、电商物流、应急储备物流等新兴业态的建设。

三、网络布局的形成期

巴州和库尔勒市综合运输体系骨干交通网络的进一步完善以及库尔勒市区位交通的新变化，将进一步促进物流网络的完善，全市物流业发展的区域聚集和辐射态势将进一步形成。未来10~20年，库尔勒市物流通道建设将从加快构建市内综合交通骨架网络向强化与周边区域联系、提高进出疆互联互通水平转变。库尔勒市铁路货运站可望实现由市域性的货物集散中心向南疆全局性的货物集散中心的跨越，进一步发挥环塔铁路物流的集结功能，促进全市物流网络骨架的完善。

在物流节点建设上，全市将建设和完善一大批物流园区和物流中心项目，促进全市物流节点布局的进一步完善和优化。同时，全市一批城乡商品集散市场和配送中心积极适应新发展阶段，摸索产业转型和功能优化的路径，商贸物流配送体系和农村末端物流配送体系将进一步完善。

四、体制机制的创新期

未来，现代物流管理体制机制创新将进入攻坚阶段，库尔勒市将按照精简、统一、高效的原则和决策、执行、监督相协调的要求，建立决策科学、权责对等、分工合理、执行顺畅、监督有力的物流综合管理体系，逐步建立统一开放、竞争有序的物流服务市场。

库尔勒市将积极发挥产业引导和推动作用，通过出台相关法规和政策，为物流企业提供良好的发展环境和政策支持。市政府将加强与物流企业的沟通合作，了解其需求并提供相应的支持和帮助。同时将通过设立专门的物流发展部门或机构，提供资金支持和政策扶持，引导和推动物流企业的发展。

第十章

建设愿景构想与建设目标

第一节 战略定位与建设愿景

库尔勒市物流产业的战略定位和建设愿景，要根据其在丝绸之路经济带建设、中巴经济走廊建设、西部陆海新通道建设、丝绸之路经济带核心区建设、环塔里木经济带建设、库尔勒城市经济高质量发展等多层次区域发展格局中的功能和地位来讨论和确定。

一、战略定位

党中央、国务院高度重视新疆经济社会发展稳定大局，在三次中央新疆工作座谈会中，系统阐述了新疆在国家战略全局中的特殊重要性，提出了新疆发展的五大战略定位，即我国西北的战略屏障，实施西部大开发战略的重点地区，我国向西开放的重要门户，全国重要的能源基地和运输通道，丝绸之路经济带核心区。

库尔勒市位于新疆维吾尔自治区的地理中心位置，天山支脉霍拉山南麓，塔里木盆地东北缘，是南疆和北疆联系的枢纽之地。库尔勒市南邻尉犁县，北接焉耆县、和静县，西北与轮台县毗邻，东与博湖县相连，区位和战略优势十分明显。库尔勒市资源富集，物产丰富，历史悠久，人文荟萃，景观独特，大美宜人，产业完备，潜力巨大，充满着生机和活力。近年来，库尔勒市委市政府认真贯彻中央、自治区和州党委决策部署，紧紧围绕社会稳定和长治久安的总目标，按照"三个走在前列"和"四个上水平"的要求，全面实施"一个目标，五个核心，一个基础，一条主线，一个抓手，五大战略"总体发展思路，各项工作取得明显成效。

库尔勒市是丝绸之路经济带核心区的重要支点、天山南坡产业带的重要增

长极、引领南疆经济社会发展的实验区。物流产业是经济社会发展的"动脉产业",是丝绸之路经济带建设的重要产业支撑和载体。商贸物流中心建设是新疆丝绸之路经济带核心区建设的战略任务之一。结合库尔勒市的宏观发展战略和区域物流发展条件,库尔勒市综合物流体系建设应体现以下"六个定位"。

定位一:丝绸之路经济带核心区综合物流节点。这个定位依托库尔勒市在整个新疆经济地理格局中的地理中心地位而形成。要发挥库尔勒市作为新疆地理中心的独特优势,提升对丝绸之路经济带的重要支点作用和南北疆综合物流枢纽作用。高效承载国家向西开放的战略使命,充分发挥库尔勒市作为丝绸之路经济带与中亚、西亚、南亚、欧洲区域经济合作板块交通枢纽和能源资源战略大通道的作用,依托综合交通枢纽和产业集聚区,打造丝绸之路经济带承东启西的国际物流节点。

定位二:中巴经济走廊物流通道战略支点。这个定位依托库尔勒市在我国华中地区通往西亚、南亚国家的中巴经济走廊物流通道中的地位而形成。随着中巴经济走廊建设的深入推进,库尔勒市作为国际物流通道的功能将得到充分提升,真正成为连接我国与西亚、南亚的综合物流枢纽。要有效发挥联通国际的交通枢纽作用和战略通道优势,充分利用中巴经济走廊建设背景下国内商品、服务、资本、产业"走出去"和国外能源、资源、商品、企业"引进来"的战略机遇,依托库尔勒市的商贸优势资源,加强华中地区与西亚、南亚国家和地区的物流全面对接,构筑双向物流交流合作的前沿平台。构建境内外展示交易平台、能源资源及大宗商品采购中心,建设国际物流中转集散中心和服务组织基地,形成内外贸易联动、商品贸易和服务贸易并举的大流通格局,构建双向辐射的中巴经济走廊物流通道战略支点。

定位三:南北疆区域物流交汇枢纽。这个定位依托库尔勒市作为南疆门户和南北疆联系的交通枢纽中心的地位而形成。库尔勒市是南疆的门户城市,也是南疆和北疆对接区域最大的中心城市,素有"北有乌鲁木齐,南有库尔勒"之称。长期以来,来自北疆乌鲁木齐、吐鲁番、哈密和伊犁地区的商贸物资在库尔勒市集结和分拨,发往南疆各地州。同样,南疆各地州的一些特色产品在库尔勒市大市场集结和交易,发往北疆各地区。随着乌尉高速、格库铁路、伊宁—巴仑台铁路的贯通,库尔勒市作为南北疆交通枢纽城市的地位将进一步提升和强化,商贸物流集散功能将发展到新的层次。对此,库尔勒市要全面巩固

和优化南北疆交通枢纽的地位，进一步完善区域性商贸物流设施和集散功能，提升区域物流公共服务能力和水平，全面发挥库尔勒市在南北疆区域经济融合发展中的枢纽城市支撑功能。

定位四：环塔里木循环物流聚集区。这个定位反映了库尔勒市在环塔里木铁路物流体系中的集结点功能。库尔勒—若羌铁路、若羌—和田铁路开通后，塔里木盆地铁路物流体系首次实现全线贯通和闭合运行，从而能够实现南疆经济圈铁路物流的内部循环。届时，依托独特的区位优势和货物集散功能，库尔勒火车站将成为环塔里木铁路物流体系的重要枢纽和节点。要充分发挥库尔勒市的区位优势，形成完善的南疆铁路物流网络，构建联通北疆、东疆、内地及周边县市的内陆绿洲物流体系，打造服务周边县市发展的新的综合物流通道。发挥库尔勒市在南疆经济区中居主体地位的优势，大力加强基于铁路和公路的区间物流干线建设和园区专用线建设，构建以铁路、高速公路为主骨架主枢纽，以库尔勒市为聚集节点的塔里木盆地现代化综合物流网络体系。

定位五：丝绸之路经济带核心区现代物流示范城市。这个定位是依托库尔勒市物流产业在整个新疆物流产业发展中的示范导向作用而提出的。库尔勒市物流产业要素体系具有在全疆率先实现专业化、社会化、信息化和标准化的条件，库尔勒市成为新疆现代物流发展的先行先试示范城市和产业发展模式引领区。库尔勒市围绕自治区丝绸之路经济带核心区定位，主动融入和对接核心区建设目标，立足地理区位、资源禀赋和产业基础等综合条件，实施先行先试政策，加快塑造丝绸之路经济带上最具有物流产业集聚创新能力的内陆开放型经济试验城市。在地区物流产业发展、城市物流配送体系建设、物流产业集群发展、物流标准化工程建设、产业发展政策制定、物流枢纽规划建设、以 PPP 公私合营模式共同开发物流基础设施、物流园区和物流地产开发、多式联运运营管理、互联网与电商物流驱动等方面实现先导性改革创新，构建低成本、高效率的产业服务体系，吸引物流创新企业在市域集聚发展，实现产业组织模式的创新发展，构建供应链服务体系和创新型商业模式，打造产业创新组织基地，在疆内创建城市物流发展的"库尔勒模式"。

定位六：库尔勒市经济高质量发展的支柱产业。这个定位主要反映了物流产业在库尔勒市综合产业体系中的支柱地位以及在区域经济社会发展中的基础作用。作为国民经济的动脉产业，物流产业在库尔勒市产业体系中将成为重要

的新兴产业增长极和行业增长点，不仅进一步拉动市域经济的发展，而且将全面发挥在库尔勒市跨越式发展中的产业带动和引领作用。要充分发挥物流产业服务民生、扩大就业的功能优势，加大全市物流服务体系和城乡物流配送网络建设，加快推进物流运营组织和产业模式创新，使物流产业成为改善民生、维护稳定的基础服务载体。促进物流业的结构调整和优化升级，提升专业化物流供给能力，形成支撑民生改善的物流服务体系。

二、建设愿景

基于库尔勒市经济社会发展的总体战略目标，以及综合物流体系的发展战略定位，本书认为库尔勒市综合物流体系的建设愿景是：

建成新疆现代物流示范城市和丝绸之路经济带国际物流节点，为南北疆融合发展和巴州跨越式发展构筑坚强支撑，为丝绸之路经济带核心区商贸物流中心建设奠定有力基石，为库尔勒市各族群众的幸福美好生活创造良好条件。

第二节　发展思路

一、指导思想

深入贯彻党的二十大精神，以第三次中央新疆工作座谈会和自治区党委十届全会精神为指导，认真落实国家物流枢纽布局建设规划，抢抓共建"一带一路"倡议实施的重大机遇，坚持先行先试，以优化物流产业布局和壮大物流产业规模为目标，以服务经济发展和民生改善为着眼点，以全面深化改革为动力，以现代信息基础和先进技术为支撑，积极营造有利于物流业发展的政策环境，建立快捷、高效、通畅、安全的节点物流服务体系，在打造丝绸之路经济带核心区、高质量建设环塔里木经济带进程中进一步发挥库尔勒市综合物流体系的支撑引领作用。

二、基本原则

（一）保障稳定，促进民生

积极推进维护社会稳定安全的重大物流基础设施建设，提升物流应急储备和反应能力，为社会和谐稳定发展奠定基础。把保障和改善民生作为出发点和落脚点，按照建设人民群众满意物流的要求，更加关注经济、及时、高效、便捷等多元化需求。进一步加大偏远地区、贫困地区和广大农牧区物流设施建设的投入力度，努力缩小区域、城乡物流发展差距。

（二）改革创新，消除壁垒

强化政府在物流业发展中的规划、引导和扶持作用。加强政策引导和组织协调，着力突破制约物流业发展的体制、政策和设施瓶颈，加大政府在培育市场需求、规范市场秩序及引导扶持物流企业发展等方面的力度，为发展现代物流业营造良好的政策和发展环境。把改革创新作为强大动力，全面深化综合物流管理体制、投融资体制等重点领域和关键环节改革，加强顶层架构设计，着力推进体制创新、政策创新和管理创新，增强改革的系统性和整体性，着力消除制约物流体系发展的体制机制壁垒。

（三）融合发展，畅通联运

积极推进丝绸之路经济带南通道和中巴经济走廊物流通道建设，有效支撑环塔里木经济带高质量发展，着力提升与周边区域互联互通水平。科学配置区域物流资源，推进物流与产业、城镇融合发展。统筹多式联运，促进各运输方式的深度融合，充分发挥比较优势和组合效率。加强商贸物流、邮政物流、电商快递物流、供销物流和应急物流等部门物流的相互衔接，促进物流业态的融合发展。

（四）突出重点，分步实施

坚持全面推进与重点突破相结合，杜绝重复建设，避免资源浪费。在总体规划的基础上，把物流园区、物流中心、配送中心的建设作为规划需要掌控的重点。围绕全市现代物流业发展的重点领域和重点工程，重点建设综合物流园区、专业物流中心和城乡末端配送中心，优先发展基础条件良好、优势明显、特色鲜明的专业物流。按规划、分步骤地建设一批有示范效应、有较强辐射功能、具备相应层次功能的物流项目，分步实施"十四五"现代物流项目。

（五）科技引领，转型升级

以科技进步和信息化发展引领物流现代化发展，努力推进物流体系的提质增效和转型升级。适应物流业与互联网融合发展的趋势，推动电子商务与物流服务的有效集成，加快物联网的研发应用，加强技术标准体系建设，大力培育高端物流功能及延伸服务。引导投资者和经营者把握库尔勒市物流业发展机遇，顺应现代物流业的趋势和要求，围绕物流效率提升，积极采用新技术、新装备，应用新理念。

第三节　建设目标

一、总体目标

结合《库尔勒市国民经济和社会发展第十四个五年规划和2035年远景目标纲要》中对全市物流业发展的要求，本书认为库尔勒市综合物流体系建设的总体目标为：到2030年，丝绸之路经济带核心区综合物流节点建设取得突破性进展，综合物流通道能力更加充分，与周边县市的互联互通进一步加强，城乡基础物流网络覆盖更加广泛，多式联运深度融合，物流业专业化、社会化、信息化、标准化水平明显提升，物流服务品质显著改善，安全应急保障更加可靠有力，支撑全市产业经济发展和增进各民族民生福祉的功能进一步强化，基本形成管理体制完善、产业布局合理、经营方式集约、配送体系高效、技术装备先进的综合物流体系，基本适应打造丝绸之路经济带核心区的需要。物流业成为库尔勒市的基础性、战略性和优势主导产业，基本建成立足库尔勒、面向全疆、贯通内地、辐射丝绸之路经济带的综合物流节点。巩固提升丝绸之路经济带核心区现代物流示范城市的地位和作用，提高物流业自主创新能力，物流业发展水平达到国内领先、疆内前沿水平。

二、具体目标[①]

——**物流产业规模平稳较快增长**。到2030年，全市交通运输、仓储和邮政业产值年平均增速达到10%左右，产值占服务业产值的比重达到10%左右，占地区生产总值的比重达到2%左右。

——**物流通道设施能力更加充分**。到2030年，全市铁路建成十字形主骨

---

① 库尔勒市物流业发展的具体目标多为参考性预计数据。

架。库尔勒市至周边县市的高速公路通达率达到100%，普通国省道二级及以上比重达到80%，乡（镇）、村硬化路通达率达到100%。把库尔勒机场建设成为新疆第二大航空枢纽。

——**物流企业培育取得明显成效**。传统的运输、仓储等企业加快向现代物流企业转型，一批新型物流企业快速成长。着力培育20家服务水平高、竞争力强、规模较大的物流龙头企业，提高物流市场集中度。第三方物流的比重有所增加，企业物流管理和供应链管理水平显著提升。鼓励物流企业参与国家A级物流企业综合评估和参评全国物流先进企业，实施品牌战略，力争到2030年库尔勒市A级物流企业达到25家，其中4A级物流企业5家、3A级物流企业10家、2A级物流企业10家。

——**物流集聚、集约发展加快推进**。市内物流园区建设稳步推进，建成一批经济价值聚集、供应链完备、可持续发展的物流园区、物流中心和配送中心。开发区综合保税区国际物流规模进一步扩大，建成功能完备、衔接顺畅的综合物流聚集区和节点。建设2个具有示范效应的规范化的特色物流园区或物流中心，培育2个自治区级物流示范园区。农村快递网点覆盖率达到100%，所有建制村通邮。

——**物流科技信息化水平大幅提升**。先进信息技术在物流领域得到广泛应用，基本建成以公路港为核心，集运力资源整合与调度服务、物流诚信交易评价和电子支付等功能于一体的公共物流信息平台，基本实现跨行业物流信息的互联互通。多式联运、甩挂运输、冷链运输等先进运输组织方式得到显著推广。危险品运输、集装箱运输等重点运输普遍使用电子路单。加大无线射频识别、物流管理软件等关键技术的研发应用，启动物联网在物流领域的应用示范。加强物流标准的制定和推广，引导物流企业实施物流分类标准，加快推进全州物流标准化。

——**物流应急保障能力进一步增强**。突发事件物流应急工作体系更加完善，应急反应更加迅速。实现国省干线一般灾害情况下应急救援半小时内到达，实现服务圈、中心城区至外围组团半小时到达，市区任何地方能在10分钟内上高速。基本实现物流运输可测、可视、可控，重要干线公路路段、运输枢纽、重点库区、重点营运车辆装备实现监测监控全覆盖。

库尔勒市物流业发展的具体目标如表10-1所示。

表 10-1　库尔勒市物流业发展的具体目标

类别	指标	2030 年
规模	交通运输、仓储和邮政业产值年平均增速	10% 左右
	交通运输、仓储和邮政业产值占服务业产值的比重	10% 左右
通道能力	库尔勒市至周边县市的高速公路通达率	100%
	普通国省道二级及以上比重	80%
	乡镇通二级及以上公路比重	100%
	建制村通硬化路比例	100%
	民用机场数量	1
企业	主营收入过千万的物流龙头企业数	≥15
	通过 A 级企业认定的物流企业数	25
集聚化	市内物流园区（包括保税物流中心）数	≥4
	自治区级物流示范园区数	≥2
	农村快递网点覆盖率	100%
	建制村通邮率	100%
安全可靠	重要基础设施及运输装备视频监控联网覆盖率	100%
	国省干线一般灾害情况下应急救援到达时间（小时）	<0.5

第十一章

空间布局

第一节　总体布局

根据全市产业布局、区域规划和商品物资聚集特征等因素，按照建设大通道、构筑大枢纽、发展大物流的思路，着力构建"物流大通道—物流聚集区—物流园区节点"等多层次、广覆盖的现代城市物流布局体系。重点形成以"三轴、五区、六园、多中心"为骨架的总体产业发展布局，最终构建主干线贯通，支线流畅，覆盖全市，服务全州，背靠南北疆，面向华中地区和南亚、西亚、中亚的多层次、全方位、多功能物流产业新格局。

"三轴"为Y型城市物流发展轴，以大库尔勒区为轴心，北接焉耆县、和静县通往乌鲁木齐、霍尔果斯，西联轮台县通往喀什，南联尉犁县、若羌县通往格尔木，以轴率点，以点带面，推动物流要素沿轴向聚集，建设物流产业发展带和物流节点聚集轴，形成Y型物流产业发展轴。

"五区"为主城区物流聚集区、经济技术开发区物流聚集区、上库园物流聚集区、塔什店物流聚集区、空港物流聚集区，其中：主城区物流聚集区包括老城区、兰干乡、沙依东园艺场、阿瓦提乡等乡场；经济技术开发区物流聚集区包括开发区整体区域和西尼尔镇；上库园物流聚集区包括上户镇；塔什店物流聚集区包括塔什店镇；空港物流聚集区包括机场片区方圆48平方千米的辐射区域。

"六园"为乌鲁木齐铁路局库尔勒货运中心物流园（货运服务型）、兴鸿博路港物流园（综合服务型）、上库园区HJ物流园（货运服务型）、开发区南疆快递物流园（综合服务型）、开发区保税物流园（综合服务型）、塔什店物流园（生产服务型）。

"多中心"为机场航空港物流中心、HL市场物流中心、油田公司大二线物流中心、开发区 YJ 智慧城物流中心、开发区 RZHY 海宝国际农副产品物流中心、上库园区南疆城特色商品集散物流中心、库尔勒 HS 市场物流中心、SZ 现代农产品冷链物流中心等 8 个重点物流中心和英下乡、铁克其乡、恰尔巴格乡、兰干乡、哈拉玉宫乡、阿瓦提乡、和什力克乡、托布力其乡、普惠乡、塔什店镇、上户镇、西尼尔镇等 12 个乡镇配送中心。

第二节 产业聚集区布局

根据库尔勒市综合物流体系的发展现状、要素资源条件、产业发展需求、城市功能区发展规划以及正在实施的重大物流基础设施项目的未来影响，库尔勒市物流产业的分层空间布局可分为主城区物流聚集区、经济技术开发区物流聚集区、上库园物流聚集区、塔什店物流聚集区、空港物流聚集区等五大聚集区。

一、主城区物流聚集区

（一）基本情况

库尔勒市主城区物流聚集区由老城区和新市区两部分构成（不包括开发区）。老城区位于孔雀河以北，承担一部分市域的服务职能，包括城市的生活服务中心、巴州政治及文化中心等。南部新城位于孔雀河以南，是库尔勒市重点发展的城区，主要依托机场和火车站场地区的区域带动作用，以及通过加强老城区的有效引导，从而起到疏解老城区人口和区域服务功能的作用，成为重要的商贸服务中心。

库尔勒市主城区辖 5 个城市办事处，2 个乡，1 个国营农牧园艺场，有中央、自治区、自治州、生产建设兵团和市属企事业单位 700 余家。巴州党政机关、农二师师部、南疆铁路临管处、塔里木石油勘探开发指挥部均在主城区。

（二）发展定位

- 西部地区陆港型国家物流枢纽城市
- 环塔里木经济带背靠内陆、面向欧亚的区域性商贸物流中心
- 南疆商贸物流集散中转地

- 南疆重要的冷链物流基地
- 州内重要的电商物流示范中心
- 州内物流辅助性产业发展基地
- 州内物流龙头企业总部基地
- 市域城市配送物流核心发展区

（三）发展重点

依托丝绸之路经济带建设、中巴经济走廊建设、库尔勒区域性中心城市建设和综合性交通枢纽建设，以打造南疆石油物资、装备、农产品、纺织服装和日用品的物流集散中转中心为目标，发挥综合交通枢纽优势，以本市、新疆生产建设兵团第二师和周边县产业园区、大型企业和批发市场为依托，面向南疆与北疆、内地与丝绸之路经济带共建国家的物资集散和中转，合理布局物流园区和物流中心，提升优化多式联运无缝衔接的物流设施网络。构建"物流园区、物流中心、配送中心"三层物流结构体系，整合东站、西站和北站铁路货场，建设综合现代物流园区，构筑连接南北疆、东联西出的丝绸之路经济带新兴物流枢纽港。

形成特色鲜明、业态多样、组织化程度高、具有持续发展能力的物流产业发展体系。重点发展城市商贸物流、电商快递物流、仓储物流、生鲜农产品冷链物流、工业物流、危化品物流、应急物流、回收物流等。建设集散功能强大的综合型铁路物流园和内陆公路物流园，辐射南北疆、内地与丝绸之路经济带共建国家和地区，充分发挥库尔勒市作为丝绸之路经济带核心区综合物流节点的功能。打造集商贸批发、零售、集货、分货、连锁经营、物流配送、转运、加工等功能于一体的物流中心，使其成为南疆最大的综合批发市场和南疆物流枢纽最大的交易中心。实施农产品冷链物流园区及配套项目，建设南疆特色农产品交易中心，建成全疆规模最大、辐射最广、种类最全、产业链最集中的农副产品冷链物流中心。倡导绿色物流，完善城市的再生资源回收利用网络体系。实行生活垃圾分类处理，建设社区、乡镇再生资源回收网点。

优化发展环境，完善物流基础设施，培育物流龙头企业，推进物流业标准化、信息化，发展市场交易、快速集散、多式联运，以及物流信息服务、物流金融和物流企业保障等综合物流服务。作为巴州、库尔勒市主导建设的物流聚集区，为第三方、第四方物流企业搭建公共服务平台，满足各类物流企业集聚发展及业务运作的需要。按照企业投资、市场运作（含PPP模式）模式，培育和引进一批具有一定规模、核心业务能力较强的物流主体在库尔勒市设立区域总部、运营中心、分拨中心和转运中心。整合运输、仓储、快递企业，在冷链、石油化工、连锁商业、电商、会展物流等领域培育一批骨干物流企业，促进物流企业转型升级。

二、经济技术开发区物流聚集区

（一）基本情况

库尔勒经济技术开发区位于库尔勒市东南缘，新老218国道贯穿其中，管委会距市中心8千米，北至南疆铁路、南至西尼尔水库、西临新飞机场、东沿霍拉山角。库尔勒经济技术开发区于2000年成立，2007年列入全国循环经济试点园区，2008年升级为自治区级高新技术产业开发区，2011年升级为国家级经济技术开发区。先后创建成国家新型工业化（纺织）产业示范基地、国家电子商务示范基地、国家级众创空间、全国纺织服装产业转移示范区、国家级绿色园区、国家纺织服装外贸转型升级基地、自治区"两化融合示范区"、自治区创业孵化示范基地等。库尔勒经济技术开发区现已形成140平方千米"专业集成、投资集中、资源集约、效益集聚"的新型工业园区。到2020年9月，已入驻企业3500余家，其中"四上"企业96家，已形成以纺织服装及绿色织造产业、精细化工及新材料产业为龙头，以电子科技和智能制造产业、农副产品精深加工产业、航空航天新兴产业和现代服务业为侧翼的"两主四翼"产业发展体系，集聚了中石油塔里木大化肥、中泰纺织服装集团、美克化工、利泰丝路、洪通燃气等一批中国500强或行业龙头企业。[1]2022年1—10月，开发区实现总产值252亿元，其中规模以上工业企业实现产值195.4亿元，实现规模以上工业增加值51.6亿元。[2]

开发区已初步形成棉纺化纤、石油天然气精细化工、三产及物流业、特色农副产品加工、高新技术新兴产业、石油技术服务及配套为一体的产业体系。

---

[1]《国家级库尔勒经济技术开发区简介》，库尔勒经济技术开发区官网，2020年9月8日。
[2] 陈新：《库尔勒经济技术开发区：推动经济社会实现高质量发展》，《巴音郭楞日报》，2022年11月26日。

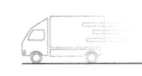

开发区聚集了塔里木大化肥、美克化工、富丽达粘胶纤维、金富特种纱业、红星美凯龙、愿景集团、瑞兴化工、法国斯伦贝谢、美国哈里伯顿等一批国内外知名企业。

（二）发展定位

- 连接南北疆、东联西出的中巴经济走廊物流枢纽港
- 辐射南疆及周边国家的重要物资集散地
- 南疆功能最全的综合保税物流中心
- 南疆最大的纺织物流集散地和交易中心
- 南疆快递分拨中心

（三）发展重点

抓住国家共建"一带一路"的发展机遇，借助西亚班列的开通，依托巴州在丝绸之路经济带上特有的区位优势，以及库尔勒市建设中巴经济走廊产业协作区的优势，积极构建丝绸之路经济带上的现代物流大通道，建设成为丝绸之路经济带上背靠内陆、面向欧亚、承东启西的区域性商贸物流中心，将开发区打造成为辐射全疆及周边国家的重要物资集散地。

依托开发区综合保税区，建设南疆功能最全的综合保税物流中心。依托纺织等区内重点产业，建设南疆最大的纺织物流集散地和交易中心。积极发展新兴经济业态，推进电子商务与物流的协同发展，与开发区内的快递企业合作打造南疆快递物流产业园，建设南疆快递分拨中心。强化物流业与制造业的联动发展，提升原材料和产成品包装、采购、仓储、加工、分拣、配送一体化运作水平和规模化程度。

整合培育一批骨干物流企业，实施物流标准化服务示范工程，引导物流企业采用国家标准和国际通用规范。开发建设区域性公共物流信息平台，以大数据、互联网引领行业发展。

三、上库园物流聚集区

（一）基本情况

库尔勒上库综合产业园区位于库尔勒市主城区西北方向 13 千米处，东起库西立交桥，沿吐和高速（G3012）公路西至库尔楚收费站，南起吐和高速，北至天山支脉霍拉山前的荒漠戈壁地，规划控制面积 7.38 平方千米。库尔勒上库

综合产业园区包括个体私营经济试验区、大二线油田服务基地、上户乡镇企业园、上库园区核心区。截至 2021 年 10 月底，上库综合产业园区落地项目 141 个，其中，现代物流及现代服务业项目 28 个。园区现已建成 155 万吨棉花收储库（汇锦 60 万吨、永兴 30 万吨、区棉麻南疆公司 25 万吨、兵团棉麻 15 万吨、中储棉 15 万吨、铁路西站 10 万吨）、30 万吨冷藏库（含个私区），从业人员 6000 余人。园区起步区在建的项目中，以农产品、棉花、医药为代表的商贸物流项目 11 个，计划建设的大型商贸物流类项目 5 个。

上库综合产业园区围绕"产业新城、城市新区"的定位，加快建立健全体制机制，强化起步区基础设施建设。着力推进优势产业集群化、支柱产业高效化、新兴产业规模化，跟紧中石油、中石化油气增产计划，积极打造以园区为中心的"石油石化城"，努力将园区建设成支撑有力的新城区和自治州园区发展示范基地。

（二）发展定位

- 环塔里木经济带重要的新型材料和建材加工集散中心
- 南疆大型石油化工物流园区
- 州内重要的特色农产品加工物流示范地
- 州内重要的现代物流商贸基地

（三）发展重点

依托特色农产品资源优势，发展农产品冷链物流业，建设南疆规模较大的集农产品交易、配送、冷链、仓储、加工等服务于一体的农产品物流基地和产业基地。

依托丰富的石油、天然气资源，着力规划建设南疆地区大型石油化工物流园区。建设以石油、天然气为中心，以大宗成品油、化工产品、化肥交易为主，同时兼具信息披露、综合调配、网上交易、代储代发等多种功能的现代石化物流园。

依托库尔勒机场、南疆铁路、吐和高速、省道 331、西气东输管道 1 线和 3 线等交通设施，通过建立公路、铁路运输以及多种方式联运的生产物流中心和具有本地资源优势的专业市场，积极延伸流通性加工、包装、存储、信息咨询、供应链管理等物流增值服务，打造南疆地区重要的现代化物流枢纽。

四、塔什店物流聚集区

（一）基本情况

塔什店镇位于库尔勒市主城区东北方向17千米处，国道218线、南疆铁路、和库高速公路穿镇而过（设有铁路货运站台）。塔什店镇东起博湖扬水处，西至铁门关，北起霍拉山南麓，南至库鲁克山北坡，全镇总面积225平方千米。塔什店于2001年建镇，辖文化社区、矿山社区、莲花社区、落霞湾社区四个社区，有中央、自治区、自治州、农二师等所属单位和企业近100家。

塔什店循环经济产业园区总规划面积71平方千米，由五部分组成，即煤炭开采加工区、建材生产加工区、南疆再生资源综合开发园区、橡胶产品加工制造区和电力能源供应区。塔什店园区积极申报自治区级园区，坚持"一园多区"发展模式，扩大延伸循环经济产业链，积极引进一批高效、节能、环保的高新产业入驻园区，丰富产业类型，促进园区经济健康发展。

（二）发展定位

- 疆内重要的再生资源物流分拨示范基地
- 南疆重要的煤电、煤炭外送中心
- 南疆重要的新兴建材集散地
- 南疆重要的陆路仓储物流节点

（三）发展重点

依托煤炭、煤电、新兴建材、再生资源等具有一定竞争优势的特色产品，建立在疆内具有一定知名度和影响力的市场交易中心和特色物流中心。

依托和库高速公路、218高速公路出入口和塔什店火车站等优越的交通区位条件，在和库高速公路和铁路站场之间建设塔什店陆港仓储物流园，配套发展公路、铁路仓储物流等生产性服务业，建成南疆重要的陆路仓储物流节点。

通过集中布局，以"园"兴"城"，以"城"促"园"，"产城"结合，双向互动，带动人口发展，实现产城协调同步发展，加快大宗产品物流中心建设。

五、空港物流聚集区

(一) 基本情况

库尔勒机场位于库尔勒市中心以南 17 千米处的西尼尔镇,于 2003 年 9 月破土动工,2007 年 12 月 20 日正式投入使用。2015 年 6 月,库尔勒机场改扩建项目正式开工建设,该项目按照 2025 年实现旅客吞吐量 260 万人次、货邮吞吐量 1.3 万吨、飞机起降 2.86 万架次的目标设计。2017 年,改扩建项目完工并投入使用。

库尔勒机场不断改善服务质量和航班网络,以"疆内环起来、进出疆快起来"为目标,构建了"南疆环线、北疆环线、天山环线"航线网络结构,持续提升航线通达性和衔接度。在疆内航线方面,与华夏航空紧密合作,实现了与疆内各地州的"日间转换",使旅客的出行更加便捷。在疆外航线方面,引进了海南航空、福州航空、四川航空、重庆航空等多家航空公司,为旅客提供了更多元化的出行选择。截至 2023 年 10 月,库尔勒机场与 18 家航空公司合作,通达疆内 19 个城市和疆外 20 个城市,极大地促进了客流、物流、资金流和信息流的快速流动,也为巴州经济高质量发展提供了有力支持。[①]

(二) 发展定位

- 中巴经济走廊航空物流枢纽
- 疆内航空次枢纽
- 南疆主要的航空物流集散中心
- 巴州主要的公共服务型航空物流基地
- 南疆重要的进出口综合物流服务区

(三) 发展重点

高效服务疆内外运输市场,建设一个集货代、货运、仓储、分拨、加工、配送、报税等服务于一体的综合性航空物流园区,形成区域性航空物流集散中心。

完善库尔勒机场航线网络,加密库尔勒机场与重庆、成都、郑州、西安等

[①] 景丽君:《库尔勒机场旅客吞吐量突破 200 万人次》,《巴音郭楞日报》,2023 年 10 月 8 日。

内地城市之间的直达航班，鼓励航空公司开通内地城市经停库尔勒机场延伸至南北疆支线机场的航线，构建疆内航空次枢纽。

拓展航空应急投送功能，建设航空和工程机械备品备件等仓储与集散中心、智能化货运中心和一站式综合物流贸易基地，将库尔勒空港物流园区建成西部重要的航空货运枢纽。

第十二章

重点建设任务

第一节 着力构建综合物流大通道

按照库尔勒市物流业"三轴、五区、六园、多中心"的空间布局要求，引导重大物流资源向综合物流通道集聚，推动重大物流项目建设，强化丝绸之路经济带核心区综合物流节点功能。在对外综合物流大通道建设层面，构建以机场、铁路、高等级公路为骨架，各种运输方式有机衔接、功能完善、高效安全的综合物流大通道体系。进一步疏通和优化丝绸之路经济带南通道、中巴经济走廊战略通道和南北疆连接通道，巩固和提升库尔勒市在自治区和国家物流通道规划中的地位。合理规划布局公路、铁路和航空物流基础设施，完善物流大通道和物流枢纽节点布局，构建便捷、高效的物流基础设施网络，促进多种运输方式顺畅衔接和高效中转，提升库尔勒市物流体系的综合能力。

一、积极提升丝绸之路经济带南通道能力

南通道建设以贯通断头路、升级改造相关线路，形成"东联西出"的综合交通运输新通道为重点。加快推进 G0711 乌鲁木齐—库尔勒—若羌高速公路等项目。推进格尔木至库尔勒铁路（新疆段）扩能提升。推动库尔勒市国际班列建设，实现西行班列常态化运行。谋划开行芬兰赫尔辛基—新疆库尔勒专列、新疆库尔勒—土耳其梅尔辛港南线专列。完善机场布局，引导和鼓励国内航空公司开通经库尔勒至西亚、南亚、欧洲等地区的国际航线。

> **专栏 1　丝绸之路经济带南通道重点建设项目**
>
> **公路建设重点项目**：G0711 乌鲁木齐—库尔勒—若羌高速公路等项目
>
> **铁路建设重点项目**：格尔木至库尔勒铁路扩能提升，实现西行班列常态化运行
>
> **民航建设重点项目**：库尔勒机场改扩建项目，开通经库尔勒至西亚、南亚、欧洲重点城市的国际航线

二、全面强化中巴经济走廊战略支点能力

中巴经济走廊战略通道建设以打通瓶颈路段，提升通道能力，实现中巴经济走廊内主要节点间交通基础设施建设的历史性跨越为重点。着力推进干线铁路、高速公路、普通国省道高等级化改造、机场新迁建等一系列重大交通基础设施项目建设，促进各交通方式共存互补，优化资源配置，完善综合运输通道布局，强化库尔勒市作为新、甘、青、藏四省区交通枢纽的地位。推进 G0711 乌鲁木齐至库尔勒高速公路建设。推进兰新高铁与吐库二线联络线建设，推进库尔勒至阿克苏铁路电气化改造项目，启动库尔勒—罗北—敦煌铁路建设前期工作，推动库尔勒至内地主要城市快速货运班列建设。开展中巴国际班列开通研究。加快库尔勒机场改扩建，开通库尔勒至华中、华南地区省会城市的国内航线和至伊斯兰堡、瓜德尔港的国际航线。

> **专栏 2　中巴经济走廊战略通道重点建设项目**
>
> **公路建设重点项目**：G0711 乌鲁木齐至库尔勒高速公路建设
>
> **铁路建设重点项目**：推进兰新高铁与吐库二线联络线建设，推进库尔勒至阿克苏铁路电气化改造项目，启动库尔勒—罗北—敦煌铁路建设前期工作，推动库尔勒至内地主要城市快速货运班列建设

> **民航建设重点项目**：加快推进库尔勒机场改扩建三期项目，开通库尔勒至华中、华南地区省会城市的国内航线和至伊斯兰堡、瓜德尔港的国际航线，加快临空经济区建设等

三、积极完善南北疆连接大通道体系

南北疆连接大通道连通丝绸之路经济带中、南两大通道，连通喀什、霍尔果斯经济开发区，形成对外开放中南北疆相互支持、相互协作的战略格局，使开放型经济辐射巴州乃至南疆。在南北疆连接大通道建设中，大胆创新融资模式，推进库尔勒—伊宁铁路建设前期工作。依托格尔木至库尔勒铁路建设，争取将库尔勒—伊宁铁路建设项目纳入自治区规划，建成东连内地、西接欧洲的第二条亚欧大陆桥。

> **专栏3　南北疆连接大通道重点建设项目**
>
> **公路建设重点项目**：新源—巴伦台—库尔勒高速公路建设项目
>
> **铁路建设重点项目**：伊宁—巴伦台—库尔勒铁路建设项目
>
> **民航建设重点项目**：开通库尔勒至北疆重点节点城市（包括伊宁市、博乐市、塔城市、阿勒泰市等）的区内航线

四、全面构筑周边城际干线通道网络

积极推进物流业的跨区域交流与合作，打破区域壁垒，引导物流资源跨区域整合，建立统一开放、通畅高效的现代物流市场体系。抓住交通基础设施建设的黄金机遇期，加快区域交通干线建设，提高干线交通的供给能力，巩固和强化区域交通运输网络骨架，全面提高城际交通通行效率和服务水平，实现库尔勒市与周边县市之间的通道畅通，形成全覆盖、多层次、高效率的城际干线物流通道。加强北部四县之间以及南部三县市之间的内部联系，以道路的网络化组织实现城际通道的紧密联系。提升省道307至二级公路，建立库尔勒市

与铁门关市的便捷联系。改造原218国道为一级公路,更加畅通库尔勒市与尉犁县的联系。利用库尔勒绕城公路,实现铁门关市与尉犁县的联系。新建普惠至轮南的二级公路,新建普惠经济牧场至墩阔坦的二级公路,服务旅游开发。提升尉犁至墩阔坦、阿克苏甫公路等级,加强与周边地区的联系。提升塔什店至哈满沟公路等级,服务矿产货运并兼顾旅游资源开发。打通库尔勒—铁门关—塔什店、西尼尔—工二团—博湖(环湖公路)两条道路,强化城镇联系。

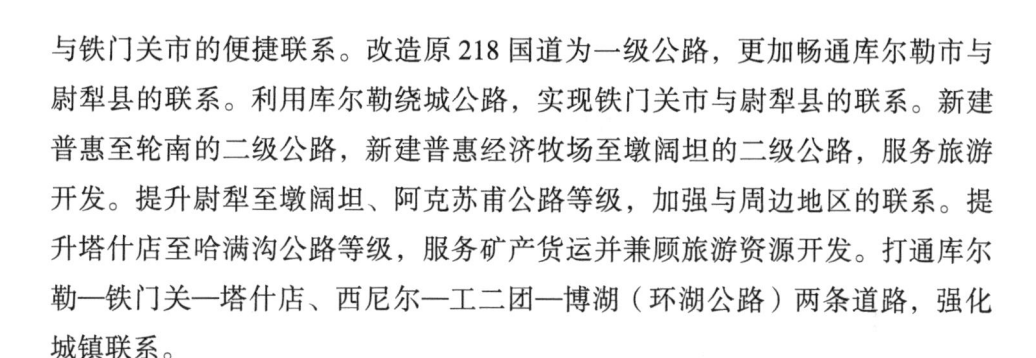

> **专栏4　周边城际干线通道重点建设项目**
>
> **公路建设重点项目**:库尔勒市—铁门关市主干公路建设项目,提升省道307至二级公路,改造原218国道为一级公路,新建普惠至轮南的二级公路、普惠经济牧场至墩阔坦的二级公路,提升尉犁至墩阔坦、阿克苏甫公路等级,提升塔什店至哈满沟公路等级,打通库尔勒—铁门关—塔什店、西尼尔—工二团—博湖(环湖公路)两条道路
>
> **铁路建设重点项目**:库尔勒市西站至铁门关市工业园铁路专用线建设项目等

第二节　统筹建设物流节点网络体系

库尔勒市稳步推进物流通道节点建设,促进物流要素集聚,增强辐射带动能力,基本形成"物流园区—物流中心—配送中心(末端网点)"等多层次的现代物流网络体系[①]。库尔勒市依托交通区位优势、产业发展条件和区域发展潜力,布局建设一批起点高、规模大、辐射面广的物流园区,在中心城区和园区制造业基地周边建设一批现代化物流中心,在城市社区和村镇布局建设配送末

---

① 物流园区为大型、公共性物流节点,交通区位显著,集聚力强,功能齐全,是辐射南疆甚至全疆和全国、对接国际的重要物流枢纽。物流中心主要为专业市场提供配套服务,是有效衔接物流园区和专业化物流快速配送服务点(农村物流站点、农村邮政物流网点)、发挥配送和集散运输功能的中游节点。城区配送中心是城市物流体系的末端节点,主要服务于特定客户和末端客户,从事仓储配送业务,是城镇物流体系的基础支撑;农村物流末端网点(含农村邮政物流网点)是面向广大农村地区服务的末端节点,辐射范围和功能较为有限,是物流体系的有益补充。

端网点，形成层级合理、规模适当、需求匹配的物流节点网络。

一、统筹规划全市物流园区建设

按照集中与分散相结合的原则，依靠铁路、空港、公路场站等交通枢纽优势，围绕产业集聚区和开发区、专业市场和产业集群等物流需求集聚地，在重要物流节点、制造业基地和综合交通枢纽，根据城乡发展规划的要求，充分利用已有运输场站、仓储基地等基础设施，统筹规划建设一批以布局集中、用地节约、产业集聚、功能集成、经营集约为特征的物流园区，提高物流服务效率，降低物流成本。物流园区建设要从实际需要出发，充分考虑物流市场需求，严格按照规划进行，防止一哄而上、盲目投资和重复建设，同时也要防止出现新的"圈地"现象。市域原则上不再建设新的物流园区。要力争形成一批综合实力强、发展前景好、带动作用显著的自治区级示范物流园区，积极申建国家级示范物流园区，不断总结经验，强化示范引领，充分发挥市场化手段的作用，促进全市物流园区规模化、集约化、专业化发展。

在严格遵循土地利用总体规划、城市总体规划的前提下，推进物流园区水、电、路、通信设施和多式联运设施建设，加快现代化立体仓库和信息平台建设，完善周边公路、铁路配套，推广使用甩挂运输等先进运输方式和智能化管理技术，完善物流园区管理体制，提升管理和服务水平。结合区位特点和物流需求，发展货运枢纽型、生产服务型、商贸服务型和综合服务型等功能互补、各具特色的物流园区，发挥物流园区的集聚辐射带动作用。

按照全市生产力布局特点和经济社会发展要求，依托陆路、航空、货运场站等交通基础设施，结合全市"三通道一走廊两枢纽两屏障一中心两组群九基地"建设，以优化整合为原则，合理确定物流园区的数量、性质、规模和建设内容。全市重点规划建设六个物流园区。

> **专栏5　重点物流园区建设项目**
>
> 重点物流园区项目：乌鲁木齐铁路局库尔勒货运中心物流园（货运服务型）、兴鸿博路港物流园（综合服务型）、上库园区HJ物流园（货运服务型）、

开发区南疆快递物流园（综合服务型）、开发区保税物流园（综合服务型）、塔什店物流园（生产服务型）

二、合理布局专业物流中心

依托市内主要经济开发区、产业园区、商贸业集聚地和大型批发市场，统筹规划建设和改造一批面向全市、辐射周边的仓储、分拣、流通加工、配送、信息服务、电子商务等功能齐备的专业物流中心，重点为机械装备制造、石油石化、煤炭、钢铁、建材、冶金、重要矿产品、纺织、棉花、粮食、农资、农产品及加工、连锁商业、对外贸易等产业服务，促进商贸物流产业适度集聚。逐渐将公路、铁路枢纽货运站系统中条件好的货运站改造和建设成为运输、仓储、加工、包装、配送、信息服务一体化的物流中心，形成交通枢纽物流中心网络。鼓励铁路城市货场拓展物流服务项目，实现物流服务的合理分工，服务地方经济发展。物流中心与物流园区应有一定的空间距离，以补充物流园区的服务功能。

> **专栏6　重点物流中心建设项目**
>
> **重点物流中心项目**：机场航空港物流中心、HL市场物流中心、油田公司大二线物流中心、开发区YJ智慧城物流中心、开发区RZHY海宝国际农副产品物流中心、上库园区南疆城特色商品集散物流中心、库尔勒HS市场物流中心、SZ现代农产品冷链物流中心

三、加强乡镇物流配送中心建设

根据市场需求，在各乡镇大型居住区、商业区等人员密集、交通繁忙、个性化服务需求旺盛的区域，建设一批高标准、规范化的配送分拨中心和城乡末端配送网点。大力支持"快递下乡"，引导邮政、快递等物流企业融合发展，力争达到"镇镇有分拨、乡乡有网点、村村通快递"。通过整合资源，建立共同配送网络，提高"最后一公里"服务能力，形成覆盖全市的物流配送

体系。

乡镇配送中心规划与区域内物流园区、专业物流中心布局规划要有效衔接，以便发挥末端物流服务功能。要有选择性地在商贸集散地、农副产品产区建立物流配送中心，形成全市统筹规划、城乡结合的多层次物流运行网络。

> **专栏7　乡镇配送中心建设项目**
>
> 重点配送中心项目：英下乡配送中心、铁克其乡配送中心、恰尔巴格乡配送中心、兰干乡配送中心、哈拉玉宫乡配送中心、阿瓦提乡配送中心、和什力克乡配送中心、托布力其乡配送中心、普惠乡配送中心、塔什店镇配送中心、上户镇配送中心、西尼尔镇配送中心

第三节　构建紧密连接的多式联运系统

大力发展多式联运，加快主要铁路、航空、公路物流枢纽多式联运中转设施建设，构建与铁路、公路和航空运输能力匹配的集疏运通道体系和"公铁""陆空"货运换装无缝衔接网络。依托铁路、高速公路、机场的规划建设，结合产业发展、城市规划和物流需求，规划建设一批多种运输方式无缝衔接的，集合国际物流中转、集散和储运等功能的现代化综合货运枢纽，实现枢纽站场衔接配套和功能整合，进而满足市域内外部物流多式联运的发展需求。一是通过合理规划布局各运输方式的物流设施，构建能力匹配的集疏运通道，配备现代化的中转设施，实现市域内外交通以及城市组团间交通的顺畅衔接，进而满足货运无缝衔接的发展需求。二是根据城市总体规划或城镇体系规划，综合考虑城市空间拓展趋势和城市交通发展现状及未来发展需求，超前规划城市过境线，合理分流过境交通，从而实现过境交通"近城市而不进城市"，减少过境交通对城市内部交通的干扰。三是结合城市对外货物流量流向分布特点，科学合理布设城市主要对外出入口，并通过连接线建设进一步强化与高速公路、普通国省干线公路等的对接，全面实现城市对外出入口的便捷畅通。

一、优化基于多式联运的市区公路网络

构建与铁路、机场和公路货运站能力匹配的公路集疏运网络系统。建成城市骨架道路网络，完善组团间联系通道。加快库尔勒市物流聚集区之间物流通道的联通建设，着力推动库尔勒经济技术开发区与上库园区的连通、上库园区与塔什店园区的连通等。以"环线＋放射线＋填充线"形成大库尔勒地区的骨架道路网络，适应该地区城镇体系发展格局。优化城市快速交通，提升区域干线公路网的畅通水平，加快推进库尔勒绕城高速公路建设、塔什店—铁门关—库西高速公路建设、过境公路立交桥改造、G3012—G0711连接线项目等一批重点项目，完善市域快速路网，优化道路交通骨架，升级改造市（县）道。加大对物流园和重点商品交易市场规模化停车区域的建设力度。

二、建设基于多式联运的铁路枢纽设施

依托库尔勒国际货运班列装车基地，以建设中欧国际货运班列集结中心为重点，搭建国际联运组织平台，建立信息共享、集约高效的综合运营服务体系。推进铁路专用线建设，发挥铁路集装箱中心站作用，推进内陆城市集装箱场站建设。实施火车东站改扩建、东站物流园建设等一批工程，推进上库园区肖塔铁路货运编组站建设、火车西站货运改造、库尔楚火车站石化专用站改造及石化专用线接轨等一批重点项目的前期工作。完善市域内铁路站场设置，提高站场等级、规模和输送能力。利用车站改扩建的契机，实现铁路与公路的良好衔接和转换。加快推进库尔勒西站的改造升级，使其成为上库园区大型货物的依托站。新建塔什店物流配送中心货运站。着力推动市域各个重大企业项目和公共性项目的铁路转运线工程建设。

三、打造基于多式联运的疆内航空次枢纽

加快推进库尔勒机场改扩建三期前期工作，增辟疆内、疆外航线，把库尔勒机场建设成为新疆第二大航空枢纽。整合机场与周边用地。为配合库尔勒区域枢纽机场的建设，在库尔勒机场附近建设库尔勒空港物流园，实现公路货运站与民航的联动。

> **专栏 8　多式联运系统重点建设项目**

多式联运公路干线建设工程：库尔勒绕城高速公路建设、塔什店—铁门关—库西高速公路建设、过境公路立交桥改造、G3012—G0711 连接线项目、四条放射线（建国路—上户—博克西—铁门关—双丰、塔指西路—沙依东园艺场—托布力其—包头湖、铁克其路—阿瓦提—哈拉玉宫—普惠、库尉大道—西尼尔—尉犁）建设、八条填充线（西外环—上户—大墩子、兰干路—兰干—和什力克、沙依东园艺场—包头湖农场、哈拉苏农场—包头湖农场、上户—沙依东园艺场—阿瓦提—阿瓦提农场、托布力其—哈拉玉宫—库尔勒机场—西尼尔、库尔勒机场—哈拉玉宫—普惠地区、普惠农场—孔雀农场—尉犁）建设

多式联运铁路建设工程：库尔勒火车东站改扩建、库尔勒经济技术开发区铁路专用线建设、上库园区肖塔铁路货运编组站建设、火车西站货运改造、库尔楚火车站石化专用站改造及石化专用线接轨

多式联运民航建设工程：临空经济区空港物流园

第四节　积极推进重点行业物流发展

将工业物流、农产品物流、商贸物流、快递与邮政物流、保税物流、应急物流和回收物流等七大物流部门作为库尔勒发展现代物流业的主要抓手和建设南疆物流集散中心的突破口，一业一策，各个突破，争取在未来 5~8 年内奠定库尔勒在重点物流行业的领先地位。在进行各重点行业的物流布局时，主要根据行业特点、产业基础、集聚功能和合理辐射半径等因素，遵循布局集中、服务联动、集聚发展的原则，规划布局物流分拨配送区域和配送网络，为相关产业的发展提供强力支撑。

一、积极推进工业供应链物流体系建设

围绕油气生产加工、钾盐综合开发、纺织服装加工出口、农产品加工、装备制造等重点产业，培育一批具有行业经营网络和强大供应链管理能力的第三方物流企业，构建支撑库尔勒制造业发展的区域性、一体化工业物流体系。加快经济技术开发区、工业园区等制造业集聚区物流服务的配套完善和功能整合，鼓励区内物流基础设施共享共用。积极引导制造业释放物流需求，鼓励制造企业分离、分立物流业务，创新物流管理流程。推动大型制造业基地、特色产业集群、大型商品集散地的企业联合实行集体性物流外包，壮大物流需求。根据全市高技术产业需求，发展快速、安全、高效的原材料、产品以及小件商品物流配送网络。加快推进工业品电子商务平台建设发展，积极引导制造企业利用电子商务平台进行网上交易，推动工业品电子商务物流发展。加强石油化工、煤化工产品的生产供应、储存、运输等物流管理。发展管道物流，减轻陆路运输的压力。加强危险化学品物流的跟踪与监控，规范危化品仓储和运输的安全管理，严格操作规程，确保安全。

专栏9 工业物流建设项目

建设重点项目：库尔勒石油石化产业园产业发展工程（新建铁路专用线1条，危化品转运站1座，燃气管网100千米）、新疆ZY物流有限公司汽车配件及仓储物流建设项目、库尔勒FM果品包装项目、巴州YC包装制品有限责任公司工农业用箱彩面印刷项目、巴州YT纺织有限责任公司年产350万米坯布（50万套棉花包装）建设项目、巴州SF商贸有限公司工业气体储备站项目

二、重点推动和完善农业物流体系建设

重点发展粮食、棉花、蔬菜、水果等农产品物流。按照新形势下棉花流通体制改革的要求，着力提升棉花物流设施的现代化水平。加快发展农产品冷链物流，重点支持冷库建设工程、低温配送处理中心建设工程、冷链运输车辆及制冷设备工程以及冷链物流企业培育工程。完善保鲜、冷藏、冷冻、预冷、运

输、查验等各类冷链物流基础设施建设，建立冷链物流产品监控和追溯系统，建设一批全疆一流、辐射南疆的冷链物流重点基地。加快农村现代物流体系建设，重点建设农村日用消费品连锁经营、农资连锁经营、农副产品流通三大服务网络，努力构建连接城乡、布局合理、功能齐全的农村现代流通服务体系。畅通城乡双向物流渠道，加快推进农产品从产地到销地的直销和配送以及农资、农机、日用工业品的配送下乡。继续加快市域重点农产品批发市场的升级改造，稳步推进集约化、规范化经营管理，充分发挥大型农产品批发市场的辐射带动作用，进一步提升和完善农产品批发市场的物流功能，构建巴州重点农产品批发市场的综合信息平台。加快农村物流网点建设，鼓励和支持连锁经营、物流配送、电子商务等现代流通方式向农村延伸。进一步发挥邮政及供销合作社的网络和服务优势，加强农村邮政网点、村邮站、"三农"服务站等邮政终端设施建设，提升物流服务能力。开展农忙时节和收获季节大宗农产品物流专项促进行动，保障大宗农产品快速畅通流动，降低物流环节的滞留性损耗。

> **专栏 10　农业物流建设项目**

建设重点项目：库尔勒 SZ 农汇园冷链物流园及物流信息平台项目、库尔勒 HJ 公铁仓储物流园二期建设项目、新疆 TP 农业股份有限公司 2 万吨果品保鲜库项目、巴州 LF 农产品有限责任公司二期保鲜库项目、沙依东 XGQ 仓储项目、新疆兵团棉麻公司库尔勒站保鲜库改建项目、巴州 ZS 铝业有限公司果品保鲜库项目、航空港物流保税区建设项目、新疆 WJ 物流仓储项目、DFS 农产品物流园建设项目、北山 JXY 仓储物流项目

供销合作社系统建设项目：库尔勒农资配送中心、供销合作社电子商务惠农工程

粮食系统建设项目：库尔勒粮油收储公司上户、哈拉玉宫、阿瓦提粮站项目

三、加快发展城镇商贸物流配送体系

积极推进以保障民生和拉动内需为重点的商贸物流体系建设。完善城镇商贸聚集区和大型商品交易市场的商品分拨和物流配送功能，促进商业物流发展。支持连锁经营发展，提高生活用品、生产用品、蔬菜、食品、药品、烟草和出版物等的物流配送效率，缓解城市交通拥堵。进一步优化由综合物流园区、大型物流中心、社区末端配送节点组成的三级城市配送网络。鼓励商贸流通企业和连锁超市利用第三方物流配送中心、分拨中心及运力资源，加快发展共同配送。鼓励和引导企业将自用停车场、配送站点向社会开放。鼓励物流配送企业针对特定的商业聚集区和生活居住区制订专业的配送实施计划，提供个性化的配送服务，提高配送效率。建设服务连锁经营企业和网络销售企业的跨区域配送中心。发展智能物流基础设施，支持社区、学校的物流快递公共取送点建设。鼓励交通、邮政、商贸、供销、出版物销售等开展联盟合作，整合利用现有物流资源，进一步完善存储、转运、停靠、卸货等基础设施，加强服务网络建设，提高共同配送能力。支持和鼓励专业物流企业开展城市配送，提高配送的专业化水平，完善城市物流配送体系。

合理配置城乡物流资源，推进城乡配送中心建设、农超对接等工作，打造便利、快捷、高效的城乡一体化物流服务网络。整合市乡村三级物流网络资源，形成合力，实现多元化物流配送体系的有效衔接和融合发展。

专栏 11　城镇商贸物流建设项目

建设重点项目：库尔勒 YJ 智慧生态产业新城（一期）建设项目、库尔勒新疆 HXMKL 商业中心一期建设项目、HL 国际商贸城项目、YG 集团库尔勒国际电子商务产业园项目、库尔勒 SL 楼兰信息服务平台项目、HS 农产品综合市场二期建设项目、HB 房地产有限公司商业综合体项目、ZL 民族特色商贸中心项目、库铁农贸批发市场项目、HJ 农产品综合批发市场项目

供销合作社系统建设项目：库尔勒供销合作社物流分拨中心

四、拓展快递和邮政物流服务

作为电子商务发展支撑的快递行业，要顺应网络购物快速发展的趋势，推进快递物流服务与电子商务的融合发展。推动电子商务企业与快递物流企业联动发展，积极拓展网络购物、电话购物、手机终端购物和电视购物等增值服务。支持快递物流企业依托自身网络资源，创建特色商品专业营销网站，开展电子商务业务。加快发展城市居民重要消费品连锁配送服务，发展小批量、多频次、时效性强的直接配送、"门到门"配送。鼓励和支持民营快递企业通过全资直营、特许加盟、业务代理等多种途径，扩大网络覆盖范围，拓展增值业务，加快技术设备更新，从而培育一批规模化、品牌化、规范化的快递企业。实施快递下乡工程，鼓励和支持民营快递企业"向下走"，鼓励快递企业加快乡镇（团场）网络布局，支持通过开办快递超市和快递驿站、邮快联合、交快联合的方式在乡镇（团场）设立快递服务末端网点，推动"快递下乡、进团场"，支撑农村电商发展，打通"工业品下乡"和"农产品进城"双向通道。建立区域快递服务协调和监管机制，实现快递物流网络的规范化运行。

加快开发区南疆快递产业园建设，积极引导企业入驻园区，鼓励快递企业建设处理流程科学、技术设备先进、处理能力强的快件分拨中心。以南疆快递产业园为硬件依托，引导快递企业在库尔勒市建成南疆快递分拨中心，建成服务南疆五地州、辐射全国的区域性、节点性快递分拨、转运、流通、集散中心，使快件不再绕行乌鲁木齐，降低快递流通成本，缩短快递时限。加快航空快递物流体系建设，开发运输重量轻、附加值高的产品的空中物流走廊，建设空港物流南疆转运中心。拓展国际货运航线网络，开通与中亚国家首都城市和巴基斯坦首都的货运航线，增加南亚、中亚国际干线航班密度，积极拓展异地和国际快递市场。

专栏12　快递和邮政物流建设项目

建设重点项目：南疆快递产业园、南疆快递分拨中心

五、加快保税物流体系建设

加快库尔勒经济技术开发区综合保税区[①]规划、建设、申报进程,推进综合保税区物流等配套项目建设,创新利用保税政策和现代物流方式,推动内陆开放,激发经济活力。依据库尔勒市经济发展总体规划,科学制定开发区综合保税区总体规划。依托开发区综合保税区,为市内外企业开展进出口业务提供保税服务,减少通关环节,降低物流成本,实现通过公铁联运、空运与国内国际市场直接连通。与国内重要港口和疆内各主要口岸实施联动,充分发挥保税物流中心的政策优势,使港口、口岸与保税物流中心之间的相关手续简便,实现无缝对接,多种运输方式有效组合,货物快速流入流出,使库尔勒市及其周边区域的企业享受港口码头、口岸货代公司提供的服务。加快库尔勒五大出口基地建设[②],完善保税物流功能,提升保税物流服务能级,扩大保税物流规模,形成包括国际中转、国际采购、国际配送和国际转口贸易在内的综合保税物流服务。把开发区保税物流中心建成以库尔勒为核心的、南疆地区重要的保税物流基地。鼓励各类企业进驻开发区保税物流中心开展保税物流业务。在具备条件的地区和企业设立一批保税仓库和出口监管仓库,加强与口岸的通关协作,增强辐射和带动能力。

> **专栏13 保税物流建设项目**
>
> **建设重点项目**:航空港物流保税区项目、开发区综合保税区各功能区基础设施(道路、水、电、气、下水等)建设项目、公路铁路专用线项目、保税区云中心建设项目

[①] 开发区综合保税区集保税区、出口加工区、保税物流区、港口的功能于一身,可以发展国际中转、配送、采购、转口贸易和出口加工等业务。

[②] 一是以焉耆盆地的辣椒、工业番茄、葡萄,库尔勒和尉犁的香梨,轮台的杏系列产品,若羌和且末的红枣及其制品为抓手的农产品出口基地建设;二是库尔勒1000万锭纺织服装城出口基地建设;三是美克化工、罗布泊钾盐等石油化工出口基地建设;四是特色矿产品出口基地建设;五是甘草、橡胶制品等出口加工贸易基地建设。

六、逐步完善应急物流体系

进一步完善应急物流基础设施，积极有效应对突发自然灾害、公共卫生事件以及重大安全事故。完善应对不同类别突发事件的物流安全保障体系，优化物流应急作业组织和程序，完善应急处理机制。建立和完善应急指挥调度系统和处置实施系统，完善应急物资的筹措、采购、储备、运输、配送及信息管理系统。建立快捷高效的应急反应机制，制定并落实完善的应急管理预案体系，提高政府保障公共安全和处置突发事件的能力。发挥大型物流企业的主力军作用，提高综合应急减灾处理能力。依托库尔勒在全疆救灾物资储备体系中的战略地位和区位优势，建立以市级救灾物资储备库为中心，周边县储备点（库）为结合的综合救灾物资仓储网络，科学规划储备物资总量和品种，健全救灾物资储备制度。完善救灾物资储备库的应急服务功能，提高救灾服务水平，力争把救灾物资储备库建设成为规模适度、布局合理、设施配套、功能健全的救灾应急服务平台。

> **专栏 14　应急物流建设项目**
>
> **建设重点项目：** 库尔勒市救灾物资储备库

七、加快促进绿色物流发展

鼓励和引导物流企业选用节能环保车辆、新能源汽车等节能环保物流设施，引导企业建立逆向物流体系。大力发展甩挂运输、共同配送、统一配送等先进的物流组织模式，提高储运工具的信息化水平，减少返空、迂回运输。提高托盘等标准化器具和包装物的循环利用水平，构建低环境负荷的循环物流系统。加快传统旧货市场升级改造步伐，适应消费升级带动的产品淘汰，围绕二手车、旧家电、旧家具等淘汰商品，建设一批集回收、加工、整形、拼装等功能于一体的旧货交易市场，积极拓展回收加工、信息服务、价格评估等业务，形成旧货物流分拣加工基地。建立健全再生资源回收利用网络，重点推动包装物、废旧电器电子产品等生活废弃物和报废工程机械、农作物秸秆、消费品加工中产生的边角废料等有使用价值废弃物的回收利用。加大市场整顿力度，建立一批规范化运作的再生资源回收网点，发挥再生资源加工企业的带动作用，提高回收物品的收集、分拣、加工、搬运、仓储、包装、维修等管理水平，实现废弃物的妥善处置、循环利用、无害环保。

> **专栏 15　绿色物流建设项目**
>
> **再生资源回收网络建设项目：** 库尔勒市塔什店循环经济产业园再生资源利用项目、巴州 KF 能源科技有限公司能源环保设备研发制造及资源综合利用项目、报废汽车机械化拆解项目、TS 纸业回收项目、废旧轮胎真空热裂解项目、废有色金属加工分拣项目、废塑料回收利用项目、再生塑料滴灌带生产项目，新建 120 个再生资源回收网点、7 个再生资源回收中心，设立区域性再生资源集散市场
>
> **危险固体废弃物处置项目：** 废旧电器电子产品综合处理中心、废矿物油回收处置工程、非金属废料加工处理厂
>
> **垃圾综合处理中心建设项目：** 生活垃圾无害化（堆肥）处理厂、大件垃圾处理厂、东山垃圾填埋场、生活垃圾转运站、开发区一般工业固废处置场

第五节　加快培育物流市场主体

积极培育物流市场主体，出台政策鼓励生产和商贸企业按照分工协作的原则，剥离或外包物流功能，推动物流企业与生产、商贸企业互动发展。大力扶持龙头物流企业，在全市范围内选择若干具有一定经营规模和竞争优势的大型物流企业作为物流行业的重点示范企业，在资金、土地等方面给予重点扶持和政策倾斜，在行业中形成示范、带动效应。支持邮政、供销进一步完善终端服务网点，拓展增值服务和高端服务，打造覆盖全市城乡的物流网络。

一、培育第三方物流企业

围绕重点产业园区和大型企业集团，加快培育一批与库尔勒现代产业体系

相配套的第三方物流企业，鼓励物流企业以参股、控股、兼并、联合等方式进行资产重组，提高组织化、规模化、网络化程度和服务质量。鼓励和支持传统仓储、运输企业按照现代物流理念和运作流程，加大设施改造力度，大力应用现代物流技术装备，提高增值服务能力，加快向第三方物流企业转型。进一步加快制造企业、商贸企业分离物流业务，推进物流企业托管置换工商企业的物流要素，推动物流企业参与制造业供应链管理，做强做优第三方物流企业。扶持一批专业化物流信息服务企业，整合物流信息、监管、设备等资源，面向社会开展信息服务、信息管理、技术服务和信息交易等业务。

二、提升企业品牌竞争力

支持专业化水平较高的物流企业发挥自身优势，做优做精核心业务，提高技术装备和管理水平，积极引进国际物流标准，加强品牌管理，加强企业文化建设，创新特色服务，逐步形成一批区域服务网络广、供应链管理能力强、物流服务水平优、品牌影响力大的现代物流知名企业。依托物流园区建设，培育一批现代化、规模化、专业化的物流企业，形成一批具有一定规模和较强竞争力的现代物流企业集团。在农产品物流、连锁配送、信息服务、智能物流等领域加快培养一批本土物流品牌。加快物流领域驰名商标、著名商标的培育创建工作，逐步扩大品牌效应。鼓励和支持品牌物流企业申报国家物流企业 A 级评定，提升品牌价值。探索推行物流企业进出口经营权试点，扶持有条件的物流企业开拓国际市场。

三、积极引进战略投资者

积极吸引疆内外、国内外知名物流企业参与库尔勒物流园区、物流项目的建设和物流企业的重组改造，与市内物流企业开展业务合作，建立仓储中心、配送中心等分支机构，促进库尔勒与国内、国际物流网络有效对接。政府通过制定和落实优惠政策，鼓励本地物流企业与国内外大型物流企业开展多种形式的合作，大力引进资金和人才，创新管理方式和方法，从而培育和发展一批管理先进、竞争力强的现代物流集团企业。全面梳理具有战略发展意义的投资项目体系，不断完善招商引资政策体系和重点项目储备库，为入驻企业提供清晰的产业发展蓝图和可行的投资回收路线图。围绕关乎全市物流产业长远发展和跨越式发展的重点项目，积极开展各种层次、各种范围的推介招商活动，吸引具有现代物流新业态运作经验的龙头企业入驻，进一步激活和整合物流产业要素，加快培育新兴行业发展领域。全面优化物流产业投资发展环境，为优质物流企业入驻库尔勒提供全方位的协调服务和落地服务，不断加快各层次物流企业的集群式发展。

四、培育总部型物流企业，整合南疆物流资源

拓展区域物流市场的主体是龙头企业。库尔勒市建设南疆物流集散中心必须培育一批能够整合区域物流资源的龙头企业。库尔勒市的南疆物流枢纽城市地位，不仅要依托完善的综合性物流基础设施条件，更重要的是要依托资源整合能力很强的龙头企业。对此，库尔勒市要优先发展和扶持总部型物流企业，鼓励企业在巴州范围内进行物流产业资源整合，构建和完善以总部型物流集团企业为主导、中小物流企业专业化配套、集群化发展的新型产业组织结构。鼓励龙头型物流园区在南疆各地州设立分支机构，整合物流资源和货物资源，加强库尔勒市对整体南疆区域货物资源的转运和分拨功能。鼓励巴州龙头物流企业"走出去"，不断拓展南疆物流通道，采取并购、股权置换等方式，逐步建立塔里木盆地物流网络，增强库尔勒市物流品牌的竞争力和辐射力。实施"请进来、走出去"的腹地拓展战略，鼓励市内物流龙头企业到南疆各地州承接大宗散货运输业务。

专栏 16　重点培育的物流企业

1. 乌鲁木齐铁路局库尔勒货运中心（库尔勒市：铁路物流，5A级物流企业）
2. 新疆兴鸿博实业股份有限公司（库尔勒市：陆港物流）
3. 新疆沙漠运输公司（库尔勒市：石油装备物资物流）
4. 新疆拓普农业股份有限公司（库尔勒开发区：香梨物流，4A级物流企业）
5. 新疆维吾尔自治区棉麻南疆公司（库尔勒市：棉花物流，3A级物流企业）

6. 巴州科达房地产开发有限公司（库尔勒开发区：保税物流）
7. 新疆汇锦物流有限公司（上库工业园：棉花物流）
8. 库尔勒 SZ 农汇园商贸有限公司（上库工业园：农产品物流）
9. 库尔勒 HH 工贸有限公司（库尔勒市：煤炭物流）
10. 库尔勒 YX 物流有限责任公司（库尔勒市：仓储装卸物流，2A 级物流企业）
11. 危化品运输物流公司 2 家（州运管局推荐）
12. 库尔勒 KS 医药有限责任公司（上库工业园：医药品物流）
13. 电商物流企业 2 家（市商务局推荐）

第六节 着力推进丝绸之路经济带核心区现代物流示范城市建设

高度重视现代物流创新发展，全面贯彻"创新、协调、绿色、开放、共享"的新发展理念，遵循"问题导向、因地制宜、改革创新、重点突破"的原则，扎实深入开展丝绸之路经济带核心区现代物流示范城市创建工作，努力完成"探索和打造有利于现代物流发展的体制机制，完善适应现代物流发展的制度法规，建立健全促进现代物流发展的政策体系，推动物流产业的发展和物流效率的提升"等创建工作目标，最大限度释放市场主体活力，打造丝绸之路经济带现代物流发展的先导示范区。在全疆率先实现物流体系的专业化、社会化、信息化和标准化，成为新疆现代物流发展的先行先试示范城市和产业发展模式引领区。

一、全面构建现代物流示范城市发展机制

全面更新观念，在物流产业管理体制、产业发展政策和物流产业社会环境优化等层面进行大胆改革创新，突破惯性思维和瓶颈因素，努力构建现代物流和"一带一路"国际物流创新发展机制，全面打造现代物流示范城市运行模式。加强物流管理体制机制创新，完善城市推动物流发展的政策体系。建立符合城市发展特征的物流体制机制，多部门高效统筹，形成政策合力，有序推进物流发展。推动简政放权，进一步释放物流企业的活力。率先启动物流园区和物流龙头企业认定工程。推动城市配送和快递服务便捷、绿色、安全发展，提升物流业便民惠民服务水平。在全疆率先实现中欧班列的常态化运行，加快推进中欧班列疆内示范试点项目。建设一批重大冷链物流项目，开辟运行高效的农产品物流通道，以库尔勒香梨等特色农产品为核心，打造冷链物流基地。面向危化品供应链物流全过程，开展智慧、绿色、全程可控物流管理，构建基于供应链管理模式的危化品智慧物流服务体系，有效支持石化等相关产业的发展。通过打造实体市场群等，实现商贸与物流的融合互动发展，探索城市区域发展商贸物流的新模式。培育一批能够整合区域物流资源的龙头企业。

二、积极打造区域性物流要素交易市场

充分发挥库尔勒市作为丝绸之路经济带综合交通枢纽中心和丝绸之路经济带南、北、中通道十字形交会的区域物流枢纽的优势，畅通物流通道，全面打造覆盖南疆、辐射全疆、背靠内陆、面向欧亚、承东启西的区域性物流要素交易中心。以陆路港枢纽物流信息化、物流信息平台、物流平台经济等为抓手，依托互联网、大数据等技术，坚持线上与线下相结合，将库尔勒市打造成为辐射南疆、伊犁河谷地区和面向内地华中、西南地区的货源信息集散中心。在长远发展阶段，依托综合交通物流枢纽优势，将库尔勒市打造成中巴经济走廊重要的货物信息发布中心。依托公路、铁路枢纽的货物集散功能，大力发展各类辅助性行业部门，包括各类商品交易市场、包装行业、供应链金融行业、物流人才中介、物流行业组织、专业化物流园（物流中心）和其他物流中介组织等，全面完善配套的物流产业要素体系，全面支撑物流产业要素市场的系统化发展。

三、打造现代物流企业创新创业高地

创新拓展物流服务功能，鼓励商贸物流企业创新商业模式和管理方式，发展物流金融服务，拓展供应链金融功能。支持有条件的商贸物流企业跨界经营，打造"互联网＋实体店铺＋物流＋金融"的综合服务模式。促进不同主体间的信息互联共享，创新管理运作方式，提升功能和增值服务。继续深化物流平台创新发展，推动信息化和标准化应用，打通上下游产业链，促进物流企业经营模式及业态创新。全面鼓励物流新业态发展，不断重组市域物流运行系统，积极发展城市集中配送、共同配送等先进模式，实现城市配送高效便捷、集约发展。积极吸引创新型物流企业入驻库尔勒市，打造创新企业汇聚高地，依托市场主体的创新活动推动区域物流系统的优化升级。吸引物流创新企业在市域集聚发展，实现产业组织模式的创新发展，构建供应链服务体系和创新型商业模式，打造产业创新组织基地。打造供应链总部企业聚集环境，鼓励供应链与新兴商业模式融合，促进供应链与其他产业创新联动，打造丝绸之路经济带核心区供应链管理中心。提高国际物流运营组织能力，开展国际物流互联互通合作，打造内陆重要的国际物流枢纽。

四、推进商贸物流智慧化发展，建设智慧物流城市

运用物联网、大数据、云计算等现代科技和先进理念，发展智慧物流。推广先进、适用的现代物流技术和装备，加强冷链配送、无接触设施、共用托盘、节能环保等技术和设备的研发与应用，大力推广射频识别、货物跟踪、货物自动分拣、移动终端等物流新技术。整合行业监管部门、物流园区和物流企业的信息系统，打造物流信息化示范园区，建设新疆陆路港信息平台，提高物流业务运作的效率和服务水平。

五、加快库尔勒区域物流品牌建设

推动库尔勒区域物流品牌建设，营造区域物流率先发展的良好氛围。在库尔勒市域交通干线和骨干道路沿线，设立物流产业标志性口号和产业理念宣传标牌，打造库尔勒物流区域品牌效应。推动库尔勒"丝绸之路经济带核心区综合物流节点""丝绸之路经济带核心区现代物流示范城市""南疆物流集散中心"

等公共战略品牌建设，形成示范效应。利用重要的网络平台、会展平台以及行业协会等交流平台，增强库尔勒物流品牌的联动宣传力度。适时举办南疆物流论坛、青新铁路物流论坛、陆路港物流园区论坛等专业性论坛，邀请各层次政府相关部门、物流业内大型重点物流企业、专家学者参与，通过论坛宣传推广库尔勒区域物流品牌，提升知名度。围绕丝绸之路经济带核心区现代物流示范城市建设，召开全疆物流产业现场工作会议，宣传推广丝绸之路经济带核心区综合物流体系建设"库尔勒模式"。

专栏 17 现代物流示范城市建设行动

物流园区和物流龙头企业认定行动、中欧班列加快发展行动、冷链物流示范基地建设行动、货源信息集散中心建设行动、智慧物流城市建设行动、城市物流品牌宣传行动

第十三章

重点工程

第一节　多式联运工程

加强多式联运基础设施建设，不断优化多式联运场站的空间布局，不断畅通多式联运枢纽节点之间的运输通道，不断提高各种运输方式之间的无缝连接水平，不断普及兼容性较高的多式联运设施设备，全面实现多式联运硬件和软件体系的充分衔接。将多式联运体系建设作为库尔勒市建设丝绸之路经济带核心区综合物流节点的重要突破口和重点建设目标，按照丝绸之路经济带国际物流发展要求和巴州经济社会跨越式发展的战略要求，统筹规划多式联运基础设施体系建设，全面实现库尔勒市区域物流系统的优化升级，全面降低区域物流的运行成本，全面提高区域物流的运行效率，全面发挥库尔勒市的先导示范区带动作用。

一、统筹综合运输系统，实现运输基础设施的紧密衔接

统筹公路、铁路、航空基础设施规划和建设，实现公路网、铁路网、航道网以及公路场站、铁路场站的高效衔接和配套兼容。推进各种交通运输方式之间物流设施的衔接协调，完善中转联运设施和集疏运体系。优化综合交通枢纽站场布局，扩大综合运输供给规模，完善综合交通枢纽站场运输服务体系，加强枢纽站场服务设施配套和对应的集疏运体系规划建设，强化运输方式衔接和运输服务转换，实现货运无缝衔接。加大多式联运装卸设备的投入，不断提升服务能力。发挥各种运输方式的比较优势，逐步构建分工协作、协调配合、高效运行的综合运输体系。

二、大力发展集装箱运输，提高多式联运设备兼容水平

全力迎合集装箱化发展趋势，在全疆范围内率先普及公铁联运的集装箱物流体系。全面建设适应集装箱化发展需求的城市物流基础设施体系，实现物流基础设施的更新换代。全面加强基于多式联运的物流设备体系建设，不断提高物流园区和物流中心设施设备的兼容性和业务操作流程、票据文件等软件系统的兼容性。货运车辆逐步实现专业化、标准化和清洁化，大力发展集装箱、厢式、冷藏、散装、液罐、城市配送等专用运输车辆和标准车型，加快更新老旧、高耗能车辆，促进高效、节能运输车辆的发展。探索建设覆盖南疆的甩挂运输网络，降低运输成本，提高运输效率；采用甩挂运输与铁路驮背运输、铁路集装箱运输相结合的多式联运，丰富甩挂运输货源，在南疆开展甩挂运输试点工作。

三、规范多式联运市场，培育多式联运经营人

鼓励从事公路、铁路、航空综合运输服务以及经营物流园、货代业务的大型企业通过参股、兼并合营、资产重组等方式，扩大经营范围和物流服务网络，为客户提供多式联运全程物流服务。鼓励企业发展具有节能减排优势的公铁联运、公路航空联运等运输形式，不断提高铁路和公路的集疏运比例。同时，交通运输、商务等部门简化公路运输、场站经营、货运代理等行业的准入审批程序，适当放宽行业准入条件，提高行政审批效率，积极培育具有较高服务水平的多式联运经营人。

四、构建完善的多式联运协调机制

搞好央企与库尔勒市在铁路、管道等重大物流基础设施建设和运营方面的对接与合作。积极支持工业企业和物流企业改造提升现有的铁路专用线资源，实现铁路和地方经济的良性互动发展。进一步盘活供销、邮政、物资储备等领域的原有物流设施，加强改造升级，加快传统仓储设施改造和功能转型，提高存量资产使用效率。坚持优势互补、互利共赢的原则，着眼于扩大库尔勒市域物流的共同利益，探索推动主要聚集区和重点领域的体制机制创新，提升大库尔勒地区现代物流业发展水平和活力。从"大市场、大物流"和"区域一体化、

城乡一体化"的角度，推动各物流聚集区之间、节点网络之间、各种运输方式之间的衔接建设。发挥库尔勒市在巴州和南疆多式联运体系中的主体作用，建立健全与周边县市的物流协作组织，建立更加紧密的区域合作机制。适时出台更有针对性的政策、措施，引导、推动区域物流、铁路、货代和各类企业之间建立战略合作机制。

第二节　物流信息公共平台工程

积极打造政府牵头，各方市场主体有效参与，专业机构有效运作的物流信息公共服务平台。整合各部门物流相关信息资源，推进与物流相关的政务信息系统的协调与开放，有效实现市场信息集成、相关政务信息发布与交流等功能，构建全市物流信息采集、交换、共享机制。

一、整合公共物流信息资源

按照"政府推动、政策配套、市场运作、企业经营"的原则，依托现有各类信息平台资源，整合相关部门或企业的公共性物流基础信息数据，建设面向全社会、全行业的综合性公共物流信息平台，并支持物流或相关企业开发基于公共物流信息平台的物流信息增值服务。依托政府财政资金扶持项目或企业专项投资项目，实现市内各物流聚集区、节点乡镇（社区）、各大型物流企业、政府各部门的物流信息对接，实现资源共享、数据共用、信息互通。加快优势重点产业、行业、物流聚集区域的物流信息建设，逐步形成以信息技术为支撑的现代物流服务体系。

二、搭建面向中小物流企业的物流信息服务平台

鼓励龙头物流企业搭建面向中小物流企业的物流信息服务平台，促进货源、车源和物流服务等信息的高效匹配，有效降低货车空驶率。重点发展公路物流信息平台，实现物流供需双方的有效对接，提高公路运输的组织效率。建设智能物流信息平台，形成集物流信息发布、在线交易、数据交换、跟踪追溯、智能分析等功能于一体的物流信息服务中心。鼓励各类企业加快物流信息化建设，深化信息技术在物流各环节的应用。引导大型物流企业开发应用企业资源管理、

供应链管理、客户关系管理等先进的物流管理系统。

三、加强跨区域、跨行业平台互联互通

整合现有的物流信息服务平台资源，形成跨区域和跨行业的智能物流信息公共服务平台。依托国家交通运输物流公共信息服务网络等已有平台，开展物流信息化区域合作。库尔勒市要在全疆范围率先开发建设物流公共信息平台，并与国家交通运输物流公共信息平台管理中心全面对接，成为全国交通运输物流公共信息平台的新疆库尔勒节点。以库尔勒物流公共信息平台为基础，扩大平台应用和对外交流合作，逐步实现市交通运输物流公共信息平台与周边县市物流公共信息平台的无缝对接，形成物流一体化信息系统。加强综合运输信息、物流资源交易、电子口岸和大宗商品交易等平台建设，促进各类平台之间的互联互通和信息共享。

第三节　城市配送工程

探索构建服务规范、方便快捷、畅通高效、保障有力的城市配送体系，促进城市配送与城市经济社会发展相适应、相协调。依托城市功能区的形成布局，不断优化商贸性、生产性物流配送体系建设，全面保障城市商业区和各类产业园的物流配送需求。适应网购和快递物流迅速发展的形势，结合城市快递物流配送体系建设，选择一些城市社区和县域新城区进行社区物流服务站试点设立工作。

一、全面完善市区商贸物流配送体系

按照城市的空间布局和商贸节点布局的变化趋势，合理配置城市商贸物流集疏运网点，充分保障城市批零市场、商业功能区和产业经济区商贸和生产活动的零担配送物流需求。全面提高城市零担配送的运行效率，全面提升各类商贸和生产主体的生产经营便利化水平。合理优化快递物流配送网点建设，充分保障城市生活聚集区、行政服务功能区、文化教育医疗卫生功能区等不同生活服务功能区的多元化物流配送需求，全面构建"门到门"及时配送服务体系。加强城市鲜活农产品冷链物流设施建设，支持大宗鲜活农产品产地预冷、初加

工、冷藏保鲜、冷链运输等设施设备建设，形成重点品种农产品物流集散中心，提升批发市场等重要节点的冷链设施水平，完善冷链物流网络。

二、集约化经营社区快递物流配送体系

鼓励专业化的物流企业在人口居住密集区自建末端网点，或者与连锁商业机构、便民服务设施、社区服务组织、学校及第三方企业开展合作，布设智能快件箱等自助服务设施，增加末端网络密度，解决快件"最后一公里"问题。加快推进邮政投递网建设，鼓励邮政企业在人口密集区域设置便民服务站，增加服务覆盖的深度和广度。支持邮政企业推广智能包裹箱、自提点等，探索智能包裹箱与信报箱的统一建设和综合利用，健全城镇末端网络。整合存量配送资源，加强城区末端能力建设，在住宅小区、大学校园、商务区、写字楼、政府机关、企事业单位等投递量集中的区域布局智能包裹箱、公共自助提货柜、便民服务站等。

三、理顺城市配送体制机制，落实管理职能

市发展改革、交通运输、公安、工业和信息化、城乡建设、商务、邮政管理等部门要在市人民政府的统一领导下，进一步明确各部门在城市配送管理工作中的职责和任务分工。强化市人民政府在城市配送管理工作中的主导作用，明确牵头管理部门或成立协调管理机构，建立城市配送管理工作会商制度，科学研判城市配送发展形势和规律特点，定期研究解决城市配送发展中的突出问题，及时完善相关政策措施。城市规划部门要会同发展改革、交通运输、公安、工业和信息化、城乡建设、商务、邮政管理等有关部门，组织制定城市配送发展规划。规划内容应当包括：城市配送发展目标、通道与节点布局、运力投放规模与结构、运输组织、信息化建设、配送车辆通行管理措施以及社区配送基础设施用地保障等。做好城市配送发展规划与城市土地、商业、交通、物流、快递等相关规划的衔接，保障城市社区物流配送基础设施建设用地，满足城市配送发展要求。城市商业区、居住区、生产区、高等院校和大型公共活动场地等城建项目，应在控制性详细规划中合理设置快递配送所需的场地和空间。商务、邮政管理等有关部门要按照各自的职责继续组织开展城市配送试点工作，选取典型社区开展示范工程，在体制机制、法规政策、基础设施、通行管控、

运输组织、市场监管、信息技术、装备设备等方面先行先试，总结成功经验，逐步向全市推广。

第四节　行业安全工程

围绕社会稳定和长治久安总目标，全面加强物流配送环节的安全检查力度。对物流集散地、仓储的安全防范措施进行安全检查。严格规范快递安全审核制度，积极宣传物流快递渠道安全管理制度，切实提高企业遵纪守法意识。进一步规范货运代理（托运部）工作，加强货运代理安全管理。认真做好物品来往的检查、登记、存贮、流转处理等各流程的基础性管理工作。加强交通运输安全形势研判，切实把防范重特大安全生产事故、强化各项应急保障工作摆上重要议事日程。加强组织领导，严格周密部署，细化工作措施，责任落实到人，做到早防范、早预警、早应对。

一、构建完善的行业安检体系

为了进一步加强社会面维稳防恐工作，有效预防不法分子利用物流寄递渠道夹带各种禁寄禁运物品，要全面加强快递物品安全检查工作，进一步提升物流快递业的安全防范能力。严格管理邮寄物品，禁止投递爆炸物品、化学物品、管制刀具等违禁物品。严格按照相关规定，对所有寄递物品逐一开包检查，并详细登记，做好台账。切实加强物流快递企业内部安全管理，全面落实收寄验视制度，坚决杜绝各种安全漏洞，确保各项安全措施落实到位。高度重视货运代理的安全管理工作，严格落实道路运输零担货物受理环节的安全管理要求，完善制度，规范管理。针对重要节假日和敏感时段加大检查频次。针对货运代理存在的小、散、远、偏、乱的实际问题，促使货运代理行业形成"入园经营、入行就市、集中管理"的局面。快递业要认真做好从业人员的使用管理，进一步优化各类安检站点和业务系统的工作模式，加强对各类安检站点工作人员的专业化培训。配备先进技术设备，提高安检系统快速检测运行效率。安检设备要符合国家邮政总局发布的《邮政业安全生产设备配置规范》以及符合国家质量监督管理规定。

二、切实加强物流运输环节的安全监督管理

加强物流运输车辆的源头安全管理和技术状况检查，严肃查处运输车辆非法改装行为。要采取坚决措施，强化有效监管，督促货物运输企业落实危险货物运输各项安全措施。切实应用动态监控手段，强化运输车辆的途中监管，及时发现和纠正不按规定路线行驶、超员超速、超载超限、疲劳驾驶、酒后驾驶等违法违章行为。增加执法力量，加大对危险货物运输站场的监督检查力度，依法严格查处各类违法违规行为。加强跟踪督办和抽查督查，对重大隐患进行挂牌督办。对于整治不力的，要依法依规严肃问责。建立企业全过程安全生产管理制度，做到安全责任、安全管理、安全投入、安全培训和应急救援"五到位"。进一步完善各类安全生产事故应急处置预案，多方式、多渠道开展安全生产宣传教育和培训，加大应急演练力度，增强针对性和实战性，确保企业应急救援装备和物资配备落实到位，切实提高防范和处置突发安全生产事故的能力。加强应急值守，严格落实领导带班和关键岗位24小时值班制度，一旦发生突发事故，做到科学应对，及时妥善处置，同时按照有关规定及时、准确上报信息。

三、普及先进的货物跟踪管理技术系统

推进条码、电子标签、RFID、全球定位系统（GPS）、运输管理系统（TMS）、库存管理系统（WMS）、电子订货系统（EOS）、电子数据交换（EDI）、货代管理系统等物流信息技术的全面普及，做到及时获取货物品种、数量、在途情况、交货期间、发货地和到达地、货主、送货责任车辆和人员等有关货物运输状态的信息。强化"物联网+全程监管"，充分利用无线射频、卫星导航、视频监控等技术手段，开展重点领域全程监管。规划建设危险品、冷链等专业化物流设施设备，建立和完善危险品物流全过程监管体系和应急救援系统，完善冷链运输服务规范，实现全程不断链。引入北斗卫星定位技术实施全程定位，增加集装箱安全智能防盗设施，提高全程监控能力，保障货物运输安全。

第五节 产业标准化工程

根据国家物流标准体系和库尔勒经济社会发展特征，构建物流产业的一系

列标准化体系，着力解决物流产业发展不规范的问题。抓住国家大力推进物流标准化的契机，研究和制定物流标准化体系建设规划，建立健全各种物流业态的物流标准体系，确定物流标准化实施路线图。做好物流标准化的协调和组织工作，按照国家标准，尽快研究制定适应库尔勒物流业发展需要，与国际、国内接轨的物流技术标准和工作标准，促进各种物流技术标准和服务规范标准协调一致。印发执行《物流标准化中长期发展规划》，推行物流基础类、技术类、信息类、管理类、服务类等技术标准。制定和推广物流基础设施、技术装备等方面的基础性、通用性标准，安全卫生和环境保护方面的强制性标准，各种物流作业和服务方面的专业标准，实现与国际物流标准接轨。推动物流标识标准化，实现与交通运输业、农业、制造业、商贸业等其他行业标准，以及与海关、质检等部门标准的衔接。实施物流标准化服务示范工程，选择大型物流企业、物流园区开展物流标准化试点工作并逐步推广。通过集中培训、经验推广等方式，做好物流标准化宣传普及工作。

一、启动实施产业主体认定工作

研究设定库尔勒各类物流空间组织的设立和挂牌标准，包括物流园区、物流中心、配送中心（末端网点）等空间组织的设立和挂牌标准，划分物流空间组织的发展等次。对各层次物流空间组织的设立和挂牌提出明确的行业标准和基础设施载体标准。依托物流空间组织标准，对现有市域物流产业空间组织进行重新评价梳理，对重点物流产业空间组织实施挂牌工程，加快物流产业空间组织的专业化分工，实现物流空间载体从低层次的同质化竞争向综合化、专业化、差异化转型升级。确立物流园区的建设和运营标准，统筹培育发展若干个以布局集中、用地节约、产业集聚、功能集成、经营集约为特征的物流园区。挂牌物流空间组织优先申报相关扶持性项目。研究设计物流企业的评价指标体系和等级划分标准，有效引导物流产业组织的规范化发展。建立适应库尔勒现代物流业发展需要的物流企业评估标准体系，对企业规模、人员、设备、经营管理和信息技术等方面设立基本的评估标准，在市场准入等方面实施公平规范的管理。积极推行国家出台的《物流企业分类与评估指标》。推进重点物流企业参与医药、汽车、电子、家电、冷链等行业及物联网、城市配送等领域物流技术标准和管理标准的制定和试点工作。完善物流企业申请高新技术企业、技术先进型服务企业的认定标准。鼓励和支持各级物流行业协会开展企业 A 级评定申报工作,向国家积极推介库尔勒市有实力的品牌物流企业。支持行业协会开展物流职业资格认证和培训工作。

二、积极推进物流设备标准化工作

制定技术装备的使用规范及标准,支持物流企业开展质量、环境和职业健康安全管理体系认证。推进专用车辆、集装箱等物流设施设备的标准化建设,形成与全国乃至国际接轨的技术标准化体系。鼓励物流企业采用标准化物流计量、货物分类、物品标识、物流装备设施、工具器具、信息系统和作业流程等,提高物流管理、技术和服务标准化水平。加快对现有仓储、转运设施和运输工具的标准化改造。要抓紧制定适用于城市配送车辆的相关标准,积极引导企业推广使用符合标准的配送车型,推动城市配送车型向标准化、厢式化发展,加快开展城市配送车辆统一标识管理工作。邮政管理部门要研究制定非机动车从事快件收投业务的相关行业标准,并会同交通运输等部门,研究出台非机动车从事快件收投业务的相关管理办法。

三、着力推进物流运输司机行为的规范化工作

不断提高货运司机的专业化水平。制定货运司机技能标准和培训体系,开展各种形式的专业化培训。从深化培训服务、开展网络教学、严格准入退出机制等方面着手,探索出一条培养高素质货运驾驶员的有效路径。加强货运司机常规业务行为的规范化管理。货运车辆在出发前,要进行标准化捆绑和吊装,以减少由于货物装载不当造成的交通事故。逐步要求货运车辆配备行车记录仪,以记录并连续更新汽车的加速度、旋转和方向信息数据。货运车辆出发前需要启动行车记录仪,一旦发生事故,交通管理调查员和保险人员可以从记录的数据中再现交通事故的过程。参照国内外相关标准,对货车司机的休息时间进行强制性规定。为保证司机的休息时间,防止出现疲劳驾驶,规定运输司机每天工作时间为 9 小时,最长不得超过 10.5 小时。每次最长驾车时间不能超过 4.5 小时,并须休息 45 分钟。司机连续工作 5 天,需要强制休息 1 天。不断强化货运司机安全行车体验式培训,增强安全行车意识。通过酒驾模拟驾驶器、醉酒眼镜等先进设备,制造视觉与平衡的落差,让驾驶员亲身感受酒驾的危害。利

用模拟安全带碰撞体验仪，使其明白安全带的重要作用。通过播放 3D 影片，使其身临其境地感受事故发生时的震撼场面。利用动感模拟驾驶器，模拟高仿真度的复杂路况、道路交通突发事件、车辆故障、恶劣天气等驾驶环境。着重加强从业资格管理信息化系统建设，实现从业人员从业资格申请受理、考核管理、信誉管理的信息化。物流运输企业要根据司机的工作表现，从司机产值、安全行车、维修费用、服务态度、客户意见等各方面进行定期考核和奖励处罚。道路运输管理机构要对货运驾驶员进行信誉管理，详细考核驾驶员在信誉评定周期内的安全生产、服务质量和经营行为等方面的失信行为累积记分情况，对驾驶员进行信誉等级评定管理。

第六节　回收物流工程

逐步完善全市逆向回收物流体系，科学规划回收物流产业发展，稳步构建逆向物流运行格局。结合库尔勒市环境保护建设、城乡环境再造建设、环保产业发展建设等发展需求，加快回收物流体系的全面建设，不断提高资源再生利用效率。要建立和完善再生资源回收物流网络，对回收的各个环节进行集成化、系统化管理，合理规划收购堆场用地。从政策环境、法律法规体系、技术升级等方面给予保障，为再生资源回收物流网络的建立和优化提供强有力的支撑。要全面争取国家对环保新兴产业的项目资金支持，着力培育和壮大回收物流产业体系。

一、有序推进和完善回收物流体系建设

根据库尔勒市的城市环境建设要求以及回收物流行业的阶段性发展要求，有序推进库尔勒市回收物流业的系统化发展。全面梳理全市的回收物流业发展格局，加强行业要素体系的摸底工作，为行业的系统化发展打造基础。着力加强库尔勒市废旧电器电子产品回收体系、报废汽车及机械配件回收体系、废塑料和旧地膜回收体系、危险固体废弃物回收体系、生活垃圾回收处理体系等回收物流部门的有序发展，将相关行业部门纳入物流行业发展的通盘格局当中，实现规范化发展。积极把握国家行业政策动态，加大循环经济发展和再生资源利用项目库建设，充分争取和利用国家在相关领域的产业扶持政策，稳步培育

一批专业化水平较高的回收物流企业主体。抓紧抓好回收物流体系的示范试点工作，在全疆率先实现回收物流体系规范化发展。

二、推行产学研创新体制，以促进回收物流技术升级

加大与疆内外再生资源回收物流技术先进县市的沟通和交流，强化在生产技术、设施和设备方面的合作，提升回收物流行业的整体技术水平。加强再生资源回收物流技术的基础性研究，对经济效益低、社会效益高的再生资源回收物流技术项目设立专项研发资金，实施重点突破。加强技术创新体制中各主体间的合作与协同，加快回收物流技术的创新和转化应用，建立产学研技术创新合作和交流机制。加大对再生资源回收物流人才的培养和从业人员的培训，促进对再生资源回收物流技术的熟练应用，注重一线技术指导和操作人员对技术的改进和改良。

三、完善政策法规体系，以优化回收物流业发展的外部环境

首先，要坚决贯彻执行国家和相关部委出台的有关再生资源回收的法律法规和实施意见。其次，要修改现行的不利于再生资源回收物流发展的排斥性条款，鼓励有资质的民营回收物流企业进入再生资源回收行业。再次，要针对某些特殊的再生资源回收制定专门的规定，明确各方应遵循的规范和标准，以及权利、义务和责任等。最后，要给予再生资源回收物流企业一定的政府补贴、税收减免和融资优惠政策等，以增强企业从事再生资源回收物流的积极性。

第七节　中欧班列工程

加快融入丝绸之路经济带和中巴经济走廊建设，立足库尔勒的铁路枢纽基础设施，发挥第二条出疆通道的产业集聚优势和连接南北疆的区位优势，推进库尔勒国际物流业发展。基于丝绸之路经济带国际物流通道背景，着力构建高效运行的国际物流运营体系。加强库尔勒经济技术开发区保税物流园区建设，形成产业集群发展优势，吸引国际货物资源在库尔勒集结和分拨，全面提升库尔勒在国际物流市场的竞争力。建设亚欧之间往返物流服务系统，促

进欧洲商品回运，降低返空率，把库尔勒建成丝绸之路经济带上重要的物流节点城市。

一、建设中欧班列集结中心

依托库尔勒铁路货场建设集装箱中转站、货物转运站、标准仓储设施，推进中转联运枢纽建设。支持库尔勒铁路货运中心整合现有的铁路专用线，建设中欧国际货运集结编组中心、向西进出口货运集散中心以及公铁配套联运物流基地。依托库尔勒作为中欧班列组织基地的优势，在稳定开行库尔勒—伊斯坦布尔国际货运班列的基础上，积极与中亚、西亚和欧洲铁路枢纽城市加强合作，谋划开行沿线地区的国际货运班列。针对中欧铁路集装箱班列货源不足等问题，打造中欧班列集结中心，加强与格尔木—库尔勒铁路辐射范围相关省市的合作，实现优势互补，吸引国际货物在库尔勒铁路货运枢纽进行集散、中转。整合铁门关、阿克苏、和田等城市和其他周边县市的国际铁路集装箱运输资源，推动国际货运班列在库尔勒重新编组，实现库尔勒中欧国际货运班列的高密度、常态化开行，将库尔勒打造成中欧班列集结中心。市政府要支持区域内的企业扩大与中欧班列沿线国家的产能合作、贸易往来，增加中欧班列货源。铁路部门要加强与国内外大型物流企业、货代公司的合作，发挥集货作用，促进优势互补。鼓励本市企业在境外重点区域设立办事机构，推进合资建立经营网点，提高境外物流经营能力。

二、进一步优化运输组织形式

重点推进铁路枢纽设施建设，发展国际联运、国际货代、金融服务、物流信息服务等配套服务，建成辐射全疆，面向中亚、西亚和欧洲的国际铁路集散中转中心。推进跨境铁路的协调对接，促进国际铁路便利化。推进建立统一的运输协调机制，降低国际运输成本，提高运输效率。积极推动与铁路合作组织、国际铁路联盟、世界海关组织、万国邮政联盟等国际组织的合作，建立统一互认的单证格式、货物安全、保险理赔、通关便利、数据共享等相关规则和技术标准，提高班列运行质量和效率。加强与国外铁路的协作，建立班列运行信息交换机制，强化班列全程监控，联合铺画全程运行图，压缩班列全程运行时间，达到日均运行 1300 千米左右的运输组织水平。

三、完善运输服务模式

围绕物流链全流程，强化运输、仓储、配送、检验检疫、通关、结算等环节的高效对接，提供一站式综合服务。鼓励将公路等运输方式与中欧班列有效衔接，打造全程化物流服务链条。建立中欧班列客户服务中心，为客户提供业务受理、单证制作、报关报检、货物追踪、应急处置等服务。参照货物监管方式，结合国际邮件特性，推行国际邮件"属地查验、口岸验放"模式。大力推进电子化通关，加强与国外邮政、海关、检验检疫、铁路部门的合作，推进邮递物品海关监管互认。设立若干国际邮件铁路口岸重点交换站，加快推进中欧班列进出口国际邮件相关工作，实现国际邮件常态化运输。进一步优化国际铁路运邮作业组织、通关和换装流程，提升邮件运输时效，改善数据反馈的及时性和准确性。根据跨境电商的运输需求，采用拼箱运输方式，协调国外铁路、海关和检验检疫等部门，推行电子快递清单，研究开展中欧班列国际快件运输。拓展国际代理采购、国际保险理赔、货物质押等增值服务。利用综合保税区布局优势，支持跨境货物加工与转口贸易。

第八节　辅助产业培育工程

加快物流行业辅助行业部门的发展，为物流行业高效持续发展提供有力的社会经济发展环境。加快物流包装行业的有序发展，不断提升物流包装企业的市场服务能力。全面推动物流产业与电子商务的融合发展，建立以现代物流配送中心和高效信息管理系统为支撑的电子商务物流基地。促进物流教育培训行业的快速发展，为物流产业可持续发展提供多层次的人力资源，加快物流行业转型升级步伐。

一、加快推动物流包装行业的发展

物流包装包括在流通过程中为保护产品、方便贮运、促进销售，按一定技术方法而采用的容器、材料和辅助物等，也包括为了达到上述目的而在采用容器、材料和辅助物的过程中施加一定技术方法等的操作活动。物流包装作为包装中的一个细分领域，大体是指商品生产完成后、交付客户前，在仓储、运输、流通中使用的包装产品和服务。从生产角度看，物流包装是生产的最后一道工序，也是生产的组成部分；从流通角度看，物流包装是保护商品状态完好无损的工具和条件。电子商务的快速发展促进了企业经营模式的变化，订单碎片化导致物流快递化，使物流包装这个细分领域既面临新的挑战，也迎来了难得的发展机会。库尔勒市物流包装行业要加快推动包装产业与生态农业、快速消费品业以及电商快递远程物流配送业等领域的跨界融合，积极推动纸制品包装、塑料制品包装、金属包装、竹木器包装、玻璃容器包装和复合材料包装等各类物流包装的发展，重点发展果菜类包装、食品包装、轻工产品包装、针棉织品包装、药品包装、机电产品设备包装、危险品包装等包装产品。库尔勒市物流包装企业主体要围绕包装产业供给侧结构性改革，在优化传统产品结构、扩大主导产品优势的基础上，主动适应智能制造模式和消费多样化需求，增强为消费升级配套服务的能力。要从设计、选材、生产、检测、管理等各环节全面提升包装产品的品质，通过创新设计方式、生产工艺以及技术手段等，大力研发包装新材料、新产品、新装备，推动产品品种增加和供给服务能力提升。重点发展绿色化、可复用、高性能包装材料，大力发展功能化、个性化、定制化的中高端产品，通过丰富产品品种、优化产品结构拉动需求、驱动消费。

二、推进电子商务与现代物流的融合发展

推进电子商务与现代物流融合发展，鼓励大型物流企业与电子商务企业、信息服务企业协作，实现物流、商流、信息流的融合互通。加快物流电子交易平台建设，引导建立一批以网络平台为依托、以第三方物流服务为主体，集信息发布、交易结算、跟踪、信用评价等功能于一体的网络物流资源交易中心，促进传统、分散的中小企业实现物流服务模式创新。引导中小企业依托公共信息平台开展电子商务，实现网上谈判、网上订货配货、网上交易、网上支付、实时跟踪监控等，推进物流业务的信息化和网络化。鼓励大型电商企业向社会开放物流服务，支持具有较强协同能力和资源整合能力的电商物流平台带动广大中小企业共同发展。深化与知名电商的战略合作，吸引电子商务巨头布局建设区域物流节点，鼓励电子商务企业与第三方物流企业开展深度合作，实现电子商务与现代物流的集成发展。重点推进库尔勒经济技术开发区国家级电子商务示范基地项目建设。建立以现代物流配送中心和高效信息管理系统为支撑的

电子商务物流基地，形成覆盖主要城市、辐射农村的快捷、便利、畅通的网络购物配送体系。建成一批区域性仓储配送基地，吸引制造商、电商、快递和零担物流公司、第三方服务公司入驻，提高物流配送效率和专业化服务水平。建设适应电子商务发展需要的物流网络体系，围绕电商物流需求进一步完善和优化全市和城乡的电商物流区域布局，加强集散中心、配送中心和社区集散网点的建设，推动仓位一体，加强共同配送、标准循环供应等高效物流运作系统的互联互通。

三、统筹加快物流教育培训行业的发展

库尔勒市的一些职业培训机构和重点物流企业要主动联合发达地区的高校及社会培训机构，全面构建基于学历教育、继续教育和岗位培训的多元化人才培养体系。将物流职业教育作为物流人才培养的最主要途径和核心渠道，加大职业教育阶段的专业培养力度，为物流行业市场提供源源不断的人才资源。科学设计物流学科门类、教学目标、课程体系、评价体系，全面保障物流教育的教学质量。根据地区市场需求和未来产业发展需求，有针对性地设置教学课程，配备教师和教材资源，提供实战实习平台。提高学科教育的实践操作性，为学生提供充分的行业实践机会，促使学生全面掌握行业的基本知识和技术技能，在保障物流市场人才需求的同时，不断提高物流专业毕业生的就业率。加大社会层面物流教育培训机构的建设力度，形成多层次的社会化物流培训体系。让更多的专业化培训机构参与物流认证教育，积极参与和促进各类物流企业的人才培训工作。加大企业自身层面的职业教育培训力度，充分利用高校和社会培训资源以及企业自身的人才培训资源，全面加强职工业务培训，分层次培养各类管理人才和技术人才，不断充实和保障企业紧缺的人力资源。物流教育培训机构要加大产学研结合力度，与企业、政府建立密切的合作伙伴关系，全面增加物流教育资源的整合力度。大力推动物流产业研究机构的发展，构建服务于物流市场体系的咨询、规划、专业化评估、专业认定等社会化服务平台，加强各类人才资源的专业化培养和汇集，依托自身科研资源，为物流产业体系的建设和转型升级提供各类可行的解决方案。鼓励物流教育培训机构加强与发达国家和地区科研教学机构的合作交流，联合培养国际物流人才，以应对未来丝绸之路经济带物流可持续运行对人才的需求。

第九节　管理体制工程

构建全市一元化物流管理体制，综合行使物流产业战略谋划职能、物流管理工作协调职能、物流产业发展督促职能、物流工作条例制定职能、物流产业基金管理职能、物流工作制度发布职能、物流政策出台职能等。

一、加大全市物流工作研究力度和政策出台力度

全市上下要明确物流业的战略基础性地位。随着现代物流在国民经济中的产业地位和功能价值逐步提升，物流业的发展水平已成为反映地区经济发展水平的重要指标。要尽快确立现代物流业作为库尔勒核心产业的地位，明确库尔勒构建丝绸之路经济带核心区物流腹地的发展思路，形成全社会积极支持物流事业发展的良好氛围。适时研究颁布《库尔勒市现代物流业发展条例》《库尔勒市鼓励类物流产业导向目录》《库尔勒市邮政条例》《库尔勒市邮政、快递服务车辆运行管理办法》《库尔勒市重点物流企业认定办法》《库尔勒市物流园区认定办法》《库尔勒市物流行业社会统计调查制度》等基础性规范文件，并在全市范围内分步实施。适时研究启动《关于库尔勒国家级经济技术开发区建设中巴经济合作区的建议书》《关于加快库尔勒市建设南疆物流集散中心城市的意见》《关于库尔勒市创建丝绸之路经济带核心区现代物流示范城市的报告》等文件报告的起草工作，并向自治区、自治州相关职能部门和规划部门报送、对接、备案。

二、完善物流统计监测制度

物流需求调研和统计是一项重要的基础工作，对加强物流基础管理、增强决策准确性和科学性具有重要的意义。库尔勒市应重点推进物流调查统计工程，在全市范围内深入开展物流业统计核算工作，研究科学统计方法，明确统计口径，通过全面调查、抽样调查、重点调查、网上直报等多种方法，贯彻实施社会物流统计核算与报表制度。加强对国家物流统计指标体系的研究，在借鉴国内外其他地区开展物流统计核算工作的成功经验的基础上，建立健全库尔勒物流统计指标体系，为政府部门制定物流发展政策和规划、全面掌握库尔勒物流

业发展情况、加强宏观管理和决策提供重要依据。形成制度化的统计核算工作机制，加强对物流业发展的跟踪监测和研究，定期发布库尔勒物流业运行情况。优化物流统计网上直报系统，推动市和开发区（园区）的物流统计工作，建立物流统计二级平台，建立健全物流统计信息共享机制，提高统计数据的准确性、权威性和时效性。

三、发挥行业中介组织的作用

充分发挥物流、仓储、交通运输等协会的桥梁和纽带作用，加强其在调查研究、提供政策建议、服务企业、规范市场行为、开展合作交流、人才培训咨询等方面的中介服务。建立库尔勒物流协会诚信建设协调机制，支持物流企业参加诚信守法及等级评估，促进物流行业规范自律，推动物流市场健康有序发展。

第十四章

保障措施

库尔勒市综合物流体系建设是一个复杂的系统工程，需要政府、企业和社会各方积极参与和主动推进。要完成好综合物流体系建设的各项目标任务，则在发挥企业的市场主体作用的同时，政府各部门应准确定位，不缺位、不越位，通过规划和政策引导，深化改革，扩大开放，加强基础建设，切实保障物流业快速发展。

第一节 加大政策支持力度

落实国家关于扶持现代物流业发展的相关政策，出台促进库尔勒市物流业加快发展的政策措施。各级政府和有关部门要加快研究制定促进物流业发展的资金、土地、税收等方面的政策措施。

一、多渠道增加产业资金投入

各级政府在财政资金安排上，要统筹设立物流业发展专项资金，加大对现代物流业发展的支持力度。充分发挥专项资金的引导作用，并建立健全多元化的融资渠道，为库尔勒市建设丝绸之路经济带核心区现代物流示范城市提供必要的资金保障。制定专项资金资助管理办法，创新专项资金资助引导方式，对国家、自治区、自治州引导资金进行配套，重点用于发展物流业关键领域。各乡镇、开发区应安排相应的财政专项资金扶持和引导现代物流业的发展。专项资金以补助、奖励、贴息等方式使用，主要用于支持市上认定的重点物流园区建设、重点培育的物流企业发展、物流公共信息平台建设、制造业与物流业联动发展、智慧物流建设、物流技术改造升级（采用物流管理信息系统、自动分拣系统等先进的物流技术和设备）、物流标准化、物流统计体系建设、物流人才教育培训、物流发展研究等领域。积极争取国家在中央财政促进物流业发展专项资金、中央投资补助和贷款贴息等方面对重点物流项目的扶持政策。努力开拓多元化的融资渠道，鼓励和支持银行等金融机构建立符合物流业特点的内外部信用评级体系，对企业灵活授信；鼓励商业银行探索多种抵押及担保方式，加快开发面向物流企业的多元化、多层次信贷产品，对物流企业开展信托、融资租赁、创业投资等各类金融服务。

逐年增加市级物流业发展专项资金，并对涉及物流业发展的各项资金进行导向性使用。通过建立重点物流项目库，积极组织企业和项目申请国家物流业相关扶持资金。由市现代物流业发展领导小组在每年年初召集相关部门协调国家、自治区、自治州级专项资金（基金）的申报。充分利用国家和部委对物流业发展的相关优惠和扶持政策，按照对口原则，由库尔勒市对口部门负责，每年积极争取财政部国家储备库、应急物流体系建设等专项建设资金，交通部物流园区建设专项基金，农业部农村物流业和冷链物流业扶持专项基金，工信部信息化建设专项基金的支持。对采用物流信息系统、开展物流标准化试点的，优先列入各级政府科技创新资金和技术改造项目计划，享受相关优惠政策。支持符合条件的物流企业和提供物流技术服务的企业申请高新技术企业认定并享受相关扶持政策。

二、加大土地政策支持力度

充分认识物流节点设施作为社会基础设施的功能，强化用地保障。做好规划衔接协调，将物流业发展规划纳入地方经济发展、城乡发展和土地利用总体规划，及时落实土地使用指标。对国家、自治区、自治州级重点物流项目，要优先安排土地使用指标。新增物流项目根据类型、规模划分，由市现代物流业发展领导小组认定后，尽可能"集中"布置，节约物流用地。在编制土地利用规划和城市规划时，对纳入规划的物流重点项目用地给予重点保障，涉及农用地转用的，可在土地利用年度计划中优先安排。对政府供应的物流用地，应纳入年度建设用地供应计划，依法采取招标、拍卖或挂牌等方式出让。积极支持利用工业企业旧厂房、仓库和存量土地资源建设物流设施或提供物流服务，涉及原划拨土地使用权转让或租赁的，应按规定办理土地有偿使用手续，经批准可采取协议方式出让。土地出让收入依法实行"收支两条线"管理。

三、完善各项税收优惠政策

税务部门要抓紧完善物流企业营业税差额纳税试点办法，并在总结试点经验、完善相关配套措施的基础上全面推广。结合增值税改革试点，尽快研究解决仓储、配送和货运代理等环节与运输环节营业税税率不统一的问题。研究完善大宗商品仓储设施用地的土地使用税政策，既要促进物流企业集约使用土地，又要满足大宗商品的实际物流需要。物流企业在综合保税区、出口加工区投资用于自营物流设施建设和技术改造购置的进口设备，经认定后可享受免征关税和进口环节增值税的优惠政策。对市重点扶持的物流产业园区在税收政策上实行"核定基数、超收全返、一定三年"制度。对剥离物流业务的工商企业实行各项减免扶持政策。

四、完善各项价格管理政策

规范和降低农产品批发市场、农贸市场的摊位费等相关收费，必要时按法定程序将摊位费纳入地方政府定价目录管理。禁止零售商、超市等向供应商收取违反国家法律法规规定的通道费用，切实降低商品流通环节的成本。物流企业生产运营时段的用电、用水、用气价格要与工业企业基本保持同价。

第二节 加强组织领导与协调

一、加强组织领导

全市要建立促进现代物流业发展领导小组办公室，经济技术开发区、各乡镇要相应建立促进物流业发展的领导机构，加快形成市、区、乡镇联动促进物流业发展的工作机制，明确分工和责任，共同促进物流业发展。市政府应将物流业发展纳入本地区国民经济和社会发展规划及年度计划，建立健全相关协调机制，协调解决物流业发展中的重大问题。强化市现代物流业发展领导小组的统筹协调职能，着力解决物流业发展中存在的重大问题，落实重点物流项目建设。发挥领导小组办公室的作用，强化规划组织实施、政策制定、统筹协调、考核评定、调查统计等职能。加强物流工作专业队伍建设，提升、调整和充实物流业管理机构。加强物流相关行业协会的组织建设，强化行业自律、调解和市场开拓职能，规范物流企业行为，促进物流市场健康有序发展。

二、注重规划引导

市直有关部门和开发区、各乡镇要围绕全市物流业发展目标，编制重点领域物流发展专项规划、行业发展规划和区域发展规划，明确发展目标、重点任务、重大项目和保障措施，并把发展任务分解到年度工作计划中，落实目标责任。做好各个专项规划、区域发展规划与总体规划之间的衔接，确保各类规划的协调。各乡镇、各有关部门要充分发挥各自的职能，切实按照规划要求，做好统筹协调、完善政策、优化布局和物流重点工程建设等各项工作，确保规划目标的实现，确保各项工作取得实效，促进物流业健康发展。对于具体实施过程中出现的新情况、新问题，要及时报送库尔勒市发展改革、商务、交通等有关部门协调落实。建立规划实施检查评估制度，市发展改革委要做好规划的年度和中期评估工作，检查规划落实情况，分析规划实施效果和存在问题，研究提出对策建议。

三、强化组织协调

推动物流业发展是一项跨行业、跨地区、跨部门的综合性工作，也是一项系统工程，涉及面广、政策性强。各级政府和有关部门需要加强领导，提高认识，协调配合，形成合力，推动物流业的发展。库尔勒市委市政府要组织建立以市发展改革委为主，其他相关部门共同参与的协调机制，实施库尔勒市物流业发展规划，研究制定土地、工商注册、金融、财税、运输车辆管理等方面的优惠政策和其他扶持政策，研究协调全市物流发展的重大问题。市直有关部门、开发区管委会、各乡镇人民政府要将库尔勒市物流业发展规划作为审批核准重大项目、安排政府投资和财政支出预算、制定特定领域相关政策的重要依据。市直有关部门要按照库尔勒市物流业发展规划的任务，尽快制定完善各项配套政策措施和工作方案。开发区管委会、各乡镇人民政府要按照库尔勒市物流业发展规划确定的工作重点和政策措施，结合本地实际制定具体落实方案，及时研究出台促进物流业发展的政策意见，确保取得实效。

四、构建常规性工作机制

全市物流管理和协调的常规性工作机制具体如下。

（1）建立统筹管理机制，听取各单位的汇报，分析物流业运行状况；研究解决物流业发展中的重大问题，明确主要责任部门和推进时间表。

（2）落实分工负责机制，建立物流业协调推进责任制；各重点领域牵头部门明确目标任务，落实政策措施；经济技术开发区、各乡镇（社区）要尽快建立相应的领导机构。

（3）健全统计监测机制，建立社会物流统计指标体系；建立物流业统计数据共享制度；建立市级部门物流业统计联席会议制度；建立健全物流业统计信息发布制度。

（4）依托网络、内部专刊等形式，建立全市物流发展信息通报机制，对各行业、经济技术开发区、各乡镇涉及物流发展的重大政策、资金使用、重点项目进展等情况及时进行信息交互，促进科学决策。

后 记

我对库尔勒市综合物流体系建设研究最初接触的时间约为2011年。当时我还在中国科学院新疆生态与地理研究所攻读博士学位。我的博士学位论文题目是《新疆南疆地区物流节点评价与网络空间布局研究》。我当时用3大类12项指标，对南疆地区44个县市的物流节点能力进行了评价，得出的结论是库尔勒市适合建设南疆的一级区域物流节点。在该研究结论的指引下，我于2016年参与了库尔勒市综合物流体系建设的相关基础性规划研究工作。

确定库尔勒市在南疆地区、全新疆、西部地区以及整个丝绸之路经济带建设中的物流城市发展定位是一个十分困难、复杂的研究任务。在研究期间，我走访了库尔勒市的相关部门、企业主体、各类商贸市场、物流园区等，进行了系统调研，尤其是接触到了库尔勒市的产业体系建设现状以及后期的工作思路等方面的基础性情况。作为一个新兴的内陆城市，库尔勒市形成了符合自身经济地理条件的产业体系和物流产业发展格局。

为了进一步明确库尔勒市的区域物流定位和功能，我带领课题组成员对格尔木—库尔勒铁路沿线的县市、各类开发区和园区进行了较全面的实地调研，同时围绕该铁路的未来发展前景，甚至走到了西宁、兰州、西安等西部城市。后期，又对库尔勒市所在的南疆各地州的经济状况进行了综合性调研，采集了大量经济发展、产业发展等数据。在对一系列国内外案例进行梳理和研究分析的基础上，最终提出了库尔勒市综合物流体系建设的基本思路、建设框架和路径等。

2018年12月，对库尔勒市来说，在其物流枢纽城市建设进程中是具有里程碑意义的一个时间段，即库尔勒市正式被国家发展改革委和交通运输部确定为陆港型国家物流枢纽承载城市。这是对库尔勒市区域物流功能的重要定位，也是对库尔勒市前期各类物流产业发展研究规划和相关政策举措的一个充分认可。的确，前期巴音郭楞蒙古自治州党委、州发展改革委、州交通局、州商务局，库尔勒市委、市发展改革委、市商务局等部门做了大量的研究、规划和论证等工作。这期间，自治区发展改革委商贸处对巴音郭楞蒙古自治州的物流产业规划也给予了较好的评价。无论是在州层面，还是在市层面，综合物流体系建设都被视为该地区提高内陆对外开放发展水平的重要举措和探索方向之一。

我于 2018 年 1 月至 2021 年 5 月参加了和田地区和田县的脱贫攻坚战驻村工作，这期间我关注到了库尔勒市被列为陆港型国家物流枢纽承载城市的消息，但是当时我们的工作精力都放在了村里的乡村振兴当中。2021 年 5 月，我结束驻村工作回到单位。2021 年底，我对库尔勒市进行了再次调研，主要想了解陆港型国家物流枢纽承载城市的规划情况和产业发展的变化情况。在一些自治区层面的物流产业课题研究和企业调研中，我仍旧关注库尔勒市陆港城市的建设问题，并继续搜集一些新闻报道资料和规划资料等。

2023 年 10 月，我在中国经济出版社公开出版了首部介绍新疆区域物流整体情况的专著，即《新疆区域物流发展概述》。这是我自 2014 年在新疆大学出版社出版《区域物流研究——基础理论和综述》理论著作之后，第二部比较重要的专著。该书对新疆区域物流发展的一些建设目标和路径进行了探讨，梳理了新疆区域物流发展的一些理论要素和规划要素等。该书也是从省域层面对区域物流理论进行实践性验证的一部著作。我在书中讨论新疆物流枢纽城市布局时，也提出了库尔勒市要建设全疆骨干物流枢纽城市的思路。后期，为进一步拓展对区域物流基本理论问题的思考，我开始着手撰写关于市域物流和县域物流理论问题的著作。由于前期对库尔勒市和若羌县的物流产业体系进行过课题研究，因此，可将前期研究成果作为重要案例，以验证相关理论的实践价值。

关于市域综合物流体系建设的研究，在基础理论层面，涉及一些基本概念和构成要素等，我查阅了一部分理论著作，并对其中的一些定义进行了整理和总结。此外，我还查阅了一些在国内学术期刊上发表的研究论文，这些论文从不同层面对市域物流体系的理论和实践进行了深入的研究，对我的理论梳理起到了重要的启发和借鉴作用。在思考市域物流体系的理论框架时，我还参考了国内的一些行业报告和政策文件，了解了当前市域综合物流体系建设的宏观政策和发展方向。这些文件对我明确研究的背景和目标具有重要的参考价值，使我能够将理论研究与实际问题相结合，提出切实可行的研究方案。总之，通过参考大量的资料，我在市域综合物流体系建设的研究中得到了许多重要的启示和指导。此外，我也进行了大量的实地调研和数据分析，在现实中对城市物流的运行情况进行了深入的观察和记录。通过这些调研和数据分析，我对城市物流的实际问题和发展趋势有了更加清晰和准确的认识。最后，我还与相关领域的专家学者、企业代表和政府部门进行了广泛的交流和合作，得到了许多宝贵的意见和建议，这为我的研究提供了很多有益的启示。

通过编写本著作，我对市域物流进行了结合自身学科基础的探讨和总结，力求为城市物流研究贡献自己的一份力量。当然，通过编写本著作，我也对市域物流研究有了更加全面和系统的认识。市域综合物流体系建设研究是区域物流研究的一个重要组成部分，其中不同地域视角的研究和不同产业基础的研究都会产生比较有特色的研究成果。许多的理论研究将随着实践的变化而演变并趋于成熟。好在有一部分具有学科热情的同仁们，在不同的地域、不同的机构，孜孜不倦地开展着一些基础性研究，共同推进物流学分支学科的发展。在本专著出版之际，我衷心感谢所有在本专著编写和出版中给予支持和协助的人员，包括相关专家学者、政府部门的工作人员、单位的领导和同事，尤其是巴音郭楞蒙古自治州和库尔勒市的各级干部与物流行业领域的各位企业家等。如本著作某一部分的提法或内容能够为相关领域的从业人员和研究者提供一丝有价值的参考或启示，我将感到无比荣幸！

阿布都伟力·买合普拉

2023 年 11 月